周易溯源

（增订本）

李学勤 著

江西教育出版社

JIANGXI EDUCATION PUBLISHING HOUSE

·南昌·

赣版权登字–02–2024–366

版权所有 侵权必究

图书在版编目（CIP）数据

周易溯源 / 李学勤著. —— 增订本. —— 南昌 : 江西

教育出版社, 2025.1. —— (李学勤经典著作丛书).

ISBN 978-7-5705-4458-5

Ⅰ. B221.5

中国国家版本馆CIP数据核字第20248CF520号

周易溯源（增订本）

ZHOUYI SUYUAN（ZENGDING BEN）

李学勤　著

江西教育出版社出版

（ 南昌市学府大道 299 号　邮编：330038 ）

出 品 人：熊　炽
策划编辑：陈　骥
责任编辑：方　超
装帧设计：纸　上 / 光亚平　万　炎

各地新华书店经销

江西赣版印务有限公司印刷

710 毫米 ×1000 毫米　　16 开本　　28.5 印张　　330 千字

2025 年 1 月第 1 版　　2025 年 1 月第 1 次印刷

ISBN 978-7-5705-4458-5

定价：118.00 元

赣教版图书如有印装质量问题，请向我社调换　电话：0791-86710427
总编室电话：0791-86705643　　　编辑部电话：0791-86705903
投稿邮箱：JXJYCBS@163.com　　网址：http://www.jxeph.com

出版说明

李学勤先生（1933—2019）是当代著名历史学家、考古学家、古文字学家、古文献学家和教育家，被誉为"百科全书式的学者"。他长期致力于中国古代文明的研究，在多学科领域都做出了开创性的贡献，为中国学术事业留下了丰富而宝贵的文化遗产和精神财富。

李学勤先生的一系列学术著作，曾先后在各大出版社出版，有的还再版、三版，深受读者广泛关注和欢迎。随着时光流逝，有些著作目前在市面上已难觅其踪。作为一家和先生多次合作的出版社，屡有来电垂询先生多年前的旧作。我们深感有责任继续做好精品力作的再版传播工作，以飨读者，以广流传，遂组织出版了"李学勤经典著作丛书"，收入《比较考古学随笔》《走出疑古时代》《简帛佚籍与学术史》《四海寻珍》《夏商周年代学札记》《周易溯源》等一系列先生的代表作品。

《周易溯源》是李学勤先生在20世纪70年代参与马王堆帛书整理后，将文献研究与考古学、古文字学互相配合，对《周易》经传所做全新的研究。他在《周易溯源·重印附记》中指出："这本小书所收各文，撰写过程有 20 多年，目的只有一个，就是想通过以文献研究和考古学、古文字学互相配合的方法，论证《周易》经文与十翼的形成时代。这样考察问题的路径，似可说是对王国维先生倡导的'二重证据法'的学习和实践。"这种研究思路是李先生多年来所一直倡导的，本书可以说是运用"二重证据法"来研究和解决《周易》经传问题的一次成功尝试。

本书原名《周易经传溯源》，1992 年由长春出版社出版，受到学术界的普遍关注。李学勤先生后来对原书做了增补修订，2006年由巴蜀书社重新出版，书名也改为了《周易溯源》，2011 年再版，2023 年全文收入李学勤先生手订、江西教育出版社出版的《李学勤文集》。

本次再版，选据底本为《李学勤文集》所收《周易溯源》一书。另外，2008 年清华简入藏后，李学勤先生对于清华简《筮法》和《别卦》做了细致研究，发表了《清华简〈筮法〉与数字卦问题》、《〈归藏〉与清华简〈筮法〉〈别卦〉》、《关于清华简〈筮法〉的五点认识和五个问题——在清华简与儒家经典专题国际学术研讨会上的演讲》三文，由于其内容与本书密切相关，反映了李先生晚年对于数字卦问题的新见解，此次出版也一并收入。为展现李学勤先生学术之进路与历史之原貌，我们充分尊重先生的学术观点、行文习惯、语言风格，以及当时语言文字的习惯用法，对全书进行了认真编校，并重新设计开本版式，以最大的努力维护、传播先生的学术成果，向先生致敬。

重印附记

《周易溯源》这本书是《周易经传溯源》的增订本，2006年1月由巴蜀书社第一次印行，有幸得到读者肯定，不久在书店里就不易找到，友人向我索观，也无以应对。今蒙书社各先生不弃，即付重印，趁机在此写几句话，对大家表示感谢之意。

这本小书所收各文，撰写过程有20多年，目的只有一个，就是想通过以文献研究和考古学、古文字学互相配合的方法，论证《周易》经文与十翼的形成时代。这样考察问题的路径，似可说是对王国维先生倡导的"二重证据法"的学习和实践。当然，因为我的学识有限，书中误谬不妥之处在所难免，学术界先进和各方面读者如能惠予批评，盛情殊不敢忘。

最近一段时期，我的工作重心转移，异常忙碌，然而在《周易溯源》书中曾涉及的一些疑难问题，仍不时在我心间萦绕。最突出的一点，是很多学者关注的筮数（或称数字卦）的性质和解释。在本书第四章第三节《出土筮数与三易研究》和第四节《论战国简的卦画》中，我提出战国简唯有卦画，没有筮数的大胆猜测。这仅属假说，反复思考，颇觉不安。

应该说，解开有关谜团的可能契机，现在已经存在了。2008年，清华大学入藏一批战国简，通称清华简，其中正有一篇专述筮法，给我们带来了新的光明。这方面的详情，要待该篇简文整理考释工作完竣，才能向大家报告。

至于更早的筮数，近期也有重要发现。如陕西岐山周公庙遗址所出西周甲骨文①，为了解西周前期有关问题提供了更多依据。在山东高青陈庄，也发现了记筮数的西周甲骨文②。这一类讯息，使我们对研究的进展满抱希望。

李学勤

2011年9月23日

---

① 参看种建荣：《岐山周公庙遗址新出西周甲骨文》，《收藏》2004年第9期。

② 郑同修等：《山东高青陈庄西周遗址考古发掘获重大成果》，《中国文物报》2010年2月5日。

增订本说明

　　小著《周易经传溯源》在1992年8月由长春出版社初版，不觉之间已有12年了。这段时间里，《周易》的研究多获进展，有关的考古发现尤其层出不穷。承巴蜀书社友人不弃，要我将这本书增补修订，定名为《周易溯源》，重行出版，盛情极为可感。

　　书初版时有一个副标题"从考古学、文献学看《周易》"。这几年我继续这一主旨，又写了若干论文，现在都收进本书，章节也做了调整。增订本与初版相比，改动是较大的。

　　以下几点改动，需要略加说明。

　　其一，是删去了初版第四章内的两节。一节是《长沙子弹库第二帛书探要》，曾以论文形式刊于《江汉考古》1990年第1期。1994年，北京大学李零教授于《中国文化》第10期发表《楚帛书的再认识》，根据对帛书的目验，指出我当时引据的巴纳博士线图并非实况，有关推论自然不能成立。另一节是《从帛书〈易传〉看孔子与〈易〉》，曾刊于《中原文物》1989年第2期。写作时，马王堆帛书《要》篇释文尚未公布，只能从韩仲民先生文章转引，语句不全。释文发表后，我再写了《帛书〈要〉篇及其学术史意义》，今即取以代替前文。

其二，是抽掉了初版第四章第五节《帛书〈周易〉的几个问题》中"与《归藏》卦名的比较"一段的大部分。这是由于1993年发现了王家台简《归藏》，有关研究已全改观。我专写了《王家台简〈归藏〉小记》，列为增订本的第四章第六节。

此外，初版章节还有一些观点，我后来已有改变，例如楚简《易》卦符号的性质、秦以后《说卦》的传流等，原文不易修改。这类地方，都在节后附加"补记"，希望读者注意。

书末新增"本书收辑论文出处"一表，可以看出专为本书写的文字占一小半。

仍盼读者不吝指教批评。

于北京清华园荷清苑

2005年10月

序

《周易》是我国古代一种卜筮之书。这一点，从它在《周礼》为太卜所掌以及它在《左传》《国语》诸书中的应用，可以看得清清楚楚。但在这个卜筮之书中却蕴藏着极为深邃的哲理。这一点，则除了《易传》以外，不见有人说过。因此《周易》之所以可贵，端在有《易传》为它发掘在卜筮外衣下所掩盖的哲理。那么，《易传》讲的都是什么，《易传》是谁作的，以及它是什么时候作的，等等，就成了《周易》研究的重要课题。

当前在国内外形成了一股《周易》热。尽管在热潮当中，众说纷纭，大家的见解不见得一致。但应当承认这是好现象。因为，第一，它说明《周易》一书为海内外所重视；第二，它说明《周易》一书内容丰富、艰深，不易解读；第三，它说明大家都下决心努力要解决它，这个不易解读的读物，最终一定会被解读的。

我学《易》多年，对《周易》连同《易传》也有一些看法，并已将我的看法先后写成书稿问世。只是我的看法都来自文献，我自己是相信的，别人是否相信，我不敢说。

今日有幸，获读李学勤同志大作《周易经传溯源》（副标题

"从考古学、文献学看《周易》"），使我大开眼界，惊叹很多不易解决的问题，这回可以全部解决了。

李学勤同志对《周易》研究之所以获得丰硕成果，据我看，第一，他有足够的条件。具体说，他不仅长于考古学、文献学，并精通古文字学和外语，而且精力充沛，殷勤搜讨，他能见到并能阅读别人所不能见不能读的资料。第二，他不但能掌握大量资料而且能辨析毫芒，识力过人。

例如，"五十以学易"的问题。《经典释文·论语音义》说："'学易'：如字。《鲁》读'易'为'亦'，今从《古》。"这个"《鲁》读'易'为'亦'"，前人只能说对或不对，至于为什么对或不对，不见有人说得很清楚。而李学勤同志用大量资料首先辨明"《鲁》读'易'为'亦'"，是"文字有异而不是读音不同"。然后辨明"'《鲁》读'都是异文，但异文的情形又有区别"。"《古论》作'易'，《鲁论》作'亦'，异文的产生是因为音近通假或者传讹所致。"最后辨明"'易''亦'二字能够互相通假，或音近传讹，乃是一定历史时期的现象"。经过辗转剖辨以后，做出结论说："总之，《论语·述而》篇所载孔子自言'五十以学易'等语，是孔子同《周易》一书直接有关的明证。虽有作'亦'的异文，实乃晚起，与作'易'的本子没有平等的价值。我们探讨《周易》与孔子的关系时，可以放心地引用《述而》这一章，不必顾虑种种异说的干扰。"

又如，李学勤同志对韩仲民《帛书〈系辞〉浅说》中《要》的部分"夫子老而好《易》，居则在席，行则在囊"，"有古之遗言焉。予非安其用，而乐其辞"，"后世之士疑丘者，或以《易》乎？"子贡问："夫子亦信其筮乎？"孔子说，"我观其德义耳"，

"吾与史巫同途而殊归"数语特感兴趣，并有大段文字做了详细的分析和论证。最后说："近些年来，国内外学者都很重视《周易》的研究，对《易传》的形成也有较多讨论。这是由于《易传》对研究儒家思想极有意义，又最富于哲理性质。只要我们把《周易》看作儒家经典，那么《易传》可视为理解《周易》的钥匙，帛书《易传》又可视为理解今本《易传》的钥匙。"

从上述两例子，可以看出李学勤同志对《周易》经传研究所征引的资料是何等浩博！其所做的分析又何等精审！我不准备多费笔墨了。谨摘取班孟坚《西都赋》中"元元本本，殚见洽闻"八个字举以相赠，以当我对《周易经传溯源》一书的评价。

辛未夏九十叟金景芳序

初版自序

这几年，学术界出现了所谓《易经》热。在短短的时间里，就有许多论述《周易》的书籍和论文出现。1990年春天出版的《中国图书评论》为此辟有专栏，其中说："沉睡三千余年的《易经》成了当今的热门话题，这为多人始料所不及，然而它毕竟真的'热'了起来，不仅成了一门'易学'，而且诸家蜂起，学会团体林立，及于中外。"[①]在海峡彼岸，也有文章谈到这种"热"，并就两岸的《易》学研究作了对比。据其统计，最近10来年大陆所出《易》学著作有29种，台湾所出有24种[②]。实则大陆印行的还有一些，该文未及列入。如再加上论文，又有外国作品，数量当更庞大。这些作品着眼的角度不同，采用的方法、观点也多种多样，真是缤纷杂陈，令人目不暇给。

我写这本小书《周易经传溯源》，完全没有趁热闹的意思。《周易》在古代被称为六经之首，三玄之一，我们研究传统文化，自然不能忽视这部书。但是《周易》原来是卜筮之书，人们谈起总是有

---

① 方烈：《"易经热"的随想》，《中国图书评论》1990年第2期。

② 黄沛荣：《近十余年来海峡两岸易学研究的比较》，《汉学研究》第7卷第2期，1989年。

玄虚神秘的感觉。我觉得，《周易》是一种古籍，应该通过整理研究古籍的科学方法，进行实事求是的分析探讨，才能为研究历代《易》学著作的思想内涵打下坚实的基础。《溯源》这本小书，主要是依据一些考古发现，结合文献考订来看《周易》，可以说是以实论虚，希望能对《周易》研究有一点切实的贡献。

有关《易》学最重要的考古发现之一，是 1973 年底湖南长沙马王堆 3 号汉墓出土的帛书《周易》。该墓的下葬在汉文帝十二年（前 168），时属汉初，帛书《周易》有经有传，其珍贵不难想见。发现之后，讯息不胫而走，海内外学人都热切期待这项帛书的全文公布。我有缘作为马王堆汉墓帛书整理小组的一员，于惊叹帛书的意义重大之余，也认识到要想充分利用这项发现，应该先做若干准备工作，特别是就《周易》的几个基本问题进行讨论。这样，在帛书《周易》经传都发表以后，即可顺利地分析探索。

谈到基本问题，一个曾经长期引起争论的是《周易》经、传两者的起源和时代。这方面古时本有成说，但自宋代欧阳修著《易童子问》，疑窦渐启，不少学者提出诘辩。到晚清以后，疑古思潮兴起，论难更加深入，促进了研究的进展。时代问题本来是文献研究的前提，不能判断某种古籍的时代，便无从把它放在应有的历史背景中来考察，这必然会导致失误。然而像《周易》这样的文献，传流久远，内容古奥，其形成时代很难推求，意见的纷纭不一是不可避免的。

前人研讨文献年代，唯有以文献证文献一法。现在考古学及与之密切相关的古文字学的进步，给研究开拓了另一条途径，即以考古材料与文献相印证，这可以说是王国维"二重证据法"的特殊应用。我说过："就书论书，一般只能是揭示古书内容可能存在的种种矛盾，考古学的成果则在书籍之外提出客观依据。特别是近年，从地下发掘出大量战国秦汉的简帛书籍，使人们亲眼见到未经后世改动的古书原貌，是前人所未曾见的。在这种条件下，我们将能进一步了解古籍信息本身，知道如何去看待和解释它们。"[1]事实已经证明，运用考古学、古文字学成就到文献研究上去的结果，得到了许多不同于前人的推论。对于《周易》，也有一些学者就此做了试探。

1984年帛书《周易》经文部分的释文在《文物》月刊上刊布前后，我写了十几篇小文，对《周易》的起源、时代及《易》学传流一类问题试提自己的看法。写来写去，逐渐觉察到有关问题需要以一本书的篇幅才能展开说明，同时也有友人鼓励，要我把已发表的文字辑集起来，补充修改，使之略成体系。《溯源》这本书就是这样编起来的。

书中新写的部分约占一半。发表过的部分，在收入时都做了改动，有的改的程度还是较大的。书的各个章节，都是比较独立的课题，曾作为专文刊出的，彼此难免有一点重复。不过我在编写完成时读了两遍，觉得应当论述的方面还是都涉及了。读者如能通读，相信不会觉得支离破碎。

蒙吉林大学金景芳先生为本书撰序，谨在此致谢。

恳切希望读者赐以指教批评。

李学勤

于北京紫竹院

---

① 李学勤：《对古书的反思》，《中国传统文化的再估计》，上海人民出版社，1987年。

目 录

第一章　西周、春秋的《易》

第一节　《周易》卦爻辞年代补证

《周易》经传的年代问题，已经过长时期的讨论。实际上，经文中卦系何人所画，何人所重，卦爻辞出自谁手，从来就存在异说；至于《易传》是否孔子所作，北宋以来也有学者怀疑。当时的争论中心，是《周易》和"圣人"间的关系。现代的讨论，由于有了新的观点、方法，性质自有不同。

19世纪末，殷墟甲骨文的发现震动了国内外学术界。1917年，王国维先生著《殷卜辞中所见先公先王考》这一篇名文，在甲骨文中考出王亥之名，与文献相印证，使古书不少被疑为子虚的记载重新得到证实[①]。到1929年，顾颉刚先生作《周易卦爻辞中的故事》，详细考述了《易经》王亥丧牛于易、高宗伐鬼方、帝乙归妹、箕子之明夷、康侯用锡马蕃庶等事迹，推定经文卦爻辞"著作年代当在西周初叶"[②]。

[①] 王国维：《观堂集林》卷九，《王国维遗书》第2册，上海古籍书店，1983年。

[②] 顾颉刚：《周易卦爻辞中的故事》，《燕京学报》1929年第6期。又收入《古史辨》第3册，上编，一一九，上海古籍出版社，1982年。

顾氏此文征引宏博，论证详密，为学者所遵信，可以说基本确定了《周易》卦爻辞年代的范围，是极有贡献的。后来有些论著沿着顾文的方向有所补充，但其结论终不能超过顾先生的论断。

从严格的意义来说，指出《周易》卦爻辞中有商代到西周初叶的人物和事迹，这只能确定其形成年代的上限，而不能作为其下限的证据。论证必须加上这样一点，就是这些人物、事迹，晚世的人们早已不很清楚了，其所以在卦爻辞中成为典据，乃是时代性的一种体现。顾文对此已谈论了好多，有助于建立著作年代在西周初叶的论点，在此不必一一引述。

顾文的发表，到今天已逾60年了。在这半个多世纪中，中国考古学和古文字学有了长足的发展，为研究商至周初的历史文化开辟了前人意想不到的境界。大量的新材料，使我们有可能对《周易》卦爻辞中的人物、事迹做出补充说明，加强有关著作年代的论证。下面试依人物的时代顺序，逐次做一些讨论。

王亥

王亥之名及其轶事，散见于战国到汉代的若干古籍。王国维《殷卜辞中所见先公先王考》云：

> 余读《山海经》《竹书纪年》，乃知王亥为殷之先公，并与《世本·作篇》之胲、《帝系篇》之核①、《楚辞·天问》之该、

---

① 陈梦家《殷虚卜辞综述》第十章云："司马贞在注解《殷本纪》时，以《世本·作篇》之'核'校正《史记》之'振'，王国维以为《世本·帝系篇》有'核'，根据于此，是不确的。"按《史记·殷本纪》索隐只说"《系本》作'核'"，没有讲出自何篇。清人雷学淇、茆泮林辑录《世本》，收入《帝系篇》，未必不对。

《吕氏春秋》之王冰、《史记·殷本纪》及《三代世表》之振、《汉书·古今人表》之垓实系一人。

陈梦家《殷虚卜辞综述》第十章又补充说：

> 《初学记》卷廿九"胲作服牛"，《太平御览》卷八九九引作鲧。……凡此亥、该、核、胲、垓是同一个来源的，以亥为正；鲧、冰、振都是由亥、核而致讹的。[①]

这种异文纷出的情况，恐怕在战国时已经存在，并非全由于后世传抄致误。实际上，文献中确作"王亥"的，只有《山海经·大荒东经》下列一段：

> 有困民国，勾姓，而食[②]。有人曰王亥，两手操鸟，方食其头。王亥托于有易河伯仆牛，有易杀王亥，取仆牛。河念有易，有易潜出，为国于兽，方食之，名曰摇民。帝舜生戏，戏生摇民。

郭璞注在"王亥托于有易河伯仆牛"下云：

> 河伯、仆牛皆人姓名。托，寄也。见汲郡竹书。

---

① 陈梦家：《殷虚卜辞综述》，第338页，中华书局，1988年。
② 郝懿行《山海经笺疏》第十四云："'勾姓'下'而食'上当有阙脱。"

在"有易杀王亥，取仆牛"下云：

> 竹书曰："殷王子亥宾于有易而淫焉，有易之君绵臣杀而
> 放之。是故殷主甲微假师于河伯以伐有易，灭之，遂杀其君绵
> 臣也。"

于"名曰摇民"下云：

> 言有易本与河伯友善，上甲微殷之贤王，假师以义伐罪，
> 故河伯不得不助灭之。既而哀念有易，使得潜化而出，化为摇
> 民国。

这里的主甲微，即王亥之子上甲微，见《殷本纪》及《索隐》。

《山海经》所述，富于神话意味，郭注所引竹书则系史体，故
学者都认为是《纪年》。其实《纪年》的内容，也有些带着浓厚的
神话色彩，例如《水经注·洛水》：

> 《竹书纪年》曰："洛伯用与河伯冯夷斗。"盖洛水之
> 神也。

众所周知冯夷是河神，所以洛伯用应亦即洛水之神。所谓"洛伯用
与河伯冯夷斗"，当为洛水入河处冲击激荡，有时造成灾患的一种
反映。雷学淇以为历史上确有二君[1]，恐可商榷。

---

① 雷学淇：《竹书纪年义证》卷九。

从甲骨文看，王亥实有其人，而且有其配偶见于祀典[1]，不过他的事迹已和许多远古人物一样，同神话传说融合在一起了。如前人所考证的，王亥以作服牛（即仆牛）著称，且曾在有扈（王国维认为即有易[2]）"牧夫牛羊"。服牛的意思应为以牛驾车，故《管子·轻重戊》云："殷人之王，立皂牢，服牛马，以为民利，而天下化之。"[3]服牛马即《系辞》的"服牛乘马"。郭璞把"仆牛"释为人名，是误解了。

"王亥托于有易河伯仆牛"一句，可以有两种读法。一种是在"有易"下断读，成为"王亥托于有易、河伯仆牛"，这是说王亥将自己驾车的驯牛寄存于有易和河伯两处，只有有易之君起了贪心，杀死王亥，夺取其牛。又一种是连读，就是说王亥以河伯所有的驯牛存放在有易。后一种读法在文理上似乎较胜，而且和后来河伯助上甲微伐有易相应。

仔细考虑，《山海经》跟《纪年》的说法还是很不一样的。前者讲王亥之死是由于有易攫夺服牛，后者则说他在有易做客而"淫"。不过《纪年》也提及河伯，所以两说或许各得真相的一个侧面。这样看来，殷人的这一故事到战国，或许更早的时期，已经传说歧异，不得其全了。

顾颉刚先生举出《周易·大壮》六五"丧羊于易"、《旅》卦上九"丧牛于易"，认为都是王亥的事迹。我们看《旅》上九说：

鸟焚其巢，旅人先笑后号咷，丧牛于易，凶。

---

[1] 于省吾：《甲骨文字释林》中卷《释王亥的配偶》，中华书局，1979年。

[2] 清人刘梦鹏《屈子章句》已有此说，见陈梦家《殷虚卜辞综述》。

[3] 赵守正：《管子通解》下册，第538页，北京经济学院出版社，1989年。

旅人当即"宾于有易"的王亥。辞中所说"鸟焚其巢",恐怕不是简单的比喻,因为鸟的构巢是长期居住的地方,并不是旅次。这里讲的,疑与王亥的史事直接有关。《山海经》云,王亥两手操鸟,方食其头,也应和这里的鸟有关。甲骨文的"王亥"的"亥",有时也写成从"鸟"或"隹"(短尾鸟),陈梦家先生以为"说明了王亥与鸟的关系"[①],其说甚是。例如《殷契佚存》888:"辛巳卜贞,王亥、囝即于河。""亥"字就是从隹的,也有学者提到它"与传说中王亥操鸟而食是有关系的"[②]。

上引卜辞是说在祭祀时以王亥、上甲父子与河相配。《小屯南地甲骨》2272"辛未贞,惠囝即宗于河"也相类似。这表明了王亥、上甲和河伯的关系,正合于《山海经》《纪年》的记载。卜辞中的河兼有自然神与人格神的性质[③],也同传说一致。

总之,《旅》卦这条爻辞虽然简短,却包含了王亥故事的不少细节,足见其年代甚早。有意思的是,《象传》对爻辞的解释完全没有涉及王亥,它说:

> 以旅在上,宜其焚也(据《释文》改)。丧牛于易,终莫
> 之闻也。

对照《大壮》爻辞的"丧羊于易",《象传》云:

> 丧羊于易,位不当也。

---

① 陈梦家:《殷虚卜辞综述》,第339页,中华书局,1988年。
② 姚孝遂、肖丁:《小屯南地甲骨考释》,第21页,中华书局,1985年。
③ 姚孝遂、肖丁:《小屯南地甲骨考释》,第16页,中华书局,1985年。

文义都很模糊，吟味起来，当是把"易"解为险易之"易"。王弼注于《大壮》该辞下说：

> 羊，壮也。必丧其羊，失其所居也。能丧壮于易，不于险难，故得"无悔"。

就是把传文"位不当也"加以引申，以解释爻辞末了的"无悔"。这样我们知道，《象传》的作者已经不理解经文中的这则故事。

鬼方

《既济》九三爻辞"高宗伐鬼方，三年克之"，《未济》九四爻辞"震用伐鬼方，三年有赏于大国"。"高宗"据《书·高宗肜日》，即商王武丁，故所述乃武丁时史事，前人论之已详。

对于"鬼方"一词，古书有不同的解释。较早的一种看法出于传《诗》的学者。《诗·大雅·荡》有这样几句：

> 文王曰咨，咨女（汝）殷商。如蜩如螗，如沸如羹。小大近丧，人尚乎由行。内奰于中国，覃及鬼方。

这是周文王指责商朝君臣的话。《毛传》：

> 奰，怒也。不醉而怒曰奰。鬼方，远方也。

孔颖达《正义》：

"中国"是九州，"覃及"是及远，故知"鬼方"远方，未知何方也。《易·既济》九三高宗伐鬼方，三年乃克。《象》曰"惫也"，言疲惫而后克之。以高宗之贤，用师三年，惫而乃克，明鬼方是远国也。

通过孔氏的思路，不难知道《毛传》之所以训鬼方为远方，即由《诗》文以中国、鬼方对称推论而得。依此，鬼方意即远国，并不专指一个方国。

这种看法在汉代相当流行。《释文》于《既济》下引《苍颉篇》云："鬼，远也。"当亦自此而来。从这里还衍生出"鬼区"一词，如《后汉书·章帝纪》"威霆行乎鬼区"注："鬼区即鬼方。"同书《班固传》注："鬼区，远方也。"这是第一种看法。

《后汉书·乌桓鲜卑列传》载蔡邕议云："《书》戒猾夏，《易》（依惠栋说改①）伐鬼方"，注：

> 《易·既济》九三爻辞曰："高宗伐鬼方，三年克之。"《前书》淮南王安曰："鬼方，小蛮夷也。"《音义》曰："鬼方，远方也。"

刘安之说以鬼方为小蛮夷之名，与远方说迥然不同。

与此相似的是《周易集解》所引虞翻注："高宗，殷王武丁。鬼方，国名。"②更明确以鬼方为特指。这是第二种看法。

《周易集解》又引晋代干宝注："高宗，殷中兴之君。鬼，北

---

① 王先谦：《后汉书集解》卷九十。
② 李鼎祚：《周易集解》卷十二，《古经解汇函》本。

方国也。高宗尝伐鬼方，三年而后克之。"[1]这是说鬼方泛指北方之国，高宗伐鬼方即伐北方。这个意见介乎上两种之间，是第三种看法。

在殷墟甲骨文中，鬼方共三见，系同时卜辞，唯卜人不同，时代正好是武丁：

> 己酉卜宾贞，鬼方昜亡囚。五月。
>
> 《殷虚文字乙编》6684
>
> 己酉卜内［贞］，鬼方昜［亡］囚。五月。
>
> 《殷虚文字甲编》3343
>
> ［己酉］卜㱿贞，鬼方昜……
>
> 《甲骨文合集》8593

《乙编》6684是改制背甲，其余两片则是胛骨（有可能为一版之折）。过去我曾讨论过，上引卜辞与下辞也是同时的：

> 己酉卜㱿贞，危方亡其囚。五月。
>
> 己酉卜㱿贞，危方其有囚。
>
> 《殷虚文字乙编》6382

两相对比，知鬼方、危方同例，确系方国[2]。

---

① 李鼎祚：《周易集解》卷十二，《古经解汇函》本。

② 李学勤：《殷代地理简论》，第73—75页，科学出版社，1959年。罗琨纠正原释读的一些误点，见其《"高宗伐鬼方"史迹考辨》，《甲骨文与殷商史》，上海古籍出版社，1983年。

需要附带提到的是，《殷虚文字乙编》403 腹甲或以为有鬼方，但是版上"方"字尚有可议，在此暂置不论。

《史记·殷本纪》：

> （纣）以西伯昌、九侯、鄂侯为三公。九侯有好女，入之纣。九侯女不憙淫，纣怒，杀之而醢九侯。鄂侯争之强，辨之疾，并脯鄂侯。

"九侯"，《集解》引徐广云："一作'鬼侯'。"《礼记·明堂位》：

> 昔殷纣乱天下，脯鬼侯以飨诸侯。

也就是这件事，而传说略异。鬼侯很可能是商朝伐鬼方后所封国君的后裔。

《大戴礼记·帝系》载，颛顼生老童，老童生吴回，吴回生陆终：

> 陆终氏娶于鬼方氏，鬼方氏之妹谓之女隤氏，产六子。

《世本》也有类似记述。这是传说中祝融八姓的原始[①]。陆终六子之长昆吾之后，在夏代为侯伯，为汤所灭，可见陆终和鬼方的联姻其时甚古，表明了鬼方渊源之早。

---

① 李学勤：《谈祝融八姓》，《江汉论坛》1980 年第 2 期。唐嘉弘：《释"祝融八姓"》，《中国古代民族研究》，青海人民出版社，1987 年。

鬼方的位置，前人也有好多说法。

首先要说明的是，《殷本纪》的九（鬼）侯，《集解》引徐广云："邺县有九侯城。"《正义》云："相州滏阳县西南五十里有九侯城，亦名鬼侯城，盖殷时九侯城也。"此城不知是否可靠，即使确实，其地与殷都相距过近，也只能是鬼侯在畿内的采邑，不会是鬼方所在。

《文选·赵充国颂》注引《世本》注云："鬼方于汉则先零戎是也。"按《世本》有东汉宋忠注、魏宋均注等，此条不知出自谁手。"先零戎"即先零羌，据马长寿先生考证："他们的原住地在赐支河曲南岸的大、小榆谷（今青海黄河南岸贵德县东）。西汉初，一部分先零部落发展到湟水以南，不久又发展到湟水以北，还有一部分向西海（今青海）盐池附近迁徙。……东汉时，先零羌曾经主动或被动地向东方迁徙，如金城郡的东部、汉阳（天水）、陇西以及扶风、北地诸郡都有他们的踪迹。"[1]这是认为鬼方属于氐羌。

《后汉书·西羌传》也持相似的意见，传文说：

> 及殷室中衰，诸夷皆叛。至于武丁，征西戎（或作羌[2]）鬼方，三年乃克，故其《诗》曰："自彼氐羌，莫敢不来王。"及武乙暴虐，犬戎寇边，周古公逾梁山而避于岐下。及子季历，遂伐西落鬼戎。

范晔显然是把西戎（或羌）鬼方与西落鬼戎视为一族。《西羌传》

---

① 马长寿：《氐与羌》，第107页，上海人民出版社，1984年。

② 王先谦：《后汉书集解》卷八十七。

多采用《纪年》的材料，西落鬼戎之名即来自该传注引用的：

> 《竹书纪年》：武乙三十五年，周王季伐西落鬼戎，俘二十翟王也。

有学者认为，鬼方本为个别族氏的专名，后演化成部族的通称。作为通称，鬼方即西北游牧诸族，相当甲骨文中的羌[①]，是很有道理的。

《西羌传》已引到《诗·殷武》，该诗原文为：

> 挞彼殷武，奋伐荆楚，罙入其阻，裒荆之旅，有截其所，汤孙之绪。维女（汝）荆楚，居国南乡，昔有成汤，自彼氐羌，莫敢不来享，莫敢不来王，曰商是常。

是讲武丁伐荆楚之事，其所以提到氐羌，是由于氐羌的强大而又僻远，不能理解为伐荆楚即伐鬼方。今本《竹书纪年》则说："（武丁）三十二年，伐鬼方，次于荆。三十四年，王师克鬼方，氐羌来宾。"显然出于误解。

附带要说明，周初封楚，楚君的先世即上面说过的陆终，确曾娶鬼方氏之妹，不过商代的荆楚是否也在祝融八姓之内，尚未可知。无论怎样，荆楚和鬼方不可混为一谈。有的论著以今本《纪年》

---

① 罗琨：《"高宗伐鬼方"史迹考辨》，《甲骨文与殷商史》，上海古籍出版社，1983年。

为据，主张鬼方在西南，同较早的记载不合①。

高宗伐鬼方，王季伐鬼戎，纣以鬼侯为三公，都是殷商时事，入周以后，鬼方便不再在史事中出现。过去曾以为小盂鼎、梁伯戈有"鬼方"，近已辨明非是②。实际上鬼方只是商代通行的词，西周以后即成陈迹。《周易》载有武丁伐鬼方故事，正表明其撰作之早。

帝乙

《归妹》六五爻辞：

帝乙归妹，其君之袂不如其娣之袂良。月几望，吉。

所叙故事，详情已不可考。《象传》云："帝乙归妹，不如其娣之袂良也。其位在中，以贵行也。"对考史无所阐发。

"帝乙"一名屡见于《尚书》：

我闻惟曰在昔殷先哲王，迪畏天显小民，经德秉哲，自成汤咸至于帝乙，成王畏相。　　　　　　　　　《酒诰》

自成汤至于帝乙，罔不明德恤祀。　　　　　　《多士》

乃惟成汤，克以尔多方简代夏，作民主，慎厥丽乃劝，厥民刑用劝，以至于帝乙，罔不明德慎罚，亦克用劝。　《多方》

---

① 王燕玉：《殷周鬼方辨》，《贵州史专题考》(修增本)，贵州人民出版社，1986年。

② 李学勤：《殷代地理简论》，第73—75页，科学出版社，1959年。《李学勤集》，第168页，黑龙江教育出版社，1989年。李学勤：《论史墙盘及其意义》，《考古学报》1978年第2期。

这都是历数商朝的列王，成汤是第一代王，帝乙则是亡国之君纣的父亲。

殷墟甲骨文中迄今没有发现"帝乙"这一称号。在商末的黄组卜辞里有"文武帝"，丁山、陈梦家以为帝乙。已有学者做了详尽的分析，说明"文武帝"并不是帝乙，而是文武丁即文丁①。商末的金文则是有"帝乙"的，只是由于铭文不够清晰，没有被人们注意到。这篇铭文是《三代吉金文存》3，29，2，泐存14字，原称父丁鼎。其第一行开端纪日为"乙□"，第二行至四行有"在六月，遘于帝□翼日"。按照当时周祭的规定，这里"遘于"下面只能是先王，而"帝"字下半还较清楚，对先王致祭又应与前面纪日的"乙"相符合②，这就一定是"帝乙"。帝乙的周祭，唯见此例。

丁、陈二氏以文武帝为帝乙，主要由于现藏于故宫博物院的四祀邲其卣铭文有"文武帝乙"的称号。"文武帝乙"之称不见于文献，也不见于殷墟甲骨文。对于这件卣的铭文真伪曾有争论，后来有论文记述了该器收藏、修复的情况③，也有文章根据周原甲骨文出现了"文武帝乙"，作了讨论④。看来帝乙又称文武帝乙，是可以肯定的。

《殷本纪》载："帝乙立，殷益衰。"在商朝，帝乙完全不像王亥、上甲那样是富于传说色彩的远祖，也不像成汤、太甲、祖乙、武丁、祖甲那样是功业彪炳的名王。帝乙归妹的故事并没有多大

① 常玉芝：《说文武帝》，《古文字研究》第4辑，中华书局，1980年。

② 常玉芝：《商代周祭制度》，中国社会科学出版社，1987年。

③ 王文昶：《铜卣辨伪》，《故宫博物院院刊》1983年第2期。

④ 杜迺松：《邲其三卣铭文考及相关问题的研究》，《故宫博物院院刊》1985年第4期。

意义，是很容易被淡忘的。《周易》经文有记载，是年代早的一个标志。

箕子

《明夷》六五爻辞：

> 箕子之明夷，利贞。

《象传》云："箕子之贞，明不可息也。""明夷"一词，殊不易解。同卦卦辞作："明夷，利艰贞。"《象传》云："明入地中，明夷。内文明而外柔顺，以蒙大难，文王以之。利艰贞，晦其明也。内难而能正其志，箕子以之。"是把"明夷"视为道德意义的词，而且联系到文王、箕子的事迹。李镜池曾在《古史辨》第三册中指出，此卦初九"明夷于飞，垂其翼"，"明夷"似为鸟名。如将全卦"明夷"均作为飞鸟，九三"明夷于南狩"，六四"入于左腹，获明夷之心"都不甚顺；上六"不明晦，初登于天，后入于地"，又好像以"明"为光明。

　　《左传》昭公五年载，鲁叔孙穆子生时，其父庄叔以《周易》筮之，遇《明夷》之《谦》，卜楚丘解释说：

> 《明夷》，日也。日之数十，故有十时，亦当十位。自王已下，其二为公，其三为卿。日上其中，食日为二，旦日为三。《明夷》之《谦》，明而未融，其当旦乎？故曰"为子祀"。日之《谦》当鸟，故曰"明夷于飞"（杜注：《离》为日、为鸟，《离》变为《谦》，日光不足，故当鸟。鸟飞行，故曰"于飞"）。明而未融，故曰"垂其翼"（杜注：于日为未融，于鸟

为垂翼）。……

这里已经把"明夷"和鸟联系起来，但并未把"明夷"直接解为鸟名，而是迂回地先以《明夷》为日之象，再推至日之《谦》当鸟，说明当时不认为"明夷"本身是一种鸟。

总之，不管是从《明夷》的卦爻辞本身看，还是从上引卜楚丘的解说看，"明夷"的意义都比较复杂，尚待考定。也许其含义本不止一端，因此"箕子之明夷"也不易确解。

殷墟甲骨文未见"箕子"，但在商末的黄组卜辞里出现有"箕侯"（《甲骨文合集》36416）、"箕侯缶"（《甲骨文合集》36525）。这个"箕"，原作从"己"从"其"。商周之际的金文，也有"箕侯"或"箕"，有的字从"己"，有的作象形的"箕"，合于《说文》古文。我曾经有小文讨论，这个"箕"很可能就是箕子的箕[①]，在今山西榆社箕城镇。

箕子在商朝覆亡之后，向周武王陈说天道，有关传说见于《尚书·洪范》，其中论及卜筮。我们将在下节详加论述。

康侯

《晋》卦卦辞：

> 康侯用锡马蕃庶，昼日三接。

《象传》云："晋，进也。明出地上，顺而丽乎大明，柔进而上行，

---

① 李学勤：《小臣缶方鼎与箕子》，《殷都学刊》1985 年第 2 期。

是以康侯用锡马蕃庶，昼日三接也。"虽引经文，但未作训诂上的解说。《周易集解》引荀爽等说，或说"阴性安静，故曰'康侯'"，或说"康，安也"，或说"康，美也"；《释文》引郑玄注"康，尊也"：都把"康"解为一般的形容词。看来对"康侯"的意义早已不能知道，这前人已经指出过了。

"康侯"的本义，是由与金文的比较而得确定的。《三代吉金文存》3，3，4方鼎，现存台北故宫博物院，作器者名"康侯丰"，即文献中的康叔封。1931年在河南浚县辛村发现的簋，铭文有：

王来伐商邑，诞命康侯鄙于卫……

"鄙"训为"国"，与康叔受封于卫也是相符的[1]。同是出于辛村的，还有康侯刀，另外一些有"康侯"字样的器物也曾见于著录[2]。但在文献中屡见康叔、卫叔、卫侯等称[3]，除《周易》外没有称"康侯"的，可见"康侯"一词的意义久已湮没。

《尚书·康诰》的注释家，对"康"的含义有较确切的解说。杨筠如《尚书覈诂》卷三：

---

[1] 陈梦家：《西周铜器断代（一）》，《考古学报》第9册，科学出版社，1955年。又白川静：《金文通释》卷一上，《白鹤美术馆志》第4辑，14，白鹤美术馆，1975年。

[2] 陈梦家：《西周铜器断代（一）》，《考古学报》第9册，科学出版社，1955年。又张光裕：《英国牛津雅士莫里博物馆所见青铜器》，《屈万里院士纪念论文集》，台湾学生书局，1985年。

[3] 梁玉绳：《古今人表考》卷三。

> 康，马（融）谓圻内国名，郑（玄）谓谥号。按《史记》：
> "康叔卒，子康伯立。"则"康"非谥，郑说非也。《白虎通》：
> "文王十子，康、南皆采也。"与马说合。《诗谱》："文王分岐
> 邦周、召之地，为周公旦、召公奭之采地。"则"康"与周、
> 召同为采地之名。《史记索隐》引宋忠曰："康叔从康徙封卫。"
> 亦以"康"为地名也。

马融所说已经是对的，但《周易》的学者长期没有把这一解释用到
"康侯"上来。

康侯怎样用锡马蕃庶，如顾颉刚先生所说，故事不可详考。不
过周人重视马政，在金文中已有证据可寻。1955年在陕西眉县李
家村出土的驹尊，系西周中期器，铭文记"执驹"之礼，有不少学
者做过讨论①。近年，在陕西长安沣西又出土铭文内容类似的青铜
器，张长寿先生做了很好的研究，指出与《史记·秦本纪》所载周
孝王使秦的祖先非子"主马于汧、渭之间，马大蕃息"可以互相印
证②。康侯用锡马蕃庶，应为将周王所赐良马作为种马，也是马政
的一端。

综上所述，《周易》经文所见人物及其事迹，确实都是很古老
的。经文的形成很可能在周初，不会晚于西周中叶③。顾颉刚先生
的观点，看来是可信的。

---

① 杨向奎：《释"执驹"》，《绎史斋学术文集》，上海人民出版社，1983年。

② 张长寿：《达𫞩盖铭》，中国古文字研究会第八届年会论文，1990年。

③ 关于《周易》中的"中行"一词，近有学者指出殷墟甲骨文已有"军
行"，且有"中行"，见王贵民《商周制度考信》，第219—221页，台湾明文书局，
1989年。

补记：最近发现的商末斁方鼎铭文有文武帝乙周祭，见《文物》2005年第9期。

第二节 《洪范》卜筮考

《诗》《书》是中国传世的最早的文献，但其中涉及筮法的记述为数不多。例如《书·君奭》有：

> 故一人有事于四方，若卜筮，罔不是孚。

孔传解释说：

> "一人"，天子也。君臣务德，故有事于四方而天下化服。如卜筮，无不是而信之。

宋代的蔡沈《书集传》卷五说：

> 故君有事于四方，如龟之卜，如蓍之筮，天下无不敬信之也。

较孔传更为贴切。《诗·卫风·氓》云：

> 尔卜尔筮，体无咎言。

《小雅·杕杜》云：

卜筮偕止。

凡此都说明自周初以至春秋卜筮流行，为很多人所笃信。但是这些材料只是提到卜筮，或者以卜筮作为比喻，完全没有关于筮法的具体内容，也不具有思想理论的性质，对我们研究早期筮法帮助不大。

唯一对卜筮论述较详的，是《尚书》中的《洪范》。这一篇在今传本《尚书》列为《周书》，篇首云：

> 惟十有三祀，王访于箕子，王乃言曰："呜呼！箕子，惟天阴骘下民，相协厥居，我不知其彝伦攸叙。"箕子乃言曰："我闻在昔鲧堙洪水，汩陈其五行，帝乃震怒，不畀洪范九畴，彝伦攸斁。鲧则殛死，禹乃嗣兴，天乃锡禹洪范九畴，彝伦攸叙。……"

"洪（或作鸿）范"意思是大法，"畴"意思是类别。《洪范》九畴之七"明用稽疑"专论卜筮之事。这是探讨早期筮法必须依据的一篇重要文献。

本节拟对《洪范》年代先做一考订，然后讨论该篇的性质、篇中关于卜筮的内容，以及种种与早期筮法研究有关的问题。读者也可以与其他各节所论文献互相比照。

《洪范》的成篇时代

《洪范》所记史事，篇中本有说明。箕子是商纣的诸父，见纣政治败坏，淫乱拒谏，佯狂为奴，被纣所囚。武王伐纣，箕子得到释放①。《洪范》篇中的"王"即武王，"十有三祀"应为武王纪元。王国维认为十三祀是文王受命的十三年②，与文献、金文惯例不合，从而其弟子杨筠如也不遵从③，在此不必详论。《书序》："武王胜殷，杀受（即纣），立武庚，以箕子归，作《洪范》。"和篇文是相一致的。

《史记·周本纪》记载：

> 武王已克殷，后二年，问箕子殷所以亡。箕子不忍言殷恶，以存亡国宜告。武王亦丑，故问以天道。

武王问箕子殷商灭亡的原因云云，不见于《洪范》。早于《史记》的现存古籍未见其事，如《尚书大传》记箕子"于十三祀来朝，武王因其朝而问洪范"，也与此不同。日本学者泷川资言称"《洪范》经及序不言此事，史公盖有所传"④，应该是正确的。总之，从《书序》《尚书大传》《史记》以至王国维，都认为《洪范》所载是周武王时实有之事。

郭沫若先生曾提到，《洪范》一篇，"《左传》三引其文以为'商书'，《说文》六引其文亦以为'商书'。《汉书·儒林传》言'迁书载《尧典》《禹贡》《洪范》《微子》《金縢》诸篇多古文

① 参看梁玉绳：《古今人表考》卷二。

② 王国维：《观堂别集》卷一《周开国年表》，《王国维遗书》第4册，上海古籍书店，1983年。

③ 杨筠如：《尚书覈诂》卷三，陕西人民出版社，1959年。

④ 泷川资言考证、水泽利忠校补：《史记会注考证附校补》卷四，第84页，上海古籍出版社，1986年。

说'，《洪范》列在《微子》之前，可见班固也是认《洪范》为商书的"①。《洪范》为什么可以称作"商书"，唐代孔颖达已有说明，他说：

> 此篇箕子所作，箕子商人，故记传引此篇者皆云"商书曰"，是箕子自作明矣。②

这是很合理的解释。由此知道，称《洪范》为"商书"的，是认为该篇为箕子之书。近代有些学者主张《洪范》成书甚晚，其说最详的当推刘节的《洪范疏证》一文③，提出该篇成于战国时期。也有学者表示不同意，如金景芳先生说"它为西周的作品是不容怀疑的"，其所举理由有两点：

第一，"近人已经提到的春秋战国时期的作品，如《左传》文公五年、成公六年、襄公三年，《墨子·兼爱下》，《吕氏春秋·贵公》，《荀子·修身》、《天论》，《韩非子·有度》等都曾引用过《洪范》里的词句"。

第二，《诗·小旻》引用《洪范》"五事"，《书·吕刑》引用《洪范》"三德"④。

下面我们就从这两点去分析。

前文业已提到，《左传》引《洪范》均称"商书"。文公五年

---

① 《郭沫若全集·历史编》第1卷，第323页，人民出版社，1982年。

② 孔颖达：《尚书正义》卷十二。

③ 收入刘节：《古史考存》，人民出版社，1958年。

④ 金景芳：《西周在哲学上的两大贡献》，《古史论集》，第176—177页，齐鲁书社，1981年。

一条这样说：

> 晋阳处父聘于卫，反过宁，宁嬴从之，及温而还。其妻问
> 之，嬴曰："以刚。《商书》曰：'沈渐刚克，高明柔克。'夫子
> 壹之，其不没乎？天为刚德，犹不干时，况在人乎？且华而不
> 实，怨之所聚也。犯而聚怨，不可以定身。余惧不获其利而离
> 其难，是以去之。"

按《国语·晋语五》也有这件事的记载，所述宁嬴评论阳处父的话
有："且刚而主能，不本而犯，怨之所聚也。吾惧未获其利而及其
难，是故去之。"虽未引《洪范》原文，但精神要点都在，当系同
事异记。

宁嬴所引"沈渐（与'潜'通）刚克，高明柔克"二句，出于
《洪范》"三德"一节，原文是：

> 六，三德：一曰正直，二曰刚克，三曰柔克。平康正直，
> 强弗友刚克，燮友柔克。沈潜刚克，高明柔克。惟辟作福，
> 惟辟作威，惟辟玉食，臣无有作福、作威、玉食。臣之有作
> 福、作威、玉食，其害于而家，凶于而国。人用侧颇僻，民用
> 僭忒。

这段话包含两重意思：首先是就道德修养而言，正直、刚、柔三德
应互相配合，刚柔相济，得其中道，故"沈潜刚克"二句即"言人

资质沈潜者，当以刚克之；资质高明者，当以柔治之"[1]。其次是就君臣关系而言，作为统治者的君（辟）所行威福予夺，体现其刚柔之德[2]，而臣只能遵从，不能作威作福，否则必于家国有害。宁嬴对阳处父的讥评，说他刚而不柔，"犯而聚怨"（《左传》），"刚而主能"（《国语》韦解，"主，上也，言性刚直而高上其材能"）云云，实际上便蕴含着上述两重意思。可见所根据的是《洪范》全文，不止"沈潜刚克"这两句。

成公六年一条讲的是晋栾武子率军救郑，与楚师相遇，楚师退还。晋师侵蔡国，楚公子申、公子成以申、息二县之师救蔡。晋军将帅对是战是退有不同意见，知庄子、范文子、韩献子等三卿主张还师：

> 于是军帅之欲战者众，或谓栾武子曰："圣人与众同欲，是以济事，子盍从众？子为大政，将酌于民者也。子之佐十一人，其不欲战者三人而已，欲战者可谓众矣。《商书》曰'三人占，从二人'，众故也。"武子曰："善钧从众。夫善，众之主也。三卿为主，可谓众矣，从之不亦可乎？"

或人所引"三人占"云云，出于《洪范》"稽疑"一节，原文是"三人占，则从二人之言"，引文稍有节略。三人占则从二人，是从众，因而引为典据。值得注意的是，或人前面说"圣人与众同欲"，同这里引箕子之言是相呼应的，反映出对箕子的崇敬。

---

[1] 黎靖德编：《朱子语类》卷七十九，第2050页，中华书局，1986年。

[2] 参看蔡沈：《书集传》卷四。

襄公三年一条是讲晋中军尉祁奚告老，晋悼公问他谁能接替，祁奚荐举仇人解狐，解狐死，又荐举儿子祁午。祁奚之佐羊舌职死，悼公问谁能接替，祁奚荐举羊舌职之子赤。下面有一段评论：

> 君子谓祁奚于是能举善矣。称其仇不为谄，立其子不为比，举其偏不为党。《商书》曰"无偏无党，王道荡荡"，其祁奚之谓矣。……

这些议论，据《吕氏春秋·去私》，实际上是孔子的话[①]。所引"无偏无党"二句，出于《洪范》"皇极"一节。

"皇极"这一段话，不仅孔子，也为战国诸子所常引用。如《墨子·兼爱下》云：

> 且不惟《誓命》与《汤说》为然，《周诗》即亦犹是也。《周诗》曰："王道荡荡，不偏不党，王道平平，不党不偏。""其直若矢，其易若厎（砥），君子之所履，小人之所视。"

《兼爱下》此文有一些错误，例如"誓命"，孙诒让《墨子间诂》认为系"禹誓"的讹倒。所谓"周诗"，前半类似《洪范》而句次不同，后半引《诗·大东》，可能是由于这一段是韵文，如孙氏所

---

① 参看杨向奎：《中国古代社会与古代思想研究》上册乙编，第305—306页，上海人民出版社，1962年。杨明照：《春秋左氏传君子曰征辞》，《学不已斋杂著》，上海古籍出版社，1985年。郑良树：《论〈左传〉"君子曰"非后人所附益》及《再论〈左传〉"君子曰"非后人所附益》，《竹简帛书论文集》，中华书局，1982年。

说"古《诗》《书》亦多互称"①，也可能是当时人摘出《洪范》此段，作为诗来歌咏。

《荀子·修身篇》云：

> 《书》曰："无有作好，遵王之道；无有作恶，遵王之路。"此言君子之能以公义胜私欲也。

按《洪范》原文此前尚有"无偏无颇，遵王之义"二句，故荀子称以公义胜私欲，大概是由于人所共习，引用时从于省略，只以"公义"扣"遵王之义"。又同书《天论篇》云：

> 万物为道一偏，一物为万物一偏，愚者为一物一偏，而自以为知道，无知也。慎子有见于后，无见于先；老子有见于诎（屈），无见于信（伸）；墨子有见于齐，无见于畸；宋子有见于少，无见于多。有后而无先，则群众无门；有诎而无信，则贵贱不分；有齐而无畸，则政令不施；有少而无多，则群众不化。《书》曰："无有作好，遵王之道；无有作恶，遵王之路。"此之谓也。

也是以"一偏"扣"无偏无颇"句，引文则从省略。

《吕氏春秋·贵公》云：

> 凡主之立也，生于公，故《鸿范》曰："无偏无党，王道

---

① 孙诒让：《墨子间诂》卷四。

荡荡；无偏无颇，遵王之义。无或作好，遵王之道；无或作
恶，遵王之路。"

这与今传本仅有句次与个别文字的不同。

《韩非子·有度》云：

> 先王之法曰："臣毋或作威，毋或作利，从王之指；毋或
> 作恶，从王之路。"

则是把"皇极""三德"两节糅合为一。其所以称《洪范》为
"法"，是由于"范"训为"法"。韩非属法家，这样做不足为异。

从这些例子看来，春秋战国时人已把《洪范》一篇奉为经典，
援引其中带有原理性质的文句，加以推阐引申，儒、墨、法等家均
不例外。足见《洪范》绝不是晚出的作品，其年代应早到西周。

《诗·小旻》也是《洪范》成于西周的一个证据。据《毛诗
序》，《小旻》是刺周幽王的诗。看诗中"旻天疾威"等语类似西
周金文，是不可能晚过东迁的。诗中说：

> 国虽靡止，或圣或否；民虽靡膴，或哲或谋，或肃或艾。

这和《洪范》"五事"节的"恭作肃，从作义，明作哲，聪作谋，
睿作圣"显有关联[1]，至少我们可以认为是西周人习用的辞语。

---

[1] 金景芳：《西周在哲学上的两大贡献》，《古史论集》，第177页，齐鲁书社，
1981年。

很多人觉得《洪范》晚出，是由于篇中首列五行，而近人的一项成见，是以为五行的出现很迟。这种论证的方式，在逻辑上是颠倒的。《洪范》如早，可作五行说早已存在的证据，却不能倒过来说五行说晚，《洪范》就不能早。五行说晚，要以《洪范》的晚出为前提，而《洪范》是否晚出，必须有其他坚强的理由来说明，否则便陷于循环论证了。

《洪范》五行的次序，是水、火、木、金、土。我曾指出，这是由于当时数说五行尚未按照相生相克的次第，同当时数说方向的习惯有关。如将五行依五方分配，可图示为：

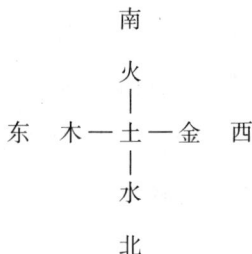

<pre>
            南
            火
            |
   东   木 — 土 — 金   西
            |
            水
            北
</pre>

西周人数说方向，可说东、南、西、北，也可说东、西与南、北。后者如《诗·文王有声》："自西自东，自南自北。"《洪范》数说五行，是水、火与木、金这样交叉数的。《国语·郑语》记周幽王时史伯说"以土与金、木、水、火杂"，也是交叉数的。这是西周人讲五行的习惯。到春秋时，如《左传》昭公二十九年蔡墨讲五行，就是以木、火、金、水为序，是循环数了[1]。这样看来，《洪范》的五行，反而是该篇不晚的证据。

---

① 李学勤：《帛书〈五行〉与〈尚书·洪范〉》，《李学勤集》，黑龙江教育出版社，1989年。

屈万里《尚书释义》有一个新的意见，他提出《洪范》"庶征"节有"王省惟岁，卿士惟月，师尹惟日"等语，认为师尹在卿士之下，与《诗》《书》及早期金文不合①。查西周晚期金文叔多父盘②，其铭文有"使利于辟王、卿事、师尹"，"卿事"即"卿士"，次第正与《洪范》一致③。因此，屈说是不能成立的。

综上所述，《洪范》一篇成于西周，应该没有什么问题。

《洪范》中的卜筮

《洪范》九畴，第七是"稽疑"，原文较长，以下分段予以讨论：

> 七，稽疑：择建立卜筮人，乃命卜筮。曰雨、曰霁、曰蒙、曰驿、曰克、曰贞、曰悔，凡七：卜五，占用二，衍忒。

以上句读和文字，都是依照孔颖达《尚书正义》，《史记·宋微子世家》及其《集解》所引郑玄《书》注等均有不同，在此不详细分析。所谓"卜五，占用二"，"卜"指龟卜，"占"指筮占，两者均多变异，故云"衍忒"。"卜五"即雨、霁、蒙、驿、克五者，孔传、郑注都认为是指卜法的兆体。郑玄说："雨者，兆之体气如雨

---

① 参看李汉三：《先秦两汉之阴阳五行学说》，台湾钟鼎文化出版股份有限公司，1967年。

② 刘体智：《小校经阁金文拓本》9，79，1。曹锦炎：《商周金文选》，一四七，西泠印社，1990年。

③ 李学勤：《帛书〈五行〉与〈尚书·洪范〉》，《李学勤集》，黑龙江教育出版社，1989年。

然也；济（霁）者，如雨止之云气在上者也；圛（驿）者，色泽而光明也；雾（蒙）者，气不释，郁冥冥也；克者，如褪气之色相犯也。"他的《周礼·大卜》注称此为兆体的五色，也就是卜兆的五种形状特点，是判断所卜吉凶的依据。

"占用二"即贞、悔两者，传云："内卦曰贞，外卦曰悔。"孔颖达《正义》对此有准确的解释：

> 僖十五年《左传》云，秦伯伐晋，卜徒父筮之，其卦遇《蛊》。《蛊》卦巽下艮上，《说卦》云巽为风，艮为山。其占云："《蛊》之贞，风也；其悔，山也。"是内卦为贞，外卦为悔也。筮法爻从下起，故以下体为内，上体为外。下体为本，因而重之，故以下卦为贞。贞，正也，言下体是其正。郑玄云："悔之言晦，晦犹终也。"晦是月之终，故以为终，言上体是其终也。下体言正，以见上体不正；上体言终，以见下体为始：二名互相明也。

《说文》"悔"字作"𣇈"，云：

> 𣇈，《易》卦之上体也。《商书》"曰贞、曰𣇈"。

所引就是《洪范》，其说与上引传疏相合。由此得知，所谓贞、悔，是内卦和外卦，也便是重卦的下体和上体。这说明在《洪范》的时代已有重卦，筮法要注意内卦与外卦的关系。

《说文》的"𣇈"是筮法的专用字。清人承培元作《说文引经证例》，已指出这一点，他说：

"贞""卟"皆因卜而名，故皆从"卜"，何疑？许书心部"悔"下止云"恨也"，则知外卦为"卟"，"卟"为正字，"悔"为借字。

按"卟"字见于金文小臣卟鼎，属西周中期，可作为此字早已存在的确证，也可同《洪范》之说相对照。这一鼎铭仅见于《小校经阁金文拓本》卷三第二十二页，《历代著录吉金目》曾加收录，但罕为学者注意，所以《金文编》也没有这个字。

《洪范》原文接着说：

> 立时人作卜筮，三人占，则从二人之言。

"立时（是）人作卜筮"，与前文"择建立卜筮人"呼应，都是说任用卜人、筮人。《周礼·春官》有大卜等一系列专司卜筮的职官，大卜掌三兆、三易、三梦，即三种卜法、三种筮法和三种梦占。其所以各有三种，一般认为是有夏、殷、周三代的区别。因此，《洪范》孔传云：

> 夏、殷、周卜筮各异。三法并卜，从二人之言。"善钧从众"（此系引《左传》成公六年语），卜筮各三人。

与《仪礼·士丧礼》疏所引郑玄《书》注：

> 卜筮各三人。大卜掌三兆、三易。

取义相同。

卜筮用三人占，是一种特殊隆重的方式。《洪范》所记述的，是箕子对周武王陈说的洪范九畴；《周礼·大卜》所讲的，也是王室的卜筮，其用最隆重的方式是不难想象的。西周时期卜法这方面的实例见《尚书·金縢》，该篇开首说"既克商二年，王有疾，弗豫"，所记恰与《洪范》同时。篇文讲当时武王患病，周公祝告于大王、王季、文王：

> 乃卜三龟，一习吉。启籥见书，乃并是吉。公曰："体，王其罔害。"

传云：

> "习"，因也。以三王之龟卜，一相因而吉。三兆既同吉，开籥见占兆书，乃亦并是吉。

《正义》则释"习"为袭。这是用三种卜法同时占卜的例证。

有些学者把《金縢》的"乃卜三龟"理解为在同一卜法中使用三块龟甲。按在殷墟出土的商代卜用甲骨的大量例子里，有在一版龟甲或兽骨上行卜多次的，有同时使用几块龟甲或兽骨行卜的，也有以不同卜法同时行卜的。这几种不同的情形，如结果相同，即相因袭，可以称之为"习"[1]。例如：

---

[1] 参看宋镇豪：《殷代"习卜"和有关占卜制度的研究》，《中国史研究》1987年第4期。

癸未卜，习一卜。

习二卜。　　　　　　　　　　　《甲骨文合集》31672

己……

习二卜。

习三卜。

习四卜。　　　　　　　　　　　《甲骨文合集》31674

所"习"是同一块胛骨上面的上一卜兆；而又如：

□□卜，习灵一卜，五……　　　《甲骨文合集》31669

……习龟卜，有来执，其用……　《甲骨文合集》26979

则是胛骨因袭龟甲（"灵"系龟的一种），据研究实属另一种卜法。

殷墟甲骨主要有两种卜法，一种龟骨兼用，一种专用兽骨，其出土地点及各种特征均有差异[①]。上述胛骨"习"龟甲之例，就是两种不同卜法的相"习"（周代有夏、殷、周三种卜法，殷商时就只能有两种卜法，而殷墟王室占卜确有两种卜法并存，是否巧合，尚待进一步研究）。

殷墟甲骨虽可在一块龟甲或兽骨，或者几块龟甲或兽骨上，反复灼出若干卜兆，但对于一项命辞而言，最后判断吉凶的占辞有一无二。由此推知，《金縢》所记卜三龟后查阅占书，"乃并是吉"，不会是同一卜法用三块龟甲，只能是三种卜法。

---

① 李学勤、彭裕商：《殷墟甲骨分期新论》，《中原文物》1990年第3期。又《殷墟地层与甲骨分期》，《文博》1990年第6期。

附带说，《金縢》载周公云"体（兆体，即兆象，参看下节），王其罔害"，正和殷墟卜辞常见的"王亡害"文例相同[①]，这可作为《金縢》一篇可信的证据。用《金縢》来印证《洪范》，是可靠的。

既然西周有三种卜法，合于《洪范》，那么当时也有三种筮法，如《洪范》所说，同样是可以理解的。

让我们再来看《洪范》原文：

> 汝则有大疑，谋及乃心，谋及卿士，谋及庶人，谋及卜筮。汝则从，龟从，筮从，卿士从，庶民从，是之谓大同，身其康强，子孙其逢吉。汝则从，龟从，筮从，卿士逆，庶民逆，吉。卿士从，龟从，筮从，汝则逆，庶民逆，吉。庶民从，龟从，筮从，汝则逆，卿士逆，吉。汝则从，龟从，筮逆，卿士逆，庶民逆，作内吉，作外凶。龟、筮共违于人，用静吉，用作凶。

郭沫若先生在《中国古代社会研究》书中，曾把这一部分内容画成表[②]，极便观览，今仿其意，也简列如下：

王	卿士	庶民	龟	筮	吉凶
+	+	+	+	+	大同
+	−	−	+	+	吉
−	+	−	+	+	吉

① 裘锡圭：《释龜》，《古文字学论集初编》，香港中文大学，1983年。
②《郭沫若全集·历史编》第1卷，第140页，人民出版社，1982年。

-	-	+	+	+	吉
+	-	-	+	-	作内吉，作外凶
+	+	+	-	-	用静吉，用作凶

需要说明的是"卿士"的意义。孔颖达《正义》引郑玄云"卿士，六卿掌事者"，又说"然则'谋及卿士'，以卿为首耳。其大夫及士亦在焉。以下惟言庶人，明大夫及士寄卿文以见之矣"。足知篇中"卿士"实际上是指朝中的诸臣。

前面引到过《史记·宋微子世家》说武王问箕子以天道，是以《洪范》为讲天道的书。这里的一段虽专论卜筮，其思想内涵却是天人之间的关系。王有重要疑难之时，在自己思考之外，要征询群臣和民众的意愿，也要通过卜筮探知天命神意。因此，由卜筮和王及臣、民的从逆而得的吉凶，反映了篇中对天人关系的观点，也可以看出卜筮的地位。这是很值得注意的。

表中第一种情形，天人互相一致，故称为"大同"，自然有利于王室。

第二种情形，王得到卜筮的支持，尽管同臣民意向相反，仍然无须顾忌。

第三、四两种情形，卜筮站在诸臣或庶民一边，虽然不合王心，事情仍然可行。

以上不难看出卜筮所代表的神意的重要性。神意倾向于王、臣、民三者任何一方，都要遵照去做。

第五种情形，王没有臣、民的拥护，又是卜从筮逆，足见神意并不完全支持。这时如所卜是祭祀、冠、婚一类内部事务，尚属可行；所卜是征伐一类对外行动，则不可为。原因当是后者如无臣、民同心协力，就更需要假借神的力量。

特别要注意的是，篇文只讲卜从筮逆，这表明卜法比筮法更为重要，所谓"筮短龟长"，这里业已显示出来了。

最后一种情形，卜筮共逆于人，"人"包括王、臣、民三者。卜筮都是逆，与王、臣、民趋向反对，这表示神意完全相背，自然要动辄得咎了。

《洪范》的这种理论，可能确是箕子所传述的殷人的思想。《礼记·表记》说："夏道尊命，事鬼敬神而远之；……殷人尊神，率民以事神；……周人尊礼尚施，事鬼敬神而远之。"正因为殷人尊神，在殷墟才会发现那样多的卜用甲骨，占卜在殷商的社会生活中才会占据那样重要的地位。箕子所陈述的天道，正是继承着这种尊神、事神的传统。

第三节　《周礼》大卜诸官的研究

《周礼》一书，在各种传世典籍中命运最为差舛。唐代贾公彦疏有《序周礼废兴》，叙述此书在汉代出现以及诸儒有关看法，比较详细，篇中说：

> 《周官》（按即《周礼》）孝武之时始出，秘而不传。《周礼》后出者，以其始皇特恶之故也。是以马融《传》云：秦自孝公已下，用商君之法，其政酷烈，与《周官》相反，故始皇禁挟书，特疾恶，欲绝灭之，搜求焚烧之独悉，是以隐藏百年。孝武帝始除挟书之律，开献书之路，既出于山岩屋壁，复入于秘府，五家之儒莫得见焉。

其说本于东汉马融《周官传》。略早于贾氏的陆德明《经典释文》
则云：

> 或曰：河间献王开献书之路，时有李氏上《周官》五篇，
> 失《事官》（按即《冬官》）一篇，乃购千金，不得，取《考
> 工记》以补之。

河间献王德系景帝子，景帝二年（前155）受封，在位二十六年，
武帝元光五年（前130）卒。献王得《周礼》的记载，与马融所说
武帝时《周礼》始出相合。关于《周礼》的发现，另有一些异说，
前人辨之已明[①]。《周礼》是西汉早年重新出现的先秦旧籍，本来是
很清楚的，但此书在汉代已遭一部分学者排斥，后世怀疑的人更
多，甚至以为是刘歆伪作。清代以来，一些著作进行了细密的考
证，如汪中、陈澧、孙诒让、刘师培、陈汉章等，提出许多证据说
明《周礼》的可据[②]，《周礼》的重要性逐渐为人们所共识。

实际上，凡是研究中国古代历史文化的学者，尽管对《周礼》
如何诟病，他们的作品总是在不同程度上引据《周礼》，罕有例
外。近年，由于金文研究的进展，有更多的人认识到《周礼》的价
值。有的学者以西周金文所见官制与《周礼》比较，说明：

> 《周礼》在主要内容上，与西周铭文所反映的西周官制，

---

① 顾实：《汉书艺文志讲疏》，二，第47—48页，上海古籍出版社，1987年。
吴承仕：《经典释文序录疏证》，第99—100页，中华书局，1984年。

② 孙诒让：《周礼正义》卷一。又吴承仕：《经典释文序录疏证》，中华书局，
1984年。

颇多一致或相近的地方。正确认识和充分利用《周礼》，是西周职官问题研究中不容忽视的问题。[1]

可以代表《周礼》渐得学术界重视的趋势。

《周礼》的内涵非常丰富广泛，体现了当时制度的各个方面，确是研究中国古代不可缺少的要籍。法国学者毕瓯（E. Biot）译出此书，自"以为不在巴比伦、亚述发掘业绩之下"[2]，是有道理的。《周礼》书内有专门从事卜筮的职官，其中记载极为珍贵，为探讨早期卜筮的演变提供了钥匙。与《周易》有关的许多问题，也都是从《周礼》的叙述提出的。因此，在本节中我们想对《周礼》所记卜筮制度做一讨论，当然是以筮法为重点，至于卜法则只是连带论及。

大卜一系职官

大家知道，《周礼》全书分为天、地、春、夏、秋、冬六官。如果仔细分析，各官内部又可划分为若干部分，各以主领的职官为其中心。与卜筮有关的职官属于《春官宗伯》。如果从较大的范围划分，以大卜、大祝、大史为主领的三部分可视为一大部分，再加上后面的都宗人、家宗人，与《左传》定公四年所云"祝、宗、卜、史"相应[3]；如果从较小的范围划分，以大卜为主领的一部分自成一系。下面依《春官》序官，将这一系职官列出，以清眉目：

---

① 张亚初、刘雨：《西周金文官制研究》，前言，中华书局，1986年。

② 莫东寅：《汉学发达史》，第96页，文化出版社，1949年。

③ 杨伯峻：《春秋左传注》，第1536—1537页，中华书局，1981年。

职官	爵称	人数	府	史	工	胥	徒
大卜	下大夫	2					
卜师	上士	4					
卜人	中士	8					
	下士	16	2	2		4	40
龟人	中士	2	2	2	4	4	40
菙氏	下士	2		1			8
占人	下士	8	1	2			8
筮人	中士	2	1	2			4
占梦	中士	2		2			4
视祲	中士	2		2			4

　　大卜一系职官的构成，从序官看，大卜、卜师、卜人原为一个
序列，唯有级别的不同，因而其下属的府、史、胥、徒是合计的。
龟人、菙氏、占人、筮人、占梦、视祲等官，虽也为大卜所辖，但
各有专司，其下属的府、史、胥、徒等便是分计的。

　　所谓府、史、胥、徒的性质，应在此略做说明。据《天官》序
官郑注云：

　　　　府，治藏；史，掌书者。凡府、史皆其官长所自辟除。

府是管理库藏的人员，史是管理文书的人员，均由官长自行任用。
至于胥、徒，地位又较府、史为低，郑注云：

　　　　此民给徭役者，若今卫士矣。"胥"读如"谞"，谓其有
　　　　才知（智），为什长。

可知胥、徒是应征调服役的平民。其中具有才智，任什长即十人之长的，称为胥，所以胥和徒总维持一对十的比例。府、史、胥、徒都是各职官的从属人员。此外，龟人属下还有工，其地位介于府、史与胥、徒之间，也是没有爵称的人员。

大卜，郑注云系"卜筮官之长"，他所掌管的不限于用龟的卜法。其职文云：

> 大卜，掌三兆之法，一曰玉兆，二曰瓦兆，三曰原兆，其经兆之体皆百有二十，其颂皆千有二百；掌三易之法，一曰《连山》，二曰《归藏》，三曰《周易》，其经卦皆八，其别皆六十有四；掌三梦之法，一曰致梦，二曰觭梦，三曰咸陟，其经运十，其别九十。以邦事作龟之八命，一曰征，二曰象，三曰与，四曰谋，五曰果，六曰至，七曰雨，八曰瘳。以八命者赞三兆、三易、三梦之占，以观国家之吉凶，以诏救政。

由此知道，大卜掌管的包括兆、易、梦三种。所谓兆，是用龟的卜法；易，是用蓍的筮法；梦，则是梦占及望气的方法。按照后来《汉书·艺文志》所说，都是数术之术。

从《周礼》的记载考察，在三种数术中，卜法实占主要的位置。大卜以下诸官，自卜师到龟人、菙氏都有关卜法，占人则卜、筮兼司。筮人专司筮法，占梦、视祲分司梦占、望气，职官都较卜法为少。卜、筮、梦三者相参，而卜法居主，因此大卜以"卜"为官名。这是我们在研究这些数术时应当了解的。

在有的古书里面，也有称大卜为"易"的例子。《礼记·祭义》有这样一段：

　　昔者圣人建阴阳天地之情，立以为《易》。易抱龟南面，天子卷冕北面。虽有明知之心，必进断其志焉，示不敢专，以尊天也。

对于"易抱龟南面"一句，郑注说：

　　易，官名，《周礼》曰大卜。大卜主三兆、三易、三梦之占。

清人孙希旦《礼记集解》云："此'易'谓卜、筮之官也。"[1]这是由于大卜也掌《易》，所以可以"易"为官名。

　　大卜统掌卜、筮、梦的记载是很重要的。商代的甲骨文、西周的金文都有称"卜某"的人，如前者有"卜竹"，后者有"卜孟"，他们都是卜官；金文曶鼎载王册命曶，"令汝更乃祖考司卜事"，应即大卜之职[2]，而筮人的记载却罕有出现。这不能认为当时不行筮法，因为筮法有可能在大卜的兼摄之下，只是具体筮人的名字没有发现罢了。

　　《大卜》职文三兆、三易、三梦的记述，对研究这些数术的早期形态极有价值。可惜由于这方面的古代典籍大多佚失殆尽，记述中不少内涵今天业已无法理解了。现在我们先就三兆、三梦各作简要讨论，然后仔细探索三易的问题。

　　所谓三兆之法，孙诒让《周礼正义》认为是三种卜法的占书，是有道理的。大家知道，卜法是用龟甲施以烧灼，看所形成的裂纹

① 孙希旦：《礼记集解》卷四十六，第1234页，中华书局，1989年。

② 张亚初、刘雨：《西周金文官制研究》，第37页，中华书局，1986年。

如何，以判断吉凶祸福。有时也用兽骨，但因以用龟甲为尊，占书一般以"龟"为名。《汉书·艺文志》载有《龟书》52卷、《夏龟》26卷、《南龟书》28卷、《巨龟》36卷、《杂龟》16卷等，即不同的占书。这些占书都已亡佚，但褚少孙所补《史记·龟策列传》取有"太卜杂占卦体及命兆之辞"，可借以窥见古代占书的大略。

玉兆、瓦兆、原兆的意义，郑注说：

> 兆者，灼龟发于火，其形可占者，其象似玉、瓦、原之璺（墨）罅，是用名之焉。上古以来作其法，可用者有三。原，原田也。

这是说龟甲上的兆，即裂纹，形状像玉、瓦或原田的裂罅，从而有三兆的名称。或说三兆之名得自玉、瓦、原的颜色，是不足取的。

《占人》职文云兆有体、色、墨、坼，郑注：

> 体，兆象也；色，兆气也；墨，兆广也；坼，兆璺（墨）也。体有吉凶，色有善恶，墨有大小，坼有微明。

可知"经兆之体"的"体"是指兆象，即兆的形状。兆象大别之有120种，谓之经兆；再依色、墨、坼的差别细分，每体又有10种，共1200种，各系以繇辞（颂），即1200颂。三种占书的经兆都有120体，也都有1200颂。孙诒让《正义》称："案卜繇之文皆为韵语，与诗相类，故亦谓之颂。"①卜法占书的体裁大致就是这样。

---

① 孙诒让：《周礼正义》卷四十七，第1926页，中华书局，1987年。

　　为什么三种占书并存，郑注引杜子春云："玉兆，帝颛顼之兆；瓦兆，帝尧之兆；原兆，有周之兆。"据贾疏引《郑志》，郑玄曾表示："此数者非无明文，改之无据，故著子春说而已。近师皆以为夏、殷、周。"可见郑玄对杜说是否并无定见。

　　三梦之法，可能也是三种梦占的书。《汉书·艺文志》列于杂占家，云"众占非一而梦为大，故周有其官"，即指《周礼》记大卜掌三梦之法，又有占梦之官而言。志中有《黄帝长柳占梦》11卷、《甘德长柳占梦》20卷，均属晚出。《史记·五帝本纪》正义引《帝王世纪》载黄帝有二梦，"于是依二占而求之，得风后于海隅，登以为相；得力牧于大泽，进以为将。黄帝因著《占梦经》十一卷"。王应麟等学者以为即《黄帝长柳占梦》[1]。这些书也都已亡佚了。

　　三种梦占的名称，郑注云：

　　　　"致梦"言梦之所至，夏后氏作焉。"咸"，皆也；"陟"之言得也，……言梦之皆得，周人作焉。杜子春云："觭"读为"奇伟"之"奇"，其字直当为"奇"。玄谓"觭"读如"诸戎掎"（按见《左传·襄公十四年》）之"掎"，"掎"亦得也，亦言梦之所得，殷人作焉。

只是望文生义，尤其是对"觭梦"的解释过于牵强。夏、殷、周的分划，看来也不过是猜测。我怀疑"觭"与睡虎地秦简所载"豿踦"有一定关系。秦简《日书》甲种有这样一段祷梦的方术：

————————
　　[1] 王先谦：《汉书补注》三十，中华书局，1983年。

【梦】人有恶梦，觉，乃绎（释）发，西北面坐，铸（祷）
之曰："皋！敢告尔豹觭，某有恶梦，走归豹觭之所。豹觭，
强饮强食，赐某大幅（福），非钱乃布，非茧乃絮。"则止矣。[①]

已有学者指出，敦煌写本《白泽精怪图》中有一节与之相似：

人夜得恶梦，旦起，于舍东北，被发，咒曰："伯奇，伯
奇，不（此字疑衍）饮酒食肉，常食高兴地，其恶梦归于伯奇，
厌梦息，兴大福。"如此七咒，无咎也。[②]

按《续汉书·礼仪志》记大傩之仪，有十二神，云"伯奇食梦"。
"豹觭"或"伯奇"，乃是除治恶梦的神，"觭"或许也就是这
个神。

三种梦占都与望气之术有关，这是中国古代特有的信仰。望
气有"十煇"，郑注认为"其经运十，其别九十"的十运，就是十
煇。需要注意的是，这里是说"其经运十"，没有说"其经运皆
十"，因为望气是另一方术，虽然和三梦有关，却没有三种的区
别。至于十煇的具体内容，留待下文再讲。

三易及其间的关系

大致了解了三兆、三梦之后，我们对三易间的关系也容易认
识了。

---

① 《云梦睡虎地秦墓》，图版一三一，文物出版社，1981年。

② Donald Harper, "A Note on Nightmare Magic in Ancient and Medieval China",
T'ang Studies 6 (1988).

《连山》《归藏》《周易》和三兆、三梦一样，是三种不同的占书。"其经卦皆八，其别皆六十有四"句，郑注云：

> 三易卦、别之数亦同，其名、占异也。每卦八，别者重之数。

这一点特别重要。由于《周易》现存，能够知道什么是经卦八，什么是其别六十有四。贾疏已经说明："据《周易》以八卦为本，是八卦，重之则得六十四。"《连山》《归藏》卦、别之数与《周易》相同，足见也有重卦的概念，不能看到六爻的重卦便以为是《周易》。

所谓"其名、占异"，孙诒让《正义》解释说："名异，谓《连山》《归藏》卦名与《周易》或同或异；占异，谓《连山》《归藏》以不变为占，与《周易》以变为占异。"[1]《左传》襄公九年云：

> 穆姜薨于东宫。始往而筮之，遇《艮》之八，史曰："是谓《艮》之《随》。随，其出也。君必速出。"姜曰："亡，是于《周易》曰：随，元亨利贞，无咎。……"

杜预解于"遇《艮》之八"说：

> 《周礼》大卜掌三易，然则杂用《连山》《归藏》《周易》。二易皆以七八为占，故言"遇《艮》之八"。

---

[1] 孙诒让：《周礼正义》卷四十七，第 1932 页，中华书局，1987 年。

于"是谓《艮》之《随》"下又说：

> 史疑古易遇八为不利，故更以《周易》占，变爻得《随》
> 卦而论之。

这是说《连山》《归藏》用七八，以不变为占，和《周易》用九六，
以变为占不同。孔颖达疏申论此点，认为：

> 《周易》之爻唯有九六，此筮乃言"遇《艮》之八"。二
> 易皆以七八为占，故此筮遇八，谓《艮》之第二爻不变者是
> 八也。……《连山》《归藏》以不变为占，占七八之爻，二易
> 并亡，不知实然以否。世有《归藏易》者，伪妄之书，非殷
> 易也。假令二易俱占七八，亦不知此筮为用《连山》，为用
> 《归藏》。所云"遇《艮》之八"，不知意何所道。以为先代
> 之易，其言亦无所据，贾、郑先儒相传云耳。先儒为此意者，
> 此言"遇《艮》之八"，下文穆姜云"是于《周易》"；《晋
> 语》公子重耳筮得贞《屯》、悔《豫》皆八，其下司空季子云
> "是在《周易》"，并于遇八之下别言《周易》，知此遇八非
> 《周易》也。

孔氏之说是深入而又谨慎的。有关《左传》《国语》这些筮例，本
书下面还有一些讨论，这里便不细谈了。

《礼记·礼运》：

> 孔子曰："我欲观夏道，是故之杞，而不足征也，吾得

《夏时》焉；我欲观殷道，是故之宋，而不足征也，吾得《坤乾》焉。《坤乾》之义，《夏时》之等，吾以是观之……"

孔子这番话也见于《论语·八佾》和《礼记·中庸》，但文句略有出入。《夏时》和《坤乾》是什么书呢？郑注说"吾得《夏时》焉"，是"得夏四时之书也，其书存者有《小正》"；"吾得《坤乾》焉"，是"得殷阴阳之书也，其书存者有《归藏》"。孔颖达《正义》解释后者说："先言坤者，熊氏（安生）云：'殷易以坤为首。'故先坤后乾。"据此，《夏时》就是《夏小正》，《坤乾》就是《归藏》。《夏小正》一篇，现在保存在《大戴礼记》中，经过许多学者研讨，确是一种有古老渊源的作品[①]。这样看来，阴阳之书《坤乾》即《归藏》的说法，应该也是有根据的。

由上述《左传》《礼记》的记载，知道《归藏》有《坤》卦、《乾》卦，可能还有《艮》卦，这样八卦中已有三卦，卦名均与《周易》相同。因此，《连山》《归藏》二易，至少是《归藏》，和《周易》的结构是颇为近似的[②]。

《礼运》说《坤乾》之义可观殷道，说明《归藏》同殷商有关。把三易分属于夏、殷、周之说，当即由此推想而来。前文已经谈到，三兆和三梦也有分属夏、殷、周的说法。至于《大卜》郑注引杜子春说《连山》属伏牺，《归藏》属黄帝，以及其他类似传说，均为渺茫，不必详加推求，孙诒让《正义》已有论述，这里就从略了。

---

① 李学勤：《〈夏小正〉新证》，《农史研究》第 8 集，农业出版社，1989 年。
② 参看金景芳：《学易四种》，第 20—22 页，吉林文史出版社，1987 年。

上面引过的《礼运》郑注讲到《归藏》尚存，值得注意。孙诒让云：

> 《连山》《归藏》二易，《汉书·艺文志》未载，而《北堂书钞·艺文部》引桓谭《新论》云"《厉山》藏于兰台，《归藏》藏于太卜"，又《御览·学部》引《新论》亦云"《连山》八万言，《归藏》四千三百言"，则汉时实有此二易。《汉志》本《七略》，或偶失著录耳。《隋经籍志》载《归藏》十三卷，晋太尉参军薛贞注云："《归藏》汉初已亡，案晋《中经》有之，唯载卜筮，不似圣人之旨。"……《唐书·艺文志》又有《连山》十卷，司马膺注，今亦不传。大抵晋、唐时所传二易皆后人伪托。[①]

桓谭《新论》称汉代有二易存在，与郑玄说《归藏》尚存可相印证。汉代的二易是否春秋时的二易，没有任何材料可资证明，《汉书·艺文志》不录其书，或许正是认为书不足据的缘故。班固自称志文本于刘歆《七略》，"今删其要，以备篇籍"，不能认为《汉志》与《七略》完全等同，否则兰台、太卜有二易而不见于志就无法解释了。（这里附带说一下，刘师培云："《汉志》术数略著龟类，载《夏龟》二十六卷、《南龟书》二十八卷，'南''商'形近，'南'疑'商'讹，此即桓氏所谓《连山》《归藏》也。"[②]《夏龟》等是卜法，《连山》《归藏》则是筮法，实不容混同。顾实《汉书艺

---

① 孙诒让：《周礼正义》卷四十七，第1931—1932页，中华书局，1987年。

② 刘师培：《连山归藏考》，《中国学报》第2册，1916年。

文志讲疏》也有驳正。）至于后世流传的二易，还有不少学者论及，可参看张心澂《伪书通考》。关于《归藏》的传流问题，详见本书第四章第六节。

总之，春秋时在《周易》之外另有其他筮法，这从《周礼》来看当即《连山》《归藏》，应属可信。《归藏》本为殷商筮法，也较有根据。《周易》结构与二易相似，有可能是在二易，特别是殷人《归藏》的基础上损益修改而成。在周代，二易仍和《周易》并行，其自身当亦有其演变过程，即是《归藏》也不会仍为殷商之旧。

许多学者主张周代"凡筮皆三易并占"，卜法三兆也是如此。孙诒让说：

> 《洪范》云："立时人作卜筮，三人占，则从二人之言。"贾《士丧礼》疏引郑《书》注云："卜筮各三人，大卜掌三兆、三易。"又《金縢》云"乃卜三龟，一习吉"，《士丧礼》卜日，云"占者三人"，并三兆、三易兼用之证。[1]

我们在上一节中讨论《洪范》所载卜筮的时候，已经以相当的篇幅谈到了这个问题。《洪范》的内容是箕子向周武王所陈，《周礼》讲的也是周王室的制度，彼此互相一致，可以说是合理的。至于王以下的等级，有时也是如此。就《左传》《国语》所载卜筮实例而言，也有三兆、三易兼用的迹象，下节我们讨论《左》《国》筮例的时候，还会涉及三易关系的某些问题。

---

[1] 孙诒让：《周礼正义》卷四十七，第1925页，中华书局，1987年。

卜、筮、梦之间的关系

下面我们再从《卜师》以下各条职文来考察卜法、筮法、梦占望气等数术之间的各种联系。

前文已经说过，大卜"以邦事作龟之八命"，即把需要占卜的国事分为八类命龟，"以八命者赞三兆、三易、三梦之占"，郑玄注引郑众云：

> 以此八事命卜筮著龟，参之以梦。

可知卜、筮、梦三者在当时是互相配合的。这种配合的关系，在《卜师》以下各职文中有所叙述，从各职官的所掌也能推求出来。

卜师、龟人、菙氏只与卜法有关，占人则和卜筮都有关系，筮人专司筮法，占梦、视祲专司梦占。

卜师和卜人是级别高低的关系，所以并没有专设的卜人职文。大卜的地位，更较卜师为高。因此，《大卜》职文云：

> 凡国大贞，卜立君，卜大封，则视高作龟；大祭祀，则视高命龟；凡小事莅卜；国大迁、大师，则贞龟。

《卜师》职文云：

> 凡卜事视高，扬火以作龟，致其墨。凡卜，辨龟之上下、左右、阴阳，以授命龟者而诏相之。

可见只是在国家大事的场合，由大卜亲自操作卜事，一般均由卜师执行。至于卜人，应如贾公彦《周礼注疏》所说，是"助大卜、卜师行事"。

龟人管理取龟、攻龟，即为卜事准备龟甲；菙氏供给燋（灼龟用的木条）、契（钻凿用的器械），即为卜事准备工具。他们都是进行卜法的从属人员。龟人有工，当作攻龟之事。

占人的职司比较复杂，其职文云：

> 占人掌占龟。以八筮占八颂，以八卦占筮之八故，以视吉凶。凡卜筮，君占体，大夫占色，史占墨，卜人占坼。凡卜筮，既事则系币以比其命，岁终则计其占之中否。

这段话包含相关的三层意思，因而不易理解，下面逐句试作解析。

"占人掌占龟"，是总说占人的职掌。郑注云：

> 占人亦占筮，言掌占龟者，筮短龟长，主于长者。

看职文下面讲"卜筮"，郑玄所说是对的。"筮短龟长"之说，见《左传》僖公四年。

"以八筮占八颂"云云，是占人之职的基本点。郑注：

> "以八筮占八颂"，谓将卜八事，先以筮筮之。言"颂"者，同于龟占也。"以八卦占筮之八故"，谓八事不卜而徒筮之也。其非八事，则用九筮，占人亦占焉。

所谓"八事"，如孙诒让《正义》所言，即《大卜》所说"以邦事作龟之八命"，是八种国事。遇到八事有两种情形，一种是行卜法而在卜前先筮，一种是只行筮法而不行卜法。无论是哪一种情形，筮法都由占人来占。至于八事以外的筮，更要由占人来占了。

占，《说文》云"视兆问也"，是专就卜法而言。《礼记·月令》："占兆审卦，吉凶是察。"所谓占与《说文》所释相合。《占人》的"占"，实包括"占兆审卦"，而在实际上侧重于筮法。至于卜法的"占"，《占人》说：

> 凡卜筮，君占体，大夫占色，史占墨，卜人占坼。

虽讲"卜筮"，内容全指卜法，可知"占"系由君、大夫、史和卜人担任（殷墟卜辞一般称王占，少数有王臣占、小臣由占等，与此相合），比筮法要隆重得多。

占人的另一事务，是记录卜筮的命辞和所占吉凶。《占人》云：

> 凡卜筮，既事则系币以比其命，岁终则计其占之中否。

郑注：

> 玄谓既卜筮，史必书其命龟之事及兆于策，系其礼神之币，而合藏焉。

并引《金縢》的记载作为证明（近年发现的战国时期竹简、帛书卜辞，就是这种记录）。

　　了解《占人》职文的障碍，是所谓"八筮""八颂"的具体内涵没有说明。所能知道的是"颂"即筮法的繇辞。筮怎样分为八类，占以八种繇辞，没有明文记述，这里只好不加推测了。

　　对于研究筮法最重要的，当然是《筮人》的职文。其前半部分是：

　　　　筮人掌三易，以辨九筮之名。一曰《连山》，二曰《归藏》，三曰《周易》。九筮之名，一曰巫更，二曰巫咸，三曰巫式，四曰巫目，五曰巫易，六曰巫比，七曰巫祠，八曰巫参，九曰巫环，以辨吉凶。

三易前面已有讨论，问题是什么是九筮。郑注说："此九'巫'，读皆当为'筮'，字之误也。"他把九筮讲成"迁都邑"等九种事项，其说迂曲，不足凭信。刘敞等研究《周礼》的学者都主张"巫"应如字读，"谓巫更等为古精筮者九人"，这显然比郑玄说更为合理。

　　《山海经》的《海内西经》有：

　　　　开明东有巫彭、巫抵、巫阳、巫履、巫凡、巫相，夹窫窳之尸，皆操不死之药以距之。

又《大荒西经》有：

　　　　大荒之中有山，名曰丰沮玉门，日月所入。有灵山，巫咸、巫即、巫盼、巫彭、巫姑、巫真、巫礼、巫抵、巫谢、巫罗，十巫从此升降，百药爰在。

清郝懿行认为巫凡与巫肦（或作"盼"），巫履与巫礼，巫相与巫
谢均为同人①。另外，巫阳也见于《楚辞·招魂》。这些都是古代巫
名的遗留。

主张《筮人》"巫"如字读的学者指出，巫咸即《世本》作筮
的巫咸，巫易的"易"当为"易"，即巫阳②。按巫咸是商王太戊之
臣，《尚书·君奭》云：

> 在太戊时，则有若伊陟、臣扈，格于上帝，巫咸乂王家。

《史记·封禅书》也说：

> 至帝太戊，……伊陟赞巫咸，巫咸之兴自此始。

可见巫咸是巫一种派别的创始者。《吕氏春秋·勿躬》说"巫彭作
医，巫咸作筮"，《史记·天官书》说巫咸精星象，《路史·后纪三》
还有"巫咸、巫阳主筮"的说法③，都说明筮法、医术及天文等与
巫有密切联系。《筮人》的九巫应该是指筮法的不同流派，揣想或
许是指揲蓍的方式之类，与三易的区分还有所不同。可惜文献阙
略，无法予以详细论说。

《筮人》职文后半说：

---

① 郝懿行：《山海经笺疏》第十六，巴蜀书社，1985年。

② 孙诒让：《周礼正义》卷四十八，第1964页，中华书局，1987年。

③ 梁玉绳：《史记志疑》卷十六，第794页，中华书局，1981年。

> 凡国之大事，先筮而后卜。上春相筮，凡国事共筮。

文末的"筮"是指筮法所用蓍草而言。每年之初，筮人要检视选择蓍草，在有国事需要占筮时提供蓍草，这是简明易解的。

"凡国之大事，先筮而后卜"，则是一条非常重要的规定。郑注说：

> 当用卜者先筮之，即事有渐也。于筮之凶，则止不卜。

有关问题，我们在上节论《洪范》卜筮时已经探讨过了，这里不再复述。

最后，让我们简单地谈一下梦占。卜筮参之以梦，《大卜》郑注引郑众曾以《左传》昭公七年"卫襄公夫人姜氏无子"一段为例，有"筮袭于梦，武王所用"的话，可证梦占确有与卜筮相参的情形。

《占梦》职文云：

> 占梦掌其岁时，观天地之会，辨阴阳之气，以日月星辰占六梦之吉凶。

而《视祲》所述"十煇之法"正是望气之术，其注引郑众云"祲，阴阳气相侵也"等等，即表明这一点。由此我们可以知道，为什么观察一些天文气象现象的视祲一官竟联属于占梦之下。古代关于梦与"天地之会""阴阳之气"关系的这种特异的看法，仅见于《周礼》，很值得重视。

综括本节所述，从《周礼》大卜诸官的记载中可以看到以下几点：

第一，大卜统管卜法、筮法、梦占三种预占吉凶的数术，以三者互相参照。

第二，卜、筮、梦三者的地位并不是平等的。不管是由职官的身份、数量看，还是从参照时的主从关系看，卜法都是居首的，筮法则处于次要的位置。梦占比较特殊，似只有参考的作用。

第三，筮法有三易，亦即三个系统。在三易，即《连山》《归藏》《周易》之间，地位并无轩轾。《周易》因为是周人之易，或许更为多用，但看不出有特出的重要性。

补记：在本书初版之后，1993年湖北江陵王家台秦墓出土了《归藏》简，讨论见下第四章第六节。

第四节　鲁大史氏《易象》说

《左传》《国语》书中所记载的春秋时期筮例，过去已有好多学者做过专门研究。较早的如清初毛奇龄的《春秋占筮书》，已经将有关材料辑集出来，试图给予系统的说明。毛氏自称："及书成而《易》义明，即占《易》之法亦与之俱明，觉向时读诸传而茫然者，而今豁然；向之绎其词、核其事，以为必不能有是而闷然者，而今则实见其有是，而怡然，快快然。此非三古以来数千年不传之秘，至今日而始发之乎？"[1]这虽是他的得意之语，但也反映了这一

―――――――――

[1] 毛奇龄：《春秋占筮书》卷一，《续清经解》本。

工作的重要。毛奇龄的书中，除《左》《国》以外，还搜集了一些其他时期的筮例，作为参考。晚近的著作，如尚秉和《周易古筮考》十卷，仿毛氏之书而加以扩充，"上自春秋，下迄明清传记所载，凡以辞象占而存有本卦者，概为辑录。……凡得筮案百六则，一百十卦，揲蓍之法灿然大备"[1]。其研究的出发点，仍然是《左》《国》的筮例。

从毛奇龄到尚秉和，所研究的主要问题之一，是揲蓍的方法。高亨先生对此也有深入的探讨，见于他所作《左传国语的周易说通解》，他还有《周易筮法新考》，已收入其《周易古经通说》一书。他的研究，也是以《左》《国》筮例与《系辞》对照，提出了一种新的解释。后来有论作对高氏的解释做详细验证，指出："他成功地解说了六爻不变，三爻变及五爻变等的筮事，但是，他无法讲通一爻变的许多例子，占三分之二的例子。"[2]因此，有关问题还不能说已经解决。另外，李镜池有《左国中易筮之研究》，收入其《周易探源》。这一类论著读者均可参考，对了解春秋时期筮法很有帮助。

本节想讨论的则是另一个问题，就是《左传》所记鲁国所藏有的《易象》一书。

《春秋》经昭公二年（前540）云：

二年春，晋侯使韩起来聘。

① 尚秉和：《周易古筮考》，自叙，1926年。

② 郑良树：《东周筮法质疑》，《新社学术论文集》第1辑，新加坡新社，1978年。

《左传》称:

> 二年春,晋侯使韩宣子来聘,且告为政,而来见,礼也。
> 观书于大史氏,见《易象》与《鲁春秋》,曰:"周礼尽在鲁
> 矣!吾乃今知周公之德与周之所以王也。"

晋侯是晋平公,其所以派遣韩起聘鲁,据杜注有两方面的原
因:一个是此时鲁昭公刚刚即位,晋国作为盟主,要与鲁国修好;
一个是韩起新代替赵武,管理晋国政务,也借机向鲁国表明。韩起
到了鲁都曲阜,在大史氏处参观藏书,说了以上征引的一段有名
的话。

《周礼·春官》载:

> 大史掌建邦之六典以逆邦国之治,掌法以逆官府之治,掌
> 则以逆都鄙之治。

可知所谓六典、八法、八则都在大史。大史属下的小史"掌邦国之
志,奠系世,辨昭穆",是管理《世本》之类谱系的;内史"执国
法及国令之贰",是收藏法令副本的;外史"掌书外令,掌四方之
志,掌三皇五帝之书",所藏书籍的性质更为广泛。这一系列职官
未必均为周朝所实设,但大史有藏书的职责是肯定无疑的。

《国语·周语上》记周厉王时召公云:"……天子听政,使公
卿至于列士献诗,瞽献典,史献书。"同书《楚语上》记卫武公事
迹,也说:"史不失书,矇不失诵,以训御之。"都表明史官确有藏
书。《史记·老子韩非列传》说老子为"周守藏室之史",孔子曾

适周，向他问礼。《孔子世家》也有鲁南宫敬叔与孔子适周，见老子问礼的故事。《十二诸侯年表》序，"孔子明王道，干七十余君，莫能用，故西观周室，论史记旧闻，兴于鲁而次《春秋》"；《严氏春秋》引《观周》篇还有孔子与左丘明"如周，观书于周史"的说法①。尽管这些记载的确切性尚有争议，在史官处可以观书应系事实。

韩起所见的《鲁春秋》，即鲁的国史。《孟子·离娄下》：

> 孟子曰：王者之迹熄而《诗》亡，《诗》亡然后《春秋》作。晋之《乘》、楚之《梼杌》、鲁之《春秋》，一也。其事则齐桓、晋文，其文则史。

可知《鲁春秋》的主要内容也是春秋时期史事，未必有多少鲁国早年的历史在内。估计其详今略古的情况，或许和汲冢所出《纪年》相类似。《左传》曾详述晋、齐等国大史直笔书史的事，《鲁春秋》在鲁大史氏处，是自然的。

"春秋"本来是史书的通称。《公羊传》庄公七年注："古者谓史记为春秋。"所以《墨子·明鬼下》有周、燕、宋、齐之春秋②。至于晋史名《乘》，楚史名《梼杌》，则为特称。《国语·楚语》申叔时云，"教之春秋……以戒劝其心"，并未用《乘》或《梼杌》之名。到孔颖达云：

---

① 参看钱穆：《先秦诸子系年》卷一，四，中华书局，1985年。

② 孙诒让：《墨子间诂》卷八《明鬼下》。

案《外传》(《国语》) 申叔时、司马侯乃是晋、楚之人，其言皆云"春秋"，不言《乘》与《梼杌》，然则"春秋"是其大名，晋、楚私立别号。鲁无别号，故守其本名。[①]

是完全正确的。

《鲁春秋》既为鲁史，作为晋卿的韩起以前并没有读过，因此要在鲁大史氏那里去看，这是容易理解的。

那么，什么是《易象》呢? 让我们先介绍一下前人的看法。晋杜预《春秋经传集解》序说：

韩宣子适鲁，见《易象》与《鲁春秋》，曰："周礼尽在鲁矣，吾乃今知周公之德与周之所以王。"韩子所见盖周之旧典礼经也。

《正义》认为这里所说仅指《鲁春秋》，而且联系定公四年传讲的封鲁时有"备物典策"，以"典策"为"史官记事之法"。这个看法抛开了韩起所见《易象》，"史官记事之法"云云是以杜氏归纳的"五十凡"附会为周公制定的旧典，自不足取。不过这只是《正义》的意见。传文杜注说：

《易象》，上下经之象辞。《鲁春秋》，史记之策书。《春秋》遵周公之典以序事，故曰"周礼尽在鲁矣"。

《易象》《春秋》，文王、周公之制。当此时，儒道废，诸

---

① 孔颖达:《春秋左传正义》卷一。

国多阙，唯鲁备，故宣子适鲁而说之。

并不是只讲《鲁春秋》，可见孔颖达的前述意见不尽确切。

杜预说《易象》是"上下经之象辞"，意即经文卦爻辞。依此，《易象》其实就是《周易》的经文。这个解释是有问题的，因为《周易》经文当时为列国所俱有，韩起没有必要到鲁大史处观览，也不会为之赞叹。即以《左传》《国语》来说，记筮占达20余例，占筮者分属周、鲁、齐、卫、晋、秦、陈、楚等国，多系《周易》。其中晋的筮例最多，如《左传》僖公十五年载：

> 初，晋献公筮嫁伯姬于秦，遇《归妹》之《睽》，史苏占之曰："不吉。其繇曰：士刲羊，亦无衁也；女承筐，亦无贶也。西邻责言，不可偿也。《归妹》之《睽》，犹无相也。《震》之《离》，亦《离》之《震》。为雷为火，为嬴败姬。车说其輹，火焚其旗，不利行师，败于宗丘。《归妹》睽孤，寇张之弧，侄其从姑，六年其逋，逃归其国，而弃其家，明年其死于高梁之虚。"

史苏所论，便引用了《周易·归妹》上六爻辞"女承筐无实，士刲羊无血"和《睽》上九爻辞"睽孤，见豕负涂，载鬼一车，先张之弧，后说之弧"。其他筮例也相类似。这些都证明晋国是有《周易》一书的。

我们还要注意，《左》《国》屡次提到《周易》，有的全称《周易》，有的简称为《易》，绝没有称之为《易象》的。由此也可见，把《易象》说成《周易》并不合适。

宋代王应麟《困学纪闻》主张把"易象"分读，作为二事，这样可据《周礼》把"象"解释为鲁国的政令①。不过，如此《易》仍然是指《周易》经文，上面说的困难仍然不能去除。

《系辞上》云："圣人设卦观象，系辞焉而明吉凶，刚柔相推而生变化。""圣人有以见天下之赜，而拟诸其形容，象其物宜，是故谓之象。"《系辞》之作虽较晚，但所谓"观象"原为《易》筮的根本。我们看《左》《国》所记筮例，无不采用"观象"来推断吉凶，所论在很多方面与后来的《易传》是一脉相承的。例如《左传》庄公二十二年，周史以《周易》见陈侯，筮遇《观》之《否》，解释说：

> 是谓"观国之光，利用宾于王"，此其代陈有国乎？不在此，其在异国；非此其身，在其子孙。光，远而自他有耀者也。坤，土也；巽，风也；乾，天也。风为天于土上，山也。有山之材而照之以天光，于是乎居土上，故曰"观国之光，利用宾于王"……

这完全是从卦象来分析的。

鲁国的筮例，有《左传》闵公二年，襄公九年，昭公五年和十二年，哀公九年，等等。如昭公五年载，叔孙穆子生时，其父得臣以《周易》筮之，遇《明夷》之《谦》，卜楚丘论云：

> 《明夷》，日也。……《明夷》之《谦》，明而未融，……

---

① 杨伯峻：《春秋左传注》第4册，第1227页，中华书局，1981年。

> 日之《谦》当鸟，故曰"明夷于飞"；明之未融，故曰"垂其
> 翼"；象日之动，故曰"君子于行"；当三在旦，故曰"三日
> 不食"。离，火也；艮，山也。离为火，火焚山，山败。于人
> 为言，败言为谗，故曰"有攸往，主人有言"……

也是一套卦象的分析。

实际上，《彖传》《象传》的内容，也是类似的卦象分析。比如
《睽》卦的《彖传》是：

> 睽，火动而上，泽动而下，二女同居，其志不同行，说而
> 丽乎明，柔进而上行，得中而应乎刚，是以"小事吉"……

《象传》是：

> 上火下泽，睽，君子以同而异。

和周史、卜楚丘的议论何其相似！至于襄公九年所载穆姜论"元亨
利贞"的话，更为《文言》所沿用，或许穆姜原有所本。

在《易传》中，有专述卦象的《说卦》等篇，为说《易》者所
必读。可以推想，在《易传》撰成以前，已经存在类似的讲卦象的
书籍，供筮者习用。这种书是若干世代筮人知识的综合，对《易》
有所阐发，是后来《易传》的一项来源和基础。《左传》韩起所见
《易象》，应该就是这样一部书，系鲁人所作所传，有其独到之处，
以至韩起见后顿生赞叹的心情。

韩起所说的话，"吾乃今知周公之德与周之所以王也"，据此

也不难说明。鲁国为周公之子伯禽所封，《鲁春秋》记鲁国史事，也就是周公后裔的传流绵延，当时认为是周公之德所致。《系辞下》说："《易》之兴也，其当殷之末世，周之盛德邪？当文王与纣之事邪？"可见《周易》的兴起实与周文王有一定关系。《易象》的思想内容，当时认为是对文王观点的一种阐述，而文王是周朝"受命"之君。因此，韩起读到《易象》《鲁春秋》二书，便想到周朝的建立和周公的功业。《周易》与文王有关，《左传》这段记载是一条很重要的证据。

第五节 "五十以学《易》"考辨

孔子与《周易》的关系如何，是中国学术史、文化史上的一个重大问题。如果确如古代史籍所说，孔子曾经长期研习《周易》，并亲自撰作了《易传》，那么《易传》便是有关孔子思想的重要依据；同时探讨《周易》这部古籍的性质，就必须与孔子和儒家联系起来。这会使孔子和《周易》两者的研究都大为改观。因此，孔子到底和《周易》有没有联系，影响到大家对中国古代文化的看法，实非浅鲜，需要仔细加以探讨。

这个问题，对于笃信古书记载的人们来说，本来是不成问题的，因为在传世典籍中有相当多的记载讲到孔子和《周易》的特殊关系。其中最重要的，是《论语·述而》篇的"加我数年"章。这一章，按阮刻《十三经注疏》所收《论语注疏》的断句，加以现代标点，是这样的：

子曰："加我数年，五十以学《易》，可以无大过矣。"

如果读法没有错误，章文就是孔子与《周易》关系的明显证据。孔子自述学《易》之志，表明他对《易》十分重视；同时从他所说学《易》可以无过，也能看出《易》已经不仅是卜筮之书，而是被认为有深邃的哲理。

《史记·孔子世家》云：

> 孔子晚而喜《易》，序《彖》《系》《象》《说卦》《文言》，读《易》，韦编三绝，曰："假我数年，若是，我于《易》则彬彬矣。"

所引孔子的话，显然和《述而》篇是同事异记，或即自之脱胎而来，只是"小变其文"而已①。由此可见，司马迁对《述而》篇该章的理解，和上面用现代标点表示的读法是一致的。

《汉书·儒林传》也说，孔子"盖晚而好《易》，读之韦编三绝而为之传"。同书《艺文志》又云："孔氏为之《彖》《象》《系辞》《文言》《序卦》之属十篇。"只是没有引用"假我数年"一段话。这是因为《史记》世家是为孔子作传，故详记其言行，《汉书》两处则专讲《易传》之作及其传流，便不必要援引这段话了。

大家公认《论语》是孔子思想的直接材料，《述而》该章既已明言"学《易》"，应该是孔子与《周易》关系的最好证据。可是历来异说纷纭，特别是近几十年，对此章持怀疑态度的说法占据优

---

① 泷川资言考证、水泽利忠校补：《史记会注考证附校补》卷四十七，第1161页，上海古籍出版社，1986年。

势，竟致否定其作为证据的价值，所以在这里我们必须对这个问题进行细致的探讨。

"加我数年"章意义的讨论

各方面学者关于《论语·述而》此章的争论，概括来说不外两点，一是章文意义的理解，二是所谓"《鲁》读"的问题。这两点都关系到孔子同《周易》究竟有没有像《史记》《汉书》讲的那样的联系。

下面先论述第一点，就是历代学者对《述而》此章认识不同，从而引起断读的分歧，甚或以种种方式改动原文。

对章文最通行的解释，出于三国魏何晏的《论语集解》。何氏注此章云："《易》穷理尽性以至于命，年五十而知天命，以知命之年读至命之书，故可以无大过矣。"这是引用《说卦》和《论语·为政》两篇的话，同《述而》所言互相印证，为说可谓甚巧。从何晏注文，可知他认为章文"五十以学《易》"的"五十"是指五十岁，这样孔子讲这段话的时间当在他五十岁之前。后来南朝梁皇侃《论语义疏》云："当孔子尔时年已四十五六，故云'加我数年，五十以学《易》'也。所以必五十而学《易》者，人年五十是知命之年也。《易》有大衍之数五十，是穷理尽命之书，故五十而学《易》也。"宋代邢昺《论语注疏》云："加我数年，方至五十，谓四十七时也。"都是顺着何晏的思路推想的。

有些学者以为何晏等人的理解和《史记》之间存在矛盾。《史记·孔子世家》把孔子有关的话排在孔子暮年返鲁之后。细读《世家》，孔子在鲁定公十三年（前497）去鲁，"凡十四岁而反乎鲁"，即鲁哀公十一年（前484）①，"鲁终不能用孔子，孔子亦不求仕"，于是序《书》删《诗》，定正礼乐，随后才记好《易》之事。清代毛奇龄作《论语稽求篇》，就据此指责何晏"过凿无理，《史记》孔子六十八赞《易》，《汉·儒林传》孔子晚年好《易》，不知好《易》、赞《易》非学《易》时也。幼习六艺，便当学《易》，何况五十？五十先学《易》而七十复好《易》、赞《易》，未为不可。不然，夫子序《书》、删《诗》、定《礼》皆在六十八时，谓前此于《诗》《书》《礼》并未尝学，可乎？"②后来崔适的《论语足征记》也批评何说"甚为胶固，'五十而知天命'乃孔子七十后追述之辞，'穷理尽性以至于命'亦晚年赞《易》之辞，未至五十焉知是年知命？又焉知他年赞《易》有至命之言耶？"他们的批评也有过于胶执之处，但何说与《世家》所系孔子年岁不合确是事实，毛奇龄以前许多学者已认识到了。

为了摆脱这种困难，不同时代的学者曾提出种种办法，例如：

一、改变章文的断读：清代龚元玠《十三经客难》云，"先儒句读未明。当'五'一读，'十'一读，言或五或十，以所加年言"。按照他的想法，如用现代标点，就成了"加我数年五、十，以学《易》……"这个读法颇为奇怪，既然说了"数年"，怎么会再说"五、十"呢？所以龚说恐怕是不可信的。

二、改变章文的理解：明代孙应鳌《四书近语》云，"非以五十之年学《易》，是以五十之理数学《易》也。大衍之数五十，河图中之所虚也，惟五与十，参天两地而倚数，合参与两成五，衍

---

① 钱穆：《先秦诸子系年》卷一，一五、二五、中华书局，1985年。

② 参看程树德：《论语集释》卷十四，国立华北编译馆，1943年。本节下引内容未注出处者均见该书。

之成十。五者十其五，十者五其十，参伍错综，而《易》之理数尽于此矣"。清代戴望《论语注》之说类似。这个想法凿高求深，而且用来讲"五十以学《易》"也欠通顺，因而也不可信。

三、改变章文文字：最有代表性的是朱子《四书集注》，他说，"刘聘君见元城刘忠定公，自言尝读他《论》'加'作'假'，'五十'作'卒'，盖'加''假'声相近而误读，'卒'与'五十'字相似而误分也。愚按此章之言，《史记》作'假我数年，若是我于《易》则彬彬矣'，'加'正作'假'而无'五十'字。盖是时孔子年已几七十矣，'五十'字误无疑也"。近人程树德《论语集释》评论此说云："按《论语》除《鲁论》《齐论》《古论》三家之外并无别本，安得复有异字为刘元城所见者？好改经传，此宋儒通病，不可为训。"这是很恰当的批评。此外，如《集释》所引，还有改"五十"为"吾"、为"七十"、为"九十"的，也都没有可信的根据。

还有一些学者，把《论语》和《史记》所引区别为两个时期，如元代李冶《敬斋古今黈》云："《论语》'五十以学《易》'，谓《论语》为未学《易》时语，《史记》所载则作十翼后语。"清刘宝楠《论语正义》也主张："《世家》与《论语》所述不在一时，解者多失之。"这种意见将明明出自一源的话硬分为二事，自然也是不可信的。

我们觉得，以上各种议论都由于过分拘于《史记·孔子世家》叙述次第而生。程树德已经说过："《世家》将《论语》随意编入，其先后不足为据。"司马迁作《世家》，并不是将《论语》随意编入，但《世家》此处原是叙述孔子返鲁之后好《易》而为《易传》，因而提到孔子曾读《易》韦编三绝，也说过"假我数年"的话，这是连类而及，不可证实这段话是在作《易传》的时期或以后。至于说五十而学《易》，如皇疏引王朗所说："鄙意以为《易》盖先圣之精义，后圣无间然者也，是以孔子即而因之，少而诵习，恒以为务。称五十而学者，明重《易》之至，故令学者专精于此书，虽老不可以废倦也。"也不可坐实孔子五十以前没有学过《周易》。

总之，《论语·述而》和《史记·孔子世家》都说明孔子非常重视《周易》一书。到了晚年，尤其喜好，从而撰作《易传》，他的实际行为，印证了他说过的话。《论语》和《史记》文字虽有出入，彼此并没有什么矛盾。

"《鲁》读"问题的提起

下面再谈一谈第二点，即所谓"《鲁》读"的问题。

原来《论语·述而》"加我数年"章有一处异文，而且问题刚好出在"易"字上。许多近代学者抓住这一点，有的认为这一章本来与《易》无关，有的认为既有异文，是否与《易》有关难于确定。《述而》这一章的意义于是受到动摇。

这种说法的根据是唐代陆德明的《经典释文》，其卷第二十四《论语音义》云：

> 学易：如字。《鲁》读"易"为"亦"，今从《古》。

"鲁"指《鲁论》，"古"指《古论》。这处异文意义非常重大，因为如依《鲁论》，"易"应为"亦"字，连下读作"亦可以无大过矣"，这一章便和《周易》无关了。由于《论语》只有此章直接讲到《易》，排除这个例证，等于说《论语》这部和孔子最有关系的书里不再有《易》的书名存在，于是孔子同《周易》究竟有无联系也就成了疑问。

讨论《鲁论》这一异文，应对汉代《论语》一书的流传历史作简要的回顾。

大家知道，汉代流传的《论语》有三种本子，即《鲁论》《齐论》《古论》。《汉书·艺文志》的《六艺略》著录：

> 《论语》：《古》二十一篇（出孔子壁中，两《子张》）；《齐》二十二篇（多《问王》《知道》）；《鲁》二十篇、传十九篇。

并云：

> 汉兴，有齐、鲁之说。传《齐论》者，昌邑中尉王吉、少府宋畸、御史大夫贡禹、尚书令五鹿充宗、胶东庸生，唯王阳（颜注：王吉字子阳，故谓之王阳）名家。传《鲁论语》者，常山都尉龚奋、长信少府夏侯胜、丞相韦贤、鲁扶卿、前将军萧望之、安昌侯张禹，皆名家，张氏最后而行于世。

志中有《齐说》29篇，不知是否王吉所说；《鲁夏侯说》21篇，作者即夏侯胜；《鲁安昌侯说》21篇，作者即张禹；《鲁王骏说》20篇，颜注云系王吉之子，但所说乃是《鲁论》。由此可知，《齐论》《鲁论》起自汉初。

《古论》则得于孔子旧宅壁中，为著名的孔壁藏经之一。《汉书·艺文志》云：

> 武帝末，鲁共王坏孔子宅，欲以广其宫，而得《古文尚
> 书》及《礼记》《论语》《孝经》凡数十篇，皆古字也。

这一发现的年代，刘汝霖据《论衡·正说篇》校正为景帝末，云
"得书当景帝末，进书当武帝初"[①]，是正确的。何晏在《论语集解》
的序中讲道：

> 鲁恭王坏孔子宅，得《古文论语》。《古论》惟孔安国为
> 之训说，而世不传，马融亦为之训说。郑玄就《鲁论》篇章，
> 考之《齐》《古》为之注。[②]

所谓"世不传"是说《古论》不如《齐论》《鲁论》那样为世所传
习，不是说《古论》久已湮灭了。

陆德明《经典释文》序录说：

> 安昌侯张禹受《鲁论》于夏侯建，又从庸生、王吉受《齐
> 论》，择善而从，号曰"张侯《论》"，最后而行于汉世。禹以
> 《论》授成帝。后汉包咸、周氏并为章句，列于学官。郑玄就
> 《鲁论》张、包、周之篇章，考之《齐》《古》，为之注焉。

---

① 刘汝霖：《汉晋学术编年》上册，《方法》第16页，中华书局，1987年。
② 参看顾实：《汉书艺文志讲疏》，二，第70页，上海古籍出版社，1987年。

可知西汉晚年张禹在《鲁论》基础上已吸取了《齐论》的优长，东汉包、周为作章句，仍称《鲁论》，这已不是纯粹的《鲁论》了。

《论语》三种本子，彼此在篇目和文字上均有相当差异。根据《汉志》和《释文》，《鲁论》20篇，即今通行篇次；《齐论》22篇，别有《问王》《知道》2篇，其与《鲁论》一致的20篇则"章句颇多于《鲁论》"；《古论》共21篇，有两《子张》，篇次又与《鲁论》《齐论》有所不同。至于文字，差别也很不少。郑玄的《论语注》正是以"张侯《论》"及包、周章句为本，参校《齐论》《古论》，形成一种最善的本子。郑注问世以后，过去的各本便归于消失①。

《释文》还说：

> 郑校周之本，以《齐》《古》读正，凡五十事。②

这是说郑注中援据《齐论》《古论》改正周氏章句，计有50处之多。但近人吴承仕统计："今以《释文》及旧写郑注残卷校之，得二十七事（《释文》二十四、写本三），皆以《古》校《鲁》而以《古》为埻，未见有《齐论》与《鲁》《古》异读者。或《齐论》初无异本，非同于《鲁》则同于《古》耳。"如果考虑到郑玄所本的周氏章句已经是吸收过《齐论》长处的，这种现象是容易理解的。

现在我们可以回来讨论《论语·述而》的"加我数年"一章。

郑注现有敦煌写本的伯希和2510号，保存着这一章③，其章文为：

---

① 参看吴承仕：《经典释文序录疏证》，第138—142页，中华书局，1984年。

② 陆德明：《经典释文》卷二十四。

③ 金谷治编：《唐抄本郑氏注论语集成》，第212—213页，平凡社，1978年。

子曰："加我数年，五十以学《易》，可无大过矣。"

与通行本比较，"可"字下少一"以"字。注云：

加我数年，年至五十以学此《易》，其义理可无大过。孔
子时年卌五六，好《易》玩读，不敢懈倦，汲汲然自恐不能究竟其
意，故云然也。

"卌"即"四十"，故知皇侃《论语义疏》所说"当孔子尔时年已
四十五六"，实自郑注沿袭而来。不过郑玄并没有把此章跟"知命"
之说联系起来，所以后者乃是何晏的创说。

《释文》说《鲁论》读"易"为"亦"，"今从古"，说明《古
论》此章作"易"，与《史记·孔子世家》义合。郑玄采用《古
论》，纠正了周氏章句作"亦"之本，作"亦"已成为被废弃的异
文，以致在长久的历史时期中无人予以注意。

郑玄之后，何晏著《论语集解》，所集有孔安国、包咸、周
氏、马融、郑玄、陈群、王肃、周生烈等家，网罗了各种本子。皇
侃《义疏》云：

何晏集季长等七家，又采《古论》孔注，又自下己意，即
今所重者。今日所讲即是《鲁论》，为张侯所学、何晏所集
者也。

何晏对于《述而》这一章采用了郑玄的校改，字也作"易"。今行
《十三经注疏》中的注，就是何晏的《集解》。因此，通行本《论

语》此字无不作"易"。

重新翻出这一问题的，乃是清代的汉学家。惠栋力主应从《鲁论》作"亦"之说，他在《九经古义》一书卷十六中是这样说的：

> 《鲁论》"易"为"亦"。君子爱日以学，及时而成，五十以学，斯为晚矣，然秉烛之明，尚可寡过，此圣人之谦辞也。

另外在《经典释文校语》中，他又举汉碑作为旁证：

> 外黄令高彪碑"恬虚守约，五十以敩"，此从《鲁论》"亦"字连下读也。

按高彪碑年代为灵帝中平二年（185），著录于《隶释》卷十。惠氏虽用《鲁论》异文，却没有由此推论到孔子与《周易》关系的方面。

清代也有学者反对惠栋之说，主要是说《鲁论》与《史记·孔子世家》相抵牾。例如陈鳣《论语古训》云：

> 《世家》云"孔子晚而喜《易》"云云，是作"学《易》"为得，故郑定从《古》也。

近人如程树德《论语集释》、日本福岛吉彦《读论语说》等[1]，都持类似见解。

---

① 福岛吉彦：《读论语说》，《东方学报》（京都）第41册，1970年。

首先引据《鲁论》异文来讨论《周易》及有关问题的，是日人本田成之。他在1920年发表了一篇题为"作易年代考"的论文[①]，1931年在上海出版的《先秦经籍考》收有其译文[②]。本田氏论《述而》该章云：

> 上段殆为《史记》《汉书》孔子晚年喜《易》之说所自出。然《鲁论语》"易"字作"亦"，五十以学，亦可以无大过矣。五十是知命之年，其时若能再学，自今以往，可以无误云云，是谦逊语，而非谓说学《易》也。齐、鲁、古《论语》，若有歧异时，须从《鲁论》为正，谁亦无异议者。只汉安昌侯张禹，因当时《易》盛流行，欲投时好，于《鲁论》中取入"易"字耳。

这段话有好多毛病，如说《齐论》《鲁论》《古论》如有歧异须以《鲁论》为正，即属无根；说张禹于《鲁论》中取入"易"字，更是误说。尽管如此，本田氏此说还是流行甚广，有相当大的影响。

有若干位学者曾提出论证，反对本田成之的这种见解，可以举出的有张心澂1939年出版的《伪书通考》、朱谦之1962年发表的《中国人的智慧——易经》等[③]。论之最详的，是冯友兰先生的《中国哲学史史料学初稿》。

冯书对《释文》有关一条做了新的解释，值得抄引在这里：

---

① 本田成之：《作易年代考》，《支那学》第1卷2、3号，1920年。

② 江侠庵编译：《先秦经籍考》上册，第39~66页，商务印书馆，1931年。

③ 朱谦之：《中国人的智慧——易经》，《学术月刊》1962年第10期。

陆德明只是说"易"字的音有两种读法。因为《周易》的"易"字本来可以有许多不同的意义。传统的说法向来就认为"易"字有三种意义：简易、变易、不易。从前讲《周易》的人，对于这三种意义注重不同，因此对于"易"字的读音也有不同。陆德明《经典释文》中的《周易音义》说："易，盈只反。"孔颖达《周易正义》说："易者，易也，作难易之音。"这是把《周易》的"易"字读为简易之"易"。《经典释文》中的《论语音义》在"学易"下注"如字"，就是说照当时通行的读音，也就是《古论语》的读音。但是《鲁论语》读"易"为"亦"，这是把《周易》的"易"字解为变易之"易"。陆德明的《音义》只说明当时"易"字有两种读音，并不是说在《鲁论语》本子上，"易"字是"亦"字。如果是那种情况，陆德明就应该说，《鲁论》"易"作"亦"，不应加一"读"字。[1]

台湾学者黄庆萱也有类似见解，他在《魏晋南北朝易学书考佚》书中说：

> 考《周易·系辞传上》"乾以易知"，《释文》："易，以豉反，讫章末同。郑、荀、董并音亦。"又"六爻之义易以贡"，《释文》："以豉反。韩音亦，谓变易。"盖"易"古音有二。《广韵》：去声寘韵以豉切者为难易、简易，入声昔韵音亦者为变易，是也。《释文》于《论语》录"《鲁》读易为亦"，于《周

---

① 冯友兰：《中国哲学史史料学初稿》，第32—33页，上海人民出版社，1962年。

易》录"易音亦，谓变易"，皆存异音以明异义，非谓易之字
有异文也。①

冯、黄二氏之说别辟蹊径，很能引人入胜，但仔细考核，实际上是
不对的。关键在于他们没有弄清楚《释文》"《鲁》读"的渊源和
体例。1963年，李平心针对冯说提出了批评，他指出：

> 冯先生似乎不知道《经典释文·论语音义》所云"如字，
> 《鲁》读易为亦，今从《古》"，并非陆德明自己的注文，而
> 是采录郑玄的《论语注》，因为《古论》和《鲁论》都早已
> 亡佚，隋唐之际的经学家陆德明并未见到。《论语音义》凡云
> "《鲁》读某为某"，都是出于郑本之异文。②

接着他列举了几条"《鲁》读"的例子，说明是文字有异而不是读
音不同。

必须承认，李氏的意见是正确的。《经典释文》所引《论语》
的第一条"《鲁》读"，在《学而》篇，云：

> 传不：直专反，注同。郑注云："《鲁》读传为专，今从
> 《古》。"案郑校周之本，以《齐》《古》读正，凡五十事。郑本或
> 无此注者，然《皇览》引《鲁》读六事，则无者非也。后皆放此。

---

① 黄庆萱：《魏晋南北朝易学书考佚》，序言第7页，台湾幼狮文化事业公司，
1975年。

② 平心：《关于〈周易〉的性质历史内容和制作时代》，《学术月刊》1963年第
7期。

可知郑注原于采用《齐》《古》读改正《鲁》读之处，都明文记出，但陆德明时所见郑注本已有脱去这类注文的。郑玄所校"五十事"，保存于《释文》的，清人徐养原《论语鲁读考》曾做详细研究，其书收入《续清经解》。以之与近代发现的郑注唐写本对勘，有些在写本中确已脱漏，我们这里讨论的《述而》"易"字条即其一例。另外又发现有《释文》未录的，如《子罕》有两条，前引吴承仕书已有统计。现在已知的郑注中的所有"《鲁》读"，都属于异文，即文字的不同。试举和《述而》"易"字一条最接近的一条为例，这条在《先进》篇：

> 而归：如字。郑本作"馈"，馈酒食也。《鲁》读"馈"
> 为"归"，今从《古》。

由此条知道，郑注本该字用《古论》作"馈"；《鲁论》则作"归"，为郑玄所不取；而《释文》所依据的何晏《集解》本又改作"归"，从《鲁论》而不从《古论》。这显然是文字的差别，所以《述而》篇"加我数年"章《鲁论》确系作"亦"，当连下读，不容怀疑。惠栋所引高彪碑也表明了这一点。冯、黄之说无法成立。

"《鲁》读"问题的再考察

这样说来，是否《述而》篇的"《鲁》读"问题无法解决，异文只能并存呢？我认为不是的，问题仍有进一步探讨的必要。

所谓"《鲁》读"都是异文，但异文的情形又有区别。比如上面引到的《学而》篇"传不"下的一条，"《鲁》读传为专"，"传""专"两字是彼此通假。另如《释文》于《公冶长》篇"崔子"下云：

> 郑注云："《鲁》读'崔'为'高'，今从《古》。"

"崔""高"就不是通假了。这证明不管是否通假，只要《鲁论》和《古论》文字不同，郑注即称为"《鲁》读某为某"。《述而》的"亦"和"易"显然属于前一种，是通假的例子。换句话说，《古论》作"易"，《鲁论》作"亦"，异文的产生是由于音近通假或者传讹所致。

特别要说明的是，"易""亦"二字能够互相通假，或音近传讹，乃是一定历史时期的现象，可供推求。

在以《诗经》为代表的上古音中，"易"和"亦"两字韵部并不一样，"易"在锡部，"亦"在铎部。直到西汉，铎部和锡部仍不相通。罗常培、周祖谟先生研究汉代韵部通押时已指出：

> 西汉时期铎与职、沃、锡没有通押的例子，到东汉就有了。铎、锡在一起押韵的还比较多。

他们列举了傅毅、王逸、班固、史岑、崔寔、马融等人的韵文作例，结论是："从这些例子可以看出铎部陌、昔两韵字和锡部昔、锡两韵字的读音接近起来。"[1]"易""亦"在《广韵》都属于昔韵。因此，两字音的接近乃是一种晚出的现象，在较早的时代是不可能

---

[1] 罗常培、周祖谟：《汉魏晋南北朝韵部演变研究》第1分册，第62—63页，科学出版社，1958年。

发生的。

在这里有一个问题需要说明，即可能有人会提出"迹"字来反对上述论点。"迹"字《说文》从"亦"声，上古音在锡部，《广韵》属昔韵，这不是"亦"声早可通于锡部吗？

实际上并非这样一回事。《说文》"迹"字下云：

> 䢫，步处也。从"辵"，"亦"声。蹟，或从"足""责"。
>
> 𨒶，籀文"迹"，从"束"。

《说文》学者久已注意到其间问题。段玉裁《说文解字注》说：

> "迹"本作"速"，"束"声，故音在十六部。小篆改为"亦"声，则当入五部，而非本部之形声矣。李阳冰云"李丞相持束作亦"，谓此字也。

朱骏声《说文通训定声》也干脆把"迹"字隶于"束"声，并引了李阳冰指摘李斯谬误的那段话。

《说文》学者的这种意见，已为各种古文字所证实。周代金文，如天水出土的秦公簋铭有"鼏宅禹嘖"之句，可对照《左传》哀公元年的"禹之绩"，《释文》作"迹"，"嘖"正从"束"声[1]。另外，诅楚文和会稽刻石"迹"字均作"速"[2]，更证明"速"是本字。附带说一下，李阳冰把误作从"亦"的责任加在李斯身上，大约是认

---

① 白川静：《说文新义》第1册，第414页，白鹤美术馆，1969年。

② 华学涑：《秦书集存》，第4页，天津博物院，1922年。

为《说文》小篆就等于秦篆的缘故。从会稽刻石看，这一点其实是不对的，字的从"亦"秦代还不曾发生。

新发现的秦至汉初简帛，屡见"迹"字。例如云梦睡虎地秦简《封诊式》便有几处，字都从"灻"，实系"朿"字形变。这个写法非常近似"亦"字。居延汉简的"迹"字，时代略晚，所从也渐若从"亦"[①]，所以这个字的从"亦"可能首先是由于字形，后来字音接近，更被以为是当然的了。

说明了上述问题，便可以知道"易""亦"这样由音近造成的异文，其出现恐不早于两汉之际。鉴于司马迁《史记·孔子世家》表明当时已存在作"易"字的本子，那么作"亦"必然是晚出的。

如前所述，西汉末张禹有"张侯《论》"，东汉初包咸作章句。据《后汉书·儒林传》载，包咸在光武帝建武年间授太子《论语》，其子福则以《论语》授和帝。周氏又在包咸之后《鲁论》作"亦"，上限似不能超过张禹。1973年，河北定县八角廊汉墓出土竹简多种，内有《论语》，保存简数颇多。墓的年代，简报推断为西汉后期，可能是卒于宣帝五凤三年（前55）的中山怀王的墓葬[②]，是则简的时期应略同于"张侯《论》"。其中如尚存《述而》"加我数年"章，有否"亦"字是一个极有兴味的问题，希望能尽快发表。至于"亦"字出现的下限，不能迟至东汉灵帝时，高彪碑足为确据。

《述而》此章应作"学《易》"，还有学者从其与下面一章的关系来论证。"加我数年"章的下一章是：

① 王梦鸥：《汉简文字类编》，第106页，艺文印书馆，1974年。

② 河北省文物研究所：《河北定县40号汉墓发掘简报》，《文物》1981年第8期。

> 子所雅言，《诗》、《书》、执礼，皆雅言也。

率先提出两章内容相关的，是北宋二程的弟子谢良佐[①]。朱子《四书集注》在"子所雅言"章下引谢氏说："此因学《易》之语而类记之。""加我数年"章讲到《易》，"子所雅言"则讲《诗》、《书》、执礼，故系连类而及。这种将类似的章排在一起的作法，在《论语》书中是常见的。元人白珽所著《湛渊静语》进一步认为两章应该连读：

> "五十以学《易》"至"皆雅言也"恐只当作一章分两节。盖"五十以学《易》，可以无大过矣，子所雅言"，此夫子所常言，作一节；至于"《诗》、《书》、执礼，皆雅言也"，皆所常言，作一节。

清人焦循的《论语补疏》也主张两章"当是一章"，他说：

> 记者因孔子有学《易》无大过之言，以此申明之。"子所雅言"四字指《易》；乃不独《易》也，于《诗》、于《书》、于执礼，"皆雅言也"。《论语》之文最为简妙，上既言"子所雅言"，下不必又赘复一语。玩"皆"字，正从《易》连类之词。

这个看法有一定道理，可以作为"加我数年"章是讲《周易》的

---

① 福岛吉彦：《读论语说》，《东方学报》（京都）第41册，1970年。

旁证。

还有很多学者指出，"加我数年"章"可以无大过矣"句的"大过"，是借用《周易》卦名。这和长沙马王堆帛书《易传》的《要》篇孔子引用《巽》卦"史巫"成语相似（见本书第五章第八节），也是该章是讲《周易》的一个旁证。

总之，《论语·述而》篇所载孔子自言"五十以学《易》"等语，是孔子同《周易》一书直接有关的明证。虽有作"亦"的异文，实乃晚起，与作"易"的本子没有平等的价值。我们探讨《周易》与孔子的关系时，可以放心地引用《述而》这一章，不必顾虑种种异说的干扰。

补记：八角廊简作"亦"，见《定州汉墓竹简〈论语〉》第 33 页，文物出版社，1997 年。

第六节　孔子、朱子论《易》异同

最近《中国文学研究》发表了游唤民同志的《孔子认为〈周易〉不是卜筮之书》，这是一篇很富于启发性的文章。1989 年第 6 期的《文史知识》对此文做了摘要，现录其主要一段如下：

> 《周易》问世之后，最先在《左传》中被论及，即已被看作是卜筮之书。从战国时期的"十翼"（《易大传》）到唐代的孔颖达，都把占筮看成《周易》的作用之一；宋代的朱熹开始把《周易》主要当作卜筮之书；现代学者更一致认为《周易》是卜筮之书。针对这一定论，游唤民在《孔子认为〈周易〉不

是卜筮之书》（载《中国文学研究》1988年第4期）一文中提出不同看法，指出儒家学派的创始人孔子并未把《周易》看成是卜筮之书，《论语·子路》记载孔子谈到《恒》卦九三爻辞时说"不占而已矣"，即是对《周易》卜筮说的否定。

按照这段介绍的看法，孔子并未把《周易》看成卜筮之书，开始把《周易》主要当作卜筮之书的是朱子，为现代学者见解的滥觞。《周易》的研究在朱子学术中占重要地位，所著除现存成书于淳熙四年（1177）的《周易本义》12卷，成书于淳熙十三年（1186）的《易学启蒙》4卷外，传尚有《易传》12卷等多种，其孙朱鉴还将《语录》中论《易》语辑成《朱文公易说》23卷[1]。这些著作对宋以后《易》学影响甚大。朱子论《易》是否与孔子相反，在朱子研究以及《易》学史上都是一个重大问题。本节试就这一问题略作讨论，未必有当，望读者指教。

《论语·子路》篇云：

> 子曰："南人有言曰：'人而无恒，不可以作巫医。'善夫！'不恒其德，或承之羞。'"子曰："不占而已矣。"

"不恒其德，或承之羞"是《周易·恒卦》九三爻辞。《礼记·缁衣》也记有孔子这段话，文字略有不同：

---

① 朱维铮编：《周予同经学史论著选集》，《朱熹》第七章，第180—181页，上海人民出版社，1983年。

子曰:"南人有言曰:'人而无恒,不可以为卜筮。'古之遗言与!龟筮犹不能知也,而况于人乎?《诗》云:'我龟既厌,不我告犹。'《兑命》曰:'爵无及恶德,民立而正事,纯而祭祀,是为不敬。事烦则乱,事神则难。'《易》曰:'不恒其德,或承之羞。''恒其德,侦(今本《周易》作贞),妇人吉,夫子凶。'"

于《恒》九三爻辞以外,还引有《恒》六五爻辞。孔子本意在于人不可无常,所谓"不占而已矣",意思与"不可以为卜筮"是一致的。《缁衣》郑玄注:"不可为卜筮,言卦兆不能见其情、定其吉凶也。"皇侃《论语义疏》据此说:"卜筮亦不能占无恒之人,故云'不占而已矣'。"[1]前人对此已有详细论析,所以孔子这里讲的"不占"并没有否定《周易》卜筮发生的含意。

孔子怎样看待《周易》,近日发表的马王堆帛书《要》篇的一些话提供了再清楚没有的证据。帛书是1973年底在长沙马王堆3号汉墓(埋葬于公元前168年)出土的,其中《周易》有经有传。《要》篇是帛书《易传》的一部分,韩仲民先生前些时介绍了篇中的一章,他说:

《要》中有一章,记载了孔子晚年研究《周易》的情况,说是"夫子老而好《易》,居则在席,行则在橐",随身携带。子贡对此不解,提出疑问,两人之间有一番对答。孔子认为《周易》"有古之遗言焉。予非安其用,而乐其辞"。而且提到

---

[1] 程树德:《论语集释》卷二十七,第811页,国立华北编译馆,1943年。

"后世之士，疑丘者，或以《易》乎？"子贡问他："夫子亦信其筮乎？"孔子讲他和卜筮者不同，"我观其德义耳"，"吾与史巫同途而殊归"。[①]

我曾对帛书此篇做过初步的分析，见本书第五章第八节。

看《要》篇此章可知，在孔子的时代，人们公认《周易》是卜筮书，因而子贡见孔子好《易》，行处不离，便怀疑孔子信其占筮。孔子则说："予非安其用，而乐其辞。""安"的意思也是乐。《周易》乃卜筮书，其用本在占筮，而孔子并不乐于用诸占筮，而是乐于玩味经文。这是孔子对《周易》一书的着眼点与时人不同处。《周易》本来是卜筮书，孔子不会否认，但是他有取于《周易》的，不在于占筮之用，而在于书中的文辞。

孔子何以有取于《周易》文辞？他自己说明是因为其中"有古之遗言"。前引《缁衣》所记，孔子对"南人之言"即南国的谚语，也叹为"古之遗言"。这里所谓"古之遗言"，是指前世圣人的遗教，而就《周易》来说，"古"即《系辞》讲的"中古"，指殷周之际；如果扩大到三易的起源，《系辞》所言始作八卦的包牺氏（伏牺）或许也包括在内。孔子肯定《周易》经文有往圣的遗教，可见他所要探讨的，是《周易》蕴含的义理。

怎样探讨《周易》的义理呢？孔子说："我观其德义耳。"《系辞上》云：

　　子曰："夫《易》何为者也？夫《易》开物成务，冒天下

---

① 韩仲民：《帛书〈系辞〉浅说》，《孔子研究》1988年第4期。

之道，如斯而已者也。是故圣人以通天下之志，以定天下之业，以断天下之疑。是故蓍之德圆而神，卦之德方以知（智），六爻之义易以贡。……"

"德义"即这里所说蓍、卦之德，六爻之义。孔子是要通过《周易》卦爻的变化，去窥见义理。这不是否认《周易》是卜筮书，而是以哲学的观点去研究这部卜筮书。

在孔子以前，已经有人从义理来谈《周易》。《左传》襄公九年载鲁穆姜的话：

是于《周易》曰："《随》，元亨利贞，无咎。"元，体之长也；亨，嘉之会也；利，义之和也；贞，事之干也。体仁足以长人，嘉德足以合礼，利物足以和义，贞固足以干事……

关于"元亨利贞"的这些话，后来被收入《易传》中的《文言》，当时必曾传诵。不过，系统地研究《周易》哲学，实以孔子为最早。至于《易传》，那纯乎是哲学著作，不能说是卜筮书了。然而由于《周易》本属卜筮书，《易传》所言，仍然不能离开卜筮。

再看朱子是怎样说的。

朱子力主《易》是卜筮书。这一观点，在他的著作、语录中重复过无数次。例如他说：

据某解，一部《易》，只是作卜筮之书。今人说得来太精了，更入粗不得。如某之说虽粗，然却入得精，精义皆在其中。若晓得某一人说，则晓得伏羲、文王之《易》，本是作如此用，元未有许多道理在，方不失《易》之本意。今未晓得圣人作《易》之本意，便先要说道理，纵饶说得好，只是与《易》元不相干。①

近世言《易》者，直弃卜筮而虚谈义理，致文义牵强而无归宿，此弊久矣。要须先以卜筮占决之意求经文本义，而复以传释之，则其命词之意与其所自来之故，皆可渐次而见矣。②

朱子这一类话，看似简单，实际上包含了一系列重要观点。

第一，朱子此说，实针对当时《易》学的偏弊而发。《四库全书总目提要》经部《易》类小序云：

《易》之为书，推天道以明人事者也。《左传》所记诸占，盖犹太卜之遗法。汉儒言象数，去古未远也。一变而为京（房）、焦（赣），入于机祥；再变而为陈（抟）、邵（雍），务穷造化，《易》遂不切于民用。王弼尽黜象数，说以老、庄。一变而胡瑗、程子（颐），始阐明儒理；再变而李光、杨万里，又参证史事，《易》遂日启其论端。

王弼之学虽上承汉代的费氏《易》，而一扫汉儒学风，为玄学所宗。唐代修《五经正义》，《周易》仍沿用王注。北宋理学兴起，程颐于五经唯成《易传》，其书专讲义理，盛行于世。朱子说"近世言《易》者，直弃卜筮而虚谈义理"，正是针对这一派风气而

---

① 黎靖德编：《朱子语类》卷六十六，第1629页，中华书局，1986年。
② 朱熹：《晦庵集·别集》卷二《答孙季和》。

言。有学者指出，"就哲学言，朱熹为程颐之继承者，故治思想史者每以程、朱并称；顾就经学之《易》学言，则程、朱不无敌派之嫌"①，是有道理的。

朱子对伊川本极推崇，对其《易传》也说过许多赞颂的话，如："伊川晚年所见甚实，更无一句悬空说底话。今观《易传》可见，何尝有一句不着实！"②他不满于程氏《易传》的，只在其所论义理完全脱离卜筮：

> 《易传》义理精，字数足，无一毫欠阙。他人着工夫补缀，亦安得如此自然！只是于本义不相合。《易》本是卜筮之书，卦辞、爻辞无所不包，看人如何用。程先生只说得一理。③

第二，《汉书·艺文志》说"《易》道深矣，人更三圣，世历三古"，朱子则指出伏羲、文王与孔子《易》的区别。例如，他说：

> 八卦之画，本为占筮。方伏羲画卦时，止有奇偶之画，何尝有许多说话！文王重卦作繇辞，周公作爻辞，亦只是为占筮设。到孔子，方始说从义理去。如"《乾》，元亨利贞；《坤》，元亨，利牝马之贞"，与后面"元亨利贞"只一般。元亨，谓大亨也；利贞，谓利于正也。占得此卦者，则大亨而利于正耳。至孔子乃将《乾》《坤》分作四德说，此亦自是孔子意思。

① 朱维铮编：《周予同经学史论著选集》，《朱熹》第四章，第150页，上海人民出版社，1983年。

② 黎靖德编：《朱子语类》卷六十七，第1649页，中华书局，1986年。

③ 黎靖德编：《朱子语类》卷六十七，第1651页，中华书局，1986年。

伊川云："元亨利贞，在《乾》《坤》为四德，在他卦只作两事。"不知别有何证据。故学《易》者须将《易》各自看：伏羲《易》，自作伏羲《易》看，是时未有一辞也；文王《易》，自作文王《易》；周公《易》，自作周公《易》；孔子《易》，自作孔子《易》看。必欲牵合作一意看，不得。①

这番话似乎是将《易》的发展分为三阶段，但实质是两阶段，孔子以前，《易》只是卜筮书，到孔子才加以义理的阐释。他还有下面的话，可资对照：

今人读《易》，当分为三等：伏羲自是伏羲之《易》，文王自是文王之《易》，孔子自是孔子之《易》。读伏羲之《易》，如未有许多《彖》《象》《文言》说话，方见得《易》之本意，只是要作卜筮用。如伏羲画八卦，那里有许多文字言语？只是说八个卦有某象，《乾》有《乾》之象而已。其大要不出于阴阳刚柔、吉凶消长之理。然亦〔未〕尝说破，只是使人知得此卦如此者吉，彼卦如此者凶。……及文王、周公分为六十四卦，添入"《乾》，元亨利贞"，"《坤》，元亨，利牝马之贞"，早不是伏羲之意，已是文王、周公自说他一般道理了。然犹是就人占处说，如卜得《乾》卦，则大亨而利于正耳。及孔子系《易》，作《彖》《象》《文言》，则以"元亨利贞"为《乾》之四德，又非文王之《易》矣。到得孔子，尽是说道理。然犹就卜筮上发出许多道理，欲人晓得所以凶，所以

---

① 黎靖德编：《朱子语类》卷六十六，第1622页，中华书局，1986年。

吉。……①

这对孔子之《易》与孔子以前之《易》的不同讲得很清楚。

第三，朱子虽强调《周易》是卜筮书，并不认为卜筮即无义理。相反地，他认为理即在卜筮之中，所谓"《易》以卜筮用，道理便在里面"②。上引"今人读《易》"一段话，已提到伏羲和文王、周公之《易》与理的关系，例子不再多举。

《系辞上》云"开物成务，冒天下之道"，朱子解释说：

> 盖《易》之为书，因卜筮以设教，逐爻开示吉凶，包括无遗，如将天下许多道理包藏在其中，故曰"冒天下之道"。……今人说《易》，所以不将卜筮为主者，只是慊怕小却这道理，故凭虚失实，茫昧臆度而已。殊不知由卜筮而推，则上通鬼神，下通事物，精及于无形，粗及于有象，如包罩在此，随取随得。③

卜筮何以包括天下之理？朱子在前引的一段话中已说明，自伏羲画卦，大要即不出阴阳刚柔、吉凶消长之理。《系辞上》说《易》能"冒天下之道"，又说"一阴一阳之谓道"，朱子加以发挥，说：

> "一阴一阳之谓道。"阴阳是气，不是道，所以为阴阳者，乃道也。若只言"阴阳之谓道"，则阴阳是道。今曰"一阴一

---

① 黎靖德编：《朱子语类》卷六十六，第1629—1630页，中华书局，1986年。
② 黎靖德编：《朱子语类》卷六十六，第1635页，中华书局，1986年。
③ 黎靖德编：《朱子语类》卷七十五，第1924页，中华书局，1986年。

阳"，则是所以循环者乃道也。①

伏羲画卦，不过是"当时偶然见得一便是阳，二便是阴，从而画放那里。当时人一也不识，二也不识，阴也不识，阳也不识。伏羲便与他剔开这一机"②，由此世人通过卜筮，便能暗合阴阳吉凶之理：

"民可使由之，不可使知之。"（《论语·泰伯》语）上古圣人不是著此垂教，只是见得天地阴阳变化之理，画而为卦，使因卜筮而知所修为避忌。③

朱子阐发这一观点，还说过许多话，如《朱子语类》卷六十五"诸公且试看天地之间别有甚事"条等，文繁不录。

第四，朱子主张《易》为卜筮书，绝非笃信占筮。他曾再三说：

今学《易》，非必待遇事而占，方有所戒。只平居玩味，看他所说道理，于自家所处地位合是如何。故云："居则观其象而玩其辞，动则观其变而玩其占。"（《系辞》语）孔子所谓"学《易》"，正是平日常常学之。想见圣人之所谓读，异乎人之所谓读。想见胸中洞然，于《易》之理无纤毫蔽处，故云"可以无大过"（《论语·述而》语）。④

---

① 黎靖德编：《朱子语类》卷七十四，第1896页，中华书局，1986年。
② 黎靖德编：《朱子语类》卷六十六，第1623页，中华书局，1986年。
③ 黎靖德编：《朱子语类》卷六十六，第1627页，中华书局，1986年。
④ 黎靖德编：《朱子语类》卷六十五，第1607页，中华书局，1986年。

"居则观其象而玩其辞，动则观其变而玩其占"者，又不待卜而后见；只是体察，便自见吉凶之理。①

朱子为理学集大成者，其理论许多处皆自《周易》中来，他重视《周易》的义理是当然的。只是由于当时《易》学多虚谈义理，所以朱子力言《易》本为卜筮书，以图矫正。他明说只以《易》为卜筮或不以为卜筮都是错的：

《易》本卜筮之书，后人以为止于卜筮。至王弼用老、庄解，后人便只以为理，而不以为卜筮，亦非。②

不过他强调卜筮，未免有过分之处，以致引起当时以及后世人们的误解，他的弟子沈侗就说过：

先生于《诗传》，自以为无复遗恨，曰："后世若有扬子云，必好之矣。"而意不甚满了《易本义》。盖先生之意，只欲作卜筮用。而为先儒说道理太多，终是翻这窠臼未尽，故不能不致遗恨云。③

似乎《周易本义》成了一本卜筮用的书了，这是不合朱氏本意的④。

---

① 黎靖德编：《朱子语类》卷七十五，第1924页，中华书局，1986年。
② 黎靖德编：《朱子语类》卷六十六，第1622页，中华书局，1986年。
③ 黎靖德编：《朱子语类》卷六十七，第1655页，中华书局，1986年。
④ 参看钱穆：《朱子新学案》，五〇，一，巴蜀书社，1986年。

　　孔子和朱子所处时代不同，孔子时人人以《易》为卜筮书，故孔子强调他与史巫之异；朱子时学者多忘记《易》为卜筮书，故朱子强调其本为卜筮而作。实际上，孔子、朱子都承认《易》为卜筮书，也都主张要从义理即哲学的角度来研究《易》，其态度不仅不相反，而且非常近似。特别是朱子指出孔子之《易》专讲义理，与孔子以前之《易》不同，很是正确。朱子是不可能看到帛书《要》篇这类材料的，但他的不少观点竟能与《要》篇所记孔子所说相合，这证明宋学的某些论点比汉人更近于先秦儒家。其所以如此，是因为宋人能摆脱汉以来儒学的一些束缚，直接去理解先秦的著作。当然，孔子、朱子《易》学所讲的哲学内容，需要结合各自的历史背景给以评价，我们拟在另外的文章中再做论述。

第二章 《易传》的年代问题

第一节 《易传》与《子思子》

子思和《中庸》

《周易》经传在中国学术史上有着颇为重要的地位，特别是十翼即《易传》，《史记》《汉书》等均以为是孔子所作，对儒学传统影响深远。《易传》的年代，可以说是《周易》研究中一个关键性的问题，学者间意见纷纭，争论已久。这样的疑难，如仅凭传世文献，或许永无解决之日。幸而在近年考古工作中，陆续发现了不少有关《周易》的材料。1973年底湖南长沙马王堆3号汉墓出土帛书，其间有《周易》经传，更为研究《周易》开辟一新境界。

本节想从另一角度探索《易传》的年代问题。马王堆汉墓帛书，与《周易》经传共存的有《老子》甲本卷后佚书《五行》[①]。这是一篇儒家著作，经学者分析，知属于子思、孟子一派。《五行》

---

① 国家文物局古文献研究室编：《马王堆汉墓帛书（壹）》，文物出版社，1980年。

的发现，证明了什么是《荀子·非十二子篇》所批评的思孟五行之说，并在《中庸》《孟子》书中找出这个学说的痕迹，由此得以确定《中庸》一篇的确是子思的作品①。这样，就为我们探讨《易传》以及其他与思孟一派儒家有关的著作的时代，提供了可靠的基点。

大家知道，子思名伋，是孔子之孙。孔子之子鲤，字伯鱼，比孔子去世为早，所以孔子曾看到幼年的子思。《史记·孔子世家》载子思年六十二，前人由其事迹推算，多以为系八十二之误，或估计其年代为公元前483年至前402年②，可供参考。

《孔子世家》称："子思作《中庸》。"《孔丛子》《礼记正义》引《郑（玄）目录》等说同。近人论《中庸》为子思所著的，以金德建先生为最详③。他的论证主要有两方面。一是《孟子·离娄上》"居下位而不获于上"节是征引《中庸》，其后"至诚而不动者，未之有也；不诚，未有能动者也"两句，则"显然是属于《孟子》征引之后所补充的新意"。另一是从《荀子·非十二子篇》推证，逐句论述篇中关于思孟的议论"纯然是批评子思所作的《中庸》的"。因此，不管是师法子思的孟子，还是批评子思的荀子，都认为《中庸》一篇出自子思。现在发现的帛书《五行》，进一步证实了这一点。

《中庸》收入《小戴礼记》，也收入宋代以后业已散佚的《子思子》。《子思子》这部书最早著录于《汉书·艺文志》，作"《子思》二十三篇"，班氏自注云："名伋，孔子孙，为鲁缪公师。"书

---

① 庞朴：《帛书五行篇研究》，齐鲁书社，1980年。李学勤：《帛书〈五行〉与〈尚书·洪范〉》，《学术月刊》1986年第11期。

② 钱穆：《先秦诸子系年》卷四，一四八，中华书局，1985年。

③ 金德建：《司马迁所见书考》，二一至二三，上海人民出版社，1963年。

列于《诸子略》儒家，在《晏子》《曾子》之间。另外《汉志》之《六艺略》礼家有《中庸说》二篇，例以志文有《明堂阴阳》《明堂阴阳说》，《伊尹》《伊尹说》，《鬻子》《鬻子说》，等等，当系专对《中庸》解释引申①。这说明《中庸》很早就受到特殊重视，而且可能有单行之本。

《孔丛子·居卫》云子思困于宋，"于是撰《中庸》之书四十九篇"。据此，《中庸》又是子思著作的统称，可能是因为该书以《中庸》一篇冠首之故。不过《孔丛子》出现较晚，内容传闻多误，不好引为典据。《子思子》与其所说49篇的《中庸》关系如何，也无法论述。

对《中庸》年代提出怀疑的学者，主要理由有两点。一是说《中庸》篇中有"载华岳而不重"之句，孔孟讲山名，习惯只提泰山，子思未尝至秦，不应举华岳。这个问题是清代文学家梁章钜、袁枚提出的②，顾实在《汉书艺文志讲疏》中已经做了回答，他说："不知此正子思所以形容祖德之广崇，二《南》、《大雅》尝言江汉矣，岂必囿于咫尺之间哉？"又说："宋钘宋人，尹文齐人，作华山冠以自表，此亦可为《中庸》称华岳无可疑之例证。"

又一点是《中庸》有这样一章：

> 子曰：愚而好自用，贱而好自专，生乎今之世，反古之道，如此者，灾及其身者也。非天子不议礼，不制度，不考文。今天下车同轨，书同文，行同伦。虽有其位，苟无其德，

---

① 参看杨树达：《汉书窥管》卷三《艺文志第十》，上海古籍出版社，1984年。

② 金德建：《司马迁所见书考》，二三，第169页，上海人民出版社，1963年。

不敢作礼乐焉；虽有其德，苟无其位，亦不敢作礼乐焉。

所谓"今天下车同轨"云云，郑玄注说："今，孔子谓其时。"但是孔子生当春秋晚年，周室衰微，在政治、文化上均趋分裂，已经没有"车同轨，书同文，行同伦"的实际，由此不少学者疑为秦汉统一的反映[1]。按《中庸》此句的"今"字应训为"若"[2]，《词诠》曾列举许多古书中的例子，如：

今墓远，则其葬也如之何？（《礼记·曾子问》）
今王与百姓同乐，则王矣。（《孟子·梁惠王下》）

都是假设的口气。孔子所说，也是假设，并非当时的事实，不能因这段话怀疑《中庸》的年代。

《子思子》其书

《子思子》一书，见于《隋志》《唐志》，云七卷，晁公武《郡斋读书志》亦云七卷，且有摘引，可见北宋时其书尚存[3]，散佚当在其后。晚清黄以周有辑本。《隋书·音乐志》载沈约云："《中庸》《表记》《坊记》《缁衣》皆取《子思子》。"当时《子思子》仍然存在，沈说应有所据。清人沈钦韩指出《太平御览》四百三引《子

---

① 金德建：《司马迁所见书考》，二三，第169页，上海人民出版社，1963年。

② 杨树达：《词诠》卷四，第147页，中华书局，1979年。裴学海：《古书虚字集释》卷五，第347页，中华书局，1982年。

③ 顾实：《汉书艺文志讲疏》，三，上海古籍出版社，1987年。

思子》"天下有道"一条即《表记》语①。顾实《汉书艺文志讲疏》也说："案《意林》引《子思子》十余条，一见于《表记》，再见于《缁衣》，则沈约之言信矣。"这样我们就知道，《子思子》不仅包括《中庸》，还包括有《小戴礼记》的《坊记》《表记》《缁衣》三篇。

和其他子书一样，《子思子》原有各篇的著成年代未必相同。例如《郡斋读书志》及《文献通考》二百八引《子思子》一条，有子思与孟子问答，而两人年代实不相及，疑即后人据《孔丛子·杂训》所增补。《坊记》《中庸》《表记》《缁衣》四篇，在《礼记》中次第相接，于《别录》均属通论，体例又彼此相似。特别是《坊记》《表记》《缁衣》，篇首均有"子言之"一语，其成于同时，殆无疑义。

《坊记》《中庸》等四篇的文例，都是叙述孔子的话，夹引《诗》《书》等经籍，并加以申论。篇中引孔子语，多可与《论语》相参照。《汉书·艺文志》说：

> 《论语》者，孔子应答弟子、时人，及弟子相与言而接闻于夫子之语也。当时弟子各有所记。夫子既卒，门人相与辑而论纂，故谓之《论语》。

《释文》引郑玄言《论语》为"仲弓、子夏等所撰定"。《坊记》曾明引《论语》书名，当晚于七十子的时代，然而四篇孔子的话每每与《论语》相出入，在内容、义理上互相补充发明，说明四篇的年

---

① 王先谦：《汉书补注》三十，中华书局，1983年。

代不能太晚。下面试举一些例子：

《论语·学而》："子贡曰：'贫而无谄，富而无骄，何如？'子曰：'可也，未若贫而乐，富而好礼者也。'"《坊记》："子云：'贫而好乐，富而好礼，众而以宁者，天下其几矣。'"《坊记》所载更为丰富。

《论语·八佾》："子曰：'夏礼吾能言之，杞不足征也；殷礼吾能言之，宋不足征也。文献不足故也，足则吾能征之矣。'"《中庸》则作："子曰：'吾说夏礼，杞不足征也；吾学殷礼，有宋存焉；吾学周礼，今用之，吾从周。'"改"宋不足征"为"有宋存"，系因《中庸》作于宋，有所避忌①。

《论语·颜渊》："己所不欲，勿施于人。"《中庸》："施诸己而不愿，亦勿施于人。"

《论语·宪问》："不怨天，不尤人。"《中庸》："上不怨天，下不尤人。"以上两例《中庸》所述均较易解。

《论语·里仁》："仁者安仁，知者利仁。"《表记》："仁者安仁，知者利仁，畏罪者强仁。"后者亦更丰富。又《中庸》："或安而行之，或利而行之，或勉强而行之，及其成功一也。"②与《表记》应出一手。

《论语·宪问》："子曰：'君子耻其言而过其行。'"《表记》："（君子）耻有其辞而无其德，耻有其德而无其行。"义同而语有异。

《宪问》："以直报怨，以德报德。"《表记》："子曰：'以德报德则民有所劝，以怨报怨则民有所惩。'"后者也较显豁。

---

① 阎若璩：《四书释地又续》卷上，《皇清经解》本。

② 参看杨树达：《论语疏证》卷四，第88页，上海古籍出版社，1986年。

《论语·子路》："子曰：'南人有言曰："人而无恒，不可以作巫医。"善夫！"不恒其德，或承之羞。"'"末两句系引《易·恒卦》九三爻辞。《缁衣》则云：

> 子曰："南人有言曰：'人而无恒，不可以为卜筮。'古之遗言与！龟筮犹不能知也，而况于人乎？……《易》曰：'不恒其德，或承之羞。''恒其德，侦，妇人吉，夫子凶。'"

《子路》所说"巫医"是巫人、医人，《缁衣》"卜筮"则指卜人、筮人，两者相比，似后者较胜。《论语》孔子引《易》仅见于此，《缁衣》则多引《恒卦》六五爻辞（此外还引有《诗》《书》，兹从省略），与上言"卜筮"相呼应，前面我们已讨论过了。

这一类例子表明，四篇作者是传述孔子而加以申论，其时代接近于孔子。特别值得注意的，是几处袭用曾子，如《论语·里仁》："曾子曰：'夫子之道，忠恕而已矣。'"《中庸》云："忠恕违道不远。"《论语·宪问》："曾子曰：'君子思不出其位。'"《中庸》云："君子素其位而行，不愿乎其外。"《论语·泰伯》："曾子曰：'士不可以不弘毅，任重而道远，仁以为己任，不亦重乎？'"《表记》云："仁之为器重，其为道远。"凡此均说明四篇作者上承孔子、曾子，这正和子思的情况相合。

《坊记》等四篇时代不能晚，还可以从篇中引有逸《诗》、逸《书》证明。

《坊记》引逸《诗》："相彼盍旦，尚犹患之。"《缁衣》引逸《诗》："昔吾有先正，其言明且清，国家以宁，都邑以成，庶民以生。谁能秉国成，不自为正，卒劳百姓。"后者末三句虽见《小雅·节南山》，但《诗》篇常有同句，很可能全段皆属逸篇。

至于逸《书》就更多。总计四篇引《书》，见于伏生所传的有《康诰》《君奭》《甫刑》，另有《叶公之顾命》即今《逸周书·祭公》。此外，《太甲》《尹吉（告、诰）》《高宗》《兑命》《大誓》《君陈》《君雅》都是逸《书》，是秦汉人所不能引及的。

《大戴礼记·礼察》曾引《坊记》首句，《淮南子·氾论训》引《坊记》阳侯杀蓼侯故事，这也说明该篇年代的下限。

看来，《坊记》《表记》《缁衣》颇可能也出于子思，至多是其门人所辑成。

《子思子》与《易传》

细读《子思子》这四篇，很容易感觉到，其体裁文气甚似《易传》的《文言》《系辞》。同时篇中引《易》也较多，如高亨先生所说："儒家子思一派亦长于《易》学，故《表记》《坊记》《缁衣》引《易》之处独多。"[1]

《坊记》《表记》《缁衣》引《易》共有6处。《坊记》计2处，其一是：

> 子云：敬则用祭器，故君子不以菲废礼，不以美没礼。故食礼，主人亲馈则客祭，主人不亲馈则客不祭。故君子苟无礼，虽美不食焉。《易》曰："东邻杀牛，不如西邻之禴祭，实受其福。"《诗》云："既醉以酒，既饱以德。"以此示民，民犹

---

[1] 高亨：《周易大传今注》，附录一《先秦诸子之〈周易〉说》，第672页，齐鲁书社，1979年。

争利而忘义。

所引系《既济》九五爻辞。另一是：

> 子云：礼之先币帛也，欲民之先事而后禄也。先财而后礼则民利，无辞而行情则民争，故君子于有馈者，弗能见则不视其馈。《易》曰："不耕获，不菑畲，凶。"以此坊民，民犹贵禄而贱行。

所引系《无妄》六二爻辞。《表记》《缁衣》引《易》，也都与此类似，是借经文来阐述一种道理。

《易传》有文例相同的话，例如《系辞下》：

> 子曰：危者安其位者也，亡者保其存者也，乱者有其治者也。是故君子安而不忘危，存而不忘亡，治而不忘乱，是以身安而国家可保也。《易》曰："其亡其亡，系于苞桑。"

所引系《否》九五爻辞。又如同篇：

> 子曰：知几其神乎？君子上交不谄，下交不渎，其知几乎？几者，动之微、吉凶之先见者也。君子见几而作，不俟终日。《易》曰："介于石，不终日，贞吉。"介如石焉，宁用终日？断可识矣。君子知微知彰，知柔知刚，万夫之望。

所引系《豫》六二爻辞。

前引《论语·子路》引《恒》九三爻辞，例与此同。这些都是传述孔子的话，因而没有引《易传》的。只有前引《中庸》"君子素其位而行"一语，类于《论语·宪问》曾子所说，也似《艮卦·象传》，但这是《象传》与曾子语同，《中庸》并未直引。

金德建先生指出，"《中庸》'庸言庸行'和《文言传》相同"①。（日本武内义雄《〈易〉与〈中庸〉之研究》说同）按《文言》云：

> （《乾》）九二曰"见龙在田，利见大人"，何谓也？子曰：龙，德而正中者也。庸言之信，庸行之谨，闲邪存其诚，善世而不伐，德博而化。《易》曰"见龙在田，利见大人"，君德也。

这段话的主旨与"中庸"之说相通，所以高亨注"庸言之信"两句云："李鼎祚曰：'庸，常也。'按庸由正中而来。正中者，无过，无不及，无偏，无邪也。正中之言乃为庸言，正中之行乃为庸行。"②《中庸》云：

> 子曰：……君子之道四，丘未能一焉：所求乎子以事父，未能也；所求乎臣以事君，未能也；所求乎弟以事兄，未能也；所求乎朋友先施之，未能也。庸德之行，庸言之谨。有所不足，不敢不勉；有余，不敢尽。……

---

① 金德建：《先秦诸子杂考》，二十五，中州书画社，1982年。

② 高亨：《周易大传今注》卷一，第63页，齐鲁书社，1979年。

不难看出，这一段是取孔子的话连缀而成，而"庸德之行"两句，很可能即引自《文言》，因为在《文言》的文字中，两句与上下文紧密结合，而在《中庸》就不如此。

关于《中庸》与《易传》思想的相通，金德建共举出12条证据，多属可信，在此不能详引。如果考虑到两者原来都本于孔子，这种现象实不足为异。

近年由于大批古代简帛书籍陆续发现，学术界对古书的源流形成有了进一步的理解。有学者说："古书从思想酝酿，到口授笔录，到整齐章句，到分篇定名，到结集成书，是一个长过程。它是在学派内部的传习过程中经众人之手陆续完成，往往因所闻所录各异，加以整理方式不同，形成各种传本，有时还附以各种参考资料和心得体会，老师的东西和学生的东西并不能分得那么清楚，所以我们不能以今天的著作体例去衡量古书。"①《子思子》今存于《礼记》中的四篇，可认为子思传述孔子的著作，出于家学。其中有孔子引《易》的言论，也有与《易传》相共通的思想见解。

金景芳先生论《易传》作者说："根据我多年学《易》所得，认为《易传》十篇基本上是孔子作。但里边有记述前人遗闻的部分，有弟子记录的部分，也有后人窜入的部分，脱文错简还不计算在内。"②这一看法与从简帛书籍认识的古书形成情况可相印证，与金德建先生所说"《系辞传》和《文言传》的产生，最迟不能再过于子思的时代"亦能相合③。综观古书中有关的内容，实合于这一

① 李零：《出土发现与古书年代的再认识》，《九州学刊》第3卷第1期，1988年12月。

② 金景芳：《学易四种》，第215页，吉林文史出版社，1987年。

③ 金德建：《先秦诸子杂考》，二十五，中州书画社，1982年。

估计。帛书《周易》的发现，说明《易传》的形成确经历了一个相当漫长而且复杂的过程，但如果我们承认《子思子》的四篇出于子思，应该说《易传》的基本内容和结构在子思的时代已经有了。这对于研究《易传》与孔子的关系，无疑有重要的价值。

需要指出的是，《子思子》主要是记录传述孔子引《易》的言论，其思想与《易传》相通之处也是在儒学的一些大的方面，对《易》学本身则少阐发。继承子思之学的孟子，更未见论《易》。因此，思孟一派虽有闻于孔门《易》说，却不能认为传《易》。与此对比，荀子一派在《易》学传流上所起作用要更大些，详见下文。

第二节　由《乐记》看《易传》年代

张岱年先生近年一再讨论《易传》的年代问题，所说非常精到平允。他特别提出《礼记》中的《乐记》与《易传》的关系。在1979年发表的《论〈易大传〉的著作年代与哲学思想》文中，他引《乐记》"天尊地卑"一段，与《系辞》对比，指出《系辞》"写得比较自然"，而《乐记》"讲得比较牵强，看来是《乐记》引用《系辞》的文句而稍加改变"①。最近他又在《〈周易〉经传的历史地位》文中专论这一点，认为"《乐记》袭用了《系辞》的文句，殊为显然"②。这里我们也就《易传》同《乐记》的联系，以及有关的种种问题，做一较详细的探讨。

---

① 张岱年：《论〈易大传〉的著作年代与哲学思想》，《中国哲学》第1辑，人民出版社，1979年。

② 张岱年：《〈周易〉经传的历史地位》，《人文杂志》1990年第6期。

《系辞》与《乐记》

大家知道，收入《小戴礼记》的《乐记》一篇，原系由十一篇合成。可与《易传》比较研究的，是十一篇中的《乐礼》一篇。为了便于读者，下面抄出有关一章的全文：

> 天高地下，万物散殊，而礼制行矣；流而不息，合同而化，而乐兴焉。春作夏长，仁也；秋敛冬藏，义也。仁近于乐，义近于礼。乐者敦和，率神而从天；礼者别宜，居鬼而从地。故圣人作乐以应天，制礼以配地。礼乐明备，天地官矣。天尊地卑，君臣定矣。卑高已陈，贵贱位矣。动静有常，小大殊矣。方以类聚，物以群分，则性命不同矣。在天成象，在地成形。如此，则礼者天地之别也。地气上齐，天气下降。阴阳相摩，天地相荡。鼓之以雷霆，奋之以风雨，动之以四时，暖之以日月，而百化兴焉。如此，则乐者天地之和也。化不时则不生，男女无辨则乱升，天地之情也。及夫礼乐之极乎天而蟠乎地，行乎阴阳而通乎鬼神，穷高极远而测深厚。乐著大始，而礼居成物。著不息者天也，著不动者地也，一动一静者天地之间也，故圣人曰"礼乐"云。

《乐记》的这一章，明显地类似《系辞上》开头一章：

> 天尊地卑，乾坤定矣。卑高以陈，贵贱位矣。动静有常，刚柔断矣。方以类聚，物以群分，吉凶生矣。在天成象，在地成形，变化见矣。是故刚柔相摩，八卦相荡，鼓之以雷霆，润

> 之以风雨。日月运行，一寒一暑。乾道成男，坤道成女。乾知
> 大始，坤作成物。……

容易看到，两者的文例和词汇是互相接近的。例如《乐记》的"天尊地卑，君臣定矣"句与《系辞上》相类，而"卑高已陈，贵贱位矣"更是直接来自《系辞上》。在上面抄引的《乐记》文字里，已将与《系辞上》雷同或近似的句子用黑点标出。不过，两者的类似并不限于个别语句，整段的思想和文气都是非常相像的。

文字的递用沿袭，在古代文献中屡见不鲜。当时引用前人作品，不像现在那样要严格地标明，以至加上引号。近年发现的各种先秦到汉代的简帛书籍，也多次证实了这一点。《系辞上》与《乐记》的关系，肯定也是这样。问题是两者哪一个在前，抑或有同出一源的情形。张岱年先生于此已给了明确的解答。

《系辞上》的文字凝炼，一气呵成，《乐记》则显得分散而拖沓，因此两者同出一源是不大可能的，只能是《乐记》沿袭和包容了《系辞上》的文句。细读《系辞上》该段，逻辑的层次分明严整，其根本思想乃是天地的自然规律同《易》理的一致。章文前半部分，即"变化见矣"以前，直接以自然与《易》对照，从天地自然的卑高、动静、类聚群分，引导出《易》之有乾坤、贵贱、刚柔、吉凶。由此引申，后半部分提出因刚柔以至八卦的互相作用，造成了天地的运转、四时的推移，而人事的变迁又与之相应。究其根本，无不归结于乾坤之道。不管人们怎样评价这种思想，其观点的明确了然，显而易见。

《乐记》对应的一段，文句尽管类似，思想却有所不同。《乐记》的作者目的在于极言礼乐合乎天道。他在"天尊地卑"等句前

面，已经写下了"天高地下，万物散殊""流而不息，合同而化"等句，与"天尊地卑"云云已觉重复。他认为礼重在别宜，乐重在敦和，因此以"天尊地卑"等语来讲礼为天地之别，"阴阳相摩"等语来讲乐为天地之和。应当说，用"天尊地卑"说礼，还算顺理成章，因为文中君臣、贵贱、小大等都属于礼的范围。至于用"阴阳相摩"说乐，就未免费解，所描写只是天地之和，百化之兴，却没有直接涉及乐。因此，注疏讲《乐记》这一段，只好仍然援用《系辞上》的注，不能有更多的阐明。段末所说"乐著大始，而礼居成物"，其观点更不如《系辞上》"乾知大始，坤作成物"的自然而深刻。总之，《乐记》的文字确是勉强生硬，这只能是有意套用《系辞上》而造成的。

《乐记》沿袭《系辞上》的地方还不止于此。例如十一篇中的《乐象》有："是故清明象天，广大象地，终始象四时，周还象风雨。"《师乙》有："夫歌者，直己而陈德也；动己而天地应焉，四时和焉，星辰理焉，万物育焉。"这都富于《易传》的意味。可以断言，作者是熟习《易传》的，在他执笔写作时，《系辞上》的思想和文句，不知不觉间便从笔尖流露出来了。

《乐记》和《易传》的关系，比子思的《中庸》等篇要密切得多。《易传》，特别是《系辞上》的理论观点，已为《乐记》的音乐学说所吸收应用，体现在各个方面。不过这一点在本书中不能详细论述，希望将来有机会专文阐明。

《乐记》的作者

在《汉书·艺文志》中，《乐记》单行著录，云23篇。《汉志》本于刘向、刘歆父子的《别录》《七略》，孔颖达《礼记正义》还保留有23篇的篇目，是根据《别录》而来的。这23篇是：

一、《乐本》；

二、《乐论》；

三、《乐施》；

四、《乐言》；

五、《乐礼》；

六、《乐情》；

七、《乐化》；

八、《乐象》；

九、《宾牟贾》；

十、《师乙》；

十一、《魏文侯》；

十二、《奏乐》；

十三、《乐器》；

十四、《乐作》；

十五、《意始》；

十六、《乐穆》；

十七、《说律》；

十八、《季札》；

十九、《乐道》；

二十、《乐义》；

二十一、《昭本》；

二十二、《招颂》；

二十三、《宾公》。

《礼记》所收仅是其前11篇，尚不及一半。今《礼记·乐记》中哪些章原属于11篇的哪一篇，一般是依萧梁时皇侃之说，其前后次序和《别录》11篇的排列略有不同，这里就不多讲了。

不见于《礼记》的12篇，有学者以为仍有部分存在。或以为《奏乐》《乐器》存于《史记·乐书》，或以为《奏乐》应为《泰乐》，即《吕氏春秋·太乐》，《意始》当作《音始》，即《吕》书《音初》；还有主张《说律》即《国语·周语》泠州鸠说律，《季札》即《左传》襄公二十九年季札观乐，《窦公》即《周礼·大司乐》章的①。这些都缺乏明显的证据，特别是有些内容与现存11篇不合，恐难作为定论。

《乐记》的作者乃是公孙尼子，见于《隋书·音乐志》所引梁沈约奏答，云：

> 《乐记》取《公孙尼子》。

唐张守节《史记正义》也说：

> 其《乐记》者，公孙尼子次撰也。

前人依据《初学记》《意林》等类书所引《公孙尼子》语见于《乐记》，证明《公孙尼子》一书至唐代尚存，而《乐记》确实取自《公孙尼子》②；沈约、张守节之说有据，因为他们都能亲见《公孙

---

① 吴静安：《公孙尼子学说源流考》，《南京教育学院学报》（社会科学版）1985年第1期。

② 王先谦：《汉书补注》三十，中华书局，1983年。

尼子》之书，与《礼记》相对勘。

《公孙尼子》也见于《汉书·艺文志》著录，列于儒家，云28篇。其位置在《魏文侯》《李克》之后，《孟》《荀》之前。《隋志》《唐志》仍有《公孙尼子》，作一卷。清代马国翰《玉函山房辑佚书》有辑本。此外，《汉志》杂家也有《公孙尼》，仅一篇，多疑为同一人所作，但无可考证。《乐记》取自《公孙尼子》，自然是儒家的28篇，不会是杂家的一篇。至于28篇是否《乐记》23篇加其他5篇，由于古书分合常未可定，不便多做推测。

关于公孙尼子，不少论著做过研究，尤其是郭沫若先生1943年写的《公孙尼子与其音乐理论》一文[1]，最为详赡。《汉志》说公孙尼子为"七十子之弟子"，《隋志》则云"似孔子弟子"。我们看《乐记》中有魏文侯，又有文侯乐人窦公，作为孔子再传弟子是合宜的。这和《公孙尼子》一书在《汉志》儒家中排列的位置也适相符合。

东汉王充的《论衡·本性篇》云：

> 周人世硕以为人性有善有恶。举人之善性养而致之，则善长；恶性养而致之，则恶长。如此则情性各有阴阳，善恶在所养焉，故世子作《养性书》一篇。宓子贱、漆雕开、公孙尼子之徒亦论情性，与世子相出入，皆言性有善有恶。

他所提到的宓子、漆雕子都是孔子弟子，世子和公孙尼子一样是

---

[1]《郭沫若全集·历史编》第1卷，第487—505页，人民出版社，1982年。

"七十子之弟子"，其著作都见于《汉志》。他们都早于孟子，《孟子·告子上》记公都子所述三种性论，一种是"有性善，有性不善"，即"性有善有恶"，所说就是这些人。由此也可看出公孙尼子的年代。

战国晚期的著作已有引《乐记》的，最显著的是《荀子》的《乐论篇》。这篇文字，除末尾袭用《礼记·乡饮酒义》，前面大部分是用《乐记》，而插入一些批评墨子的话。例如其下面一段：

> 且乐也者，和之不可变者也；礼也者，理之不可易者也。乐合同，礼别异。礼乐之统，管乎人心矣。穷本极变，乐之情也；著诚去伪，礼之经也。墨子非之，几遇刑也。明王已没，莫之正也。愚者学之，危其身也。君子明乐，乃其德也（俞樾以为是"乃斯听也"之误①）。乱世恶善，不此听也。於乎哀哉，不得成也。弟子勉学，无所营也。

这段话的前半是引用《乐记》的《乐情》：

> 乐也者，情之不可变者也；礼也者，理之不可易者也。乐统同，礼辨异。礼乐之说，管乎人情矣。穷本知变，乐之情也；著诚去伪，礼之经也……

以下本来还有不少话，但《乐论篇》只引到这里，下面转入十六句韵语，以评墨家。由于用韵相联，几乎天衣无缝，如出一手。

---

① 王先谦：《荀子集解》卷十四，第382页，中华书局，1988年。

《吕氏春秋》因为有一些论乐的专篇，引《乐记》更多，如《适音》篇有：

> 故治世之音安以乐，其政平也；乱世之音怨以怒，其政乖也；亡国之音悲以衰，其政险也。凡音乐，通乎政而风乎俗（依《群书治要》改①）者也，俗定而音乐化之矣。

这是引《乐记》的《乐本》：

> 是故治世之音安以乐，其政和；乱世之音怨以怒，其政乖；亡国之音哀以思，其民困。声音之道与政通矣。

两者仅有少数文字有异。又《音初》篇有：

> 盛衰、贤不肖、君子小人皆形于乐，不可隐匿，故曰"乐之为观也深矣"。土弊则草木不长，水烦则鱼鳖不大，世浊则礼烦而乐淫。

是引《乐记》的《乐言》：

> ……使亲疏、贵贱、长幼、男女之理皆形见于乐，故曰"乐观其深矣"。土敝则草木不长，水烦则鱼鳖不大，气衰则生物不遂，世乱则礼废而乐淫。

----

① 陈奇猷：《吕氏春秋校释》卷五，第281页，学林出版社，1984年。

也是有部分文句不同。

以上《荀子》《吕览》都征引《乐记》，足知《乐记》在战国末已成为重要典籍，其作者当然不会晚过战国中期，这正适合于公孙尼子的情况。

公孙尼子的流派

由上文所述，已可知道公孙尼子及其所作《乐记》的年代。公孙尼子和子思一样，是孔门的再传，他在《乐记》里引用《系辞》，说明《系辞》的年代更早。这和上节论证的《系辞》先于子思是彼此合拍的。前面还提到，《乐记》在思想上也本于《系辞》，可见《易》学为公孙尼子所属一派学者所秉承。因此，我们研究先秦《易》学，还有必要探索一下公孙尼子应归儒家的哪一流派。

《韩非子·显学》称，儒家有八派，"有子张之儒，有子思之儒，有颜氏之儒，有孟氏之儒，有漆雕氏之儒，有仲良氏之儒，有孙氏之儒，有乐正氏之儒"。有的学者主张公孙尼子属思、孟一派，例如吴静安先生就曾专门讨论公孙尼子学说与思、孟关系的问题①。

过去早有人提出子思、公孙尼子的作品有关。如《经典释文》引刘瓛云《礼记·缁衣》为公孙尼子所作，《缁衣》本在《子思子》，刘氏疑为公孙尼子作，必是由于《缁衣》的论点与公孙尼子相似。又如《朱子语类》载，朱子叹《乐记》"天高地下"一段"意思极好，非孟子以下所能作，其文如《中庸》，必子思之辞"②，

---

① 吴静安：《公孙尼子学说源流考》，《南京教育学院学报》（社会科学版）1985年第1期。

② 黎靖德编：《朱子语类》卷八十七，第2254页，中华书局，1986年。

也表明公孙尼子和子思一派有接近之处。

西汉的董仲舒《春秋繁露·循天之道》篇引有《公孙之养气》，云：

> 里藏泰实则气不通，泰虚则气不足，热胜则气寒（此下疑少五字），泰劳则气不入，泰佚则气宛至，怒则气高，喜则气散，忧则气狂，惧则气慑。凡此十者，气之害也，而皆生于不中和。

孙诒让据《太平御览》定这段话为《公孙尼子》佚文[1]。文中的要点，是强调"中和"。《乐记》的《乐化》末云：

> 故乐者，天地之命，中和之纪，人情之所不能免也。

也有"中和"的概念。按"中和"也见于子思的《中庸》：

> 喜怒哀乐之未发谓之中，发而皆中节谓之和。中也者，天下之大本也；和也者，天下之达道也。致中和，天地位焉，万物育焉。

足见与公孙尼子思想有共通处。公孙尼子所论"养气"，与孟子的"养气"说也显有关联。从这些迹象看来，公孙尼子与思、孟有一定关系是不可否认的。

---

① 杨树达：《汉书窥管》卷三，第224页，上海古籍出版社，1984年。

公孙尼子可能与韩非所说仲良氏之儒有关。仲良氏之儒，前人或以为不可考，实际上尚有记载可寻。陶潜《圣贤群辅录》云：

> 仲良氏传乐，为移风易俗之儒。

是仲良氏一派儒者以乐的理论为学说中心。陶氏的记述当有所本，有学者怀疑[1]，是没有根据的。

"移风易俗"之说，据《孝经·广要道章》所载，本出于孔子：

> 子曰："教民亲爱，莫善于孝；教民礼顺，莫善于悌；移风易俗，莫善于乐；安上治民，莫善于礼。……"

《孝经》记孔子与曾子问答，当出于曾子后学。《乐记》的《乐施》一篇也有类似说法：

> 乐也者，圣人之所乐也，而可以善民心。其感人深，其移风易俗，故先王著其教焉。

"移风易俗"是儒家乐论的核心观点，因而仲良氏传乐，即为移风易俗之儒。

仲良氏其人，梁启超以为是《孟子》书中的楚人陈良，其说非是。陈奇猷《韩非子集释》以为即仲梁子[2]，是可信的，"良""梁"

---

[1] 顾颉刚：《古今伪书考跋》，《古史辨》第1册上编。

[2] 参看任继愈主编：《中国哲学发展史·先秦》，第276页，人民出版社，1983年。

音同相通，古书例证甚多①，不烦缕述。仲梁子见于《礼记·檀弓上》：

> 曾子曰："尸未设饰，故帷堂，小敛而彻帷。"仲梁子曰："夫妇方乱，故帷堂，小敛而彻帷。"

郑注云：

> 仲梁子，鲁人也。

孔疏加以解释：

> 案《春秋》定五年鲁有仲梁怀，是仲梁鲁人之姓，故知仲梁子鲁人也。

又见于《诗·定之方中》传，诗云"定之方中，作于楚宫"，传云：

> 仲梁子曰："初立楚宫也。"

孔疏引《郑志》载郑玄答张逸问：

> 仲梁子，鲁人，当六国时，在毛公前。

---

① 高亨：《古字通假会典》，第301—302页，齐鲁书社，1989年。

随后解释说：

> 毛公鲁人，而春秋时鲁有仲梁怀为毛所引，故言鲁人，当
> 六国时，盖承师说而然。

按《檀弓》篇所记，曾子、仲梁子都对丧礼设帷堂作过解释，两人未必同时，但说明仲梁子对礼制颇有研究。由《诗传》所引，又知道仲梁子曾经说《诗》。古代礼乐并行，乐与诗相通，所以仲梁子传乐，为移风易俗之儒，是合乎情理的。

仲梁子是鲁人，其《诗》说为毛公所称引，应为《毛诗》的先师。《毛诗》源于子夏，或云子夏传于曾子之子曾申，曾申传于魏人李克，李克传于子思弟子鲁人孟仲子，孟仲子传根牟子，根牟子传赵人荀子，荀子传鲁人毛亨，即大毛公。大毛公作《诂训传》，河间献王得而献之；又以赵人毛苌为博士，即小毛公[①]。是《毛诗》的渊源多在鲁地，且与曾子、子思的后学有过联系。毛亨之学得于作《乐论篇》的荀子，又引仲梁子《诗》说，他与传乐的儒者可说有一定关系。

公孙尼子的《乐记》也直接影响了这个系列的作品。《毛诗》的《大序》中说：

> 诗者，志之所之也。在心为志，发言为诗。情动于中，而
> 形于言。言之不足，故嗟叹之；嗟叹之不足，故永（咏）歌之；
> 永歌之不足，不知手之舞之、足之蹈之也。情发于声，声成文

---

① 吴承仕：《经典释文序录疏证》，第87—88页，中华书局，1984年。

谓之音。治世之音安以乐，其政和；乱世之音怨以怒，其政乖；
亡国之音哀以思，其民困。

这是袭用了《乐记》的《乐本》"凡音者，生人心者也。情动于中，
故形于声，声成文谓之音"直到"其民困"一段。《乐记》的《师
乙》曾详论歌《诗》，足证诗、乐二者实不可分。

《汉书·艺文志》讲乐的传流说：

> 汉兴，制氏以雅乐声律，世在乐官，颇能纪其铿锵鼓舞，
> 而不能言其义。六国之君，魏文侯最为好古，孝文时得其乐人
> 窦公，献其书，乃《周官·大宗伯》之《大司乐》章也。武帝
> 时，河间献王好儒，与毛生等共采《周官》及诸子言乐事者，
> 以作《乐记》，献八佾之舞，与制氏不相远。其内史丞王定传
> 之，以授常山王禹。禹成帝时为谒者，数言其义，献二十四卷
> 《记》。刘向校书，得《乐记》二十三篇，与禹不同，其道浸
> 以益微。

原来，在秦火之后，《乐经》已不流传，乐官制氏只能演奏而不能
讲出理论，公孙尼子的《乐记》也很难见到。河间献王与毛生等所
编《乐记》，只是一种辑录的替代品。毛生当即小毛公苌。这种辑
录的《乐记》，在《汉志》中称为《王禹记》，共24篇。到刘向校
书时，才找到真正的《乐记》23篇，《王禹记》于是渐归亡佚了。

由此我们看到，公孙尼子的乐论受到《易》学的影响浸润，他
的理论又通过诗、乐之学的传流而播布于后世。即使是毛苌等所编
的《乐记》，由于有《毛诗》一系的渊源，也应该有着古《乐记》

的遗风存在。《易传》思想影响的广泛深远，这是一个很好的例子。

第三节 《唐勒》、《小言赋》和《易传》

孔子与《易传》的关系，最早的记载见于《史记·孔子世家》，云："孔子晚而喜《易》，序《彖》《系》《象》《说卦》《文言》。"是以十翼为孔子所作。对此说表示怀疑的，始于北宋欧阳修的《易童子问》，而清人崔述作《洙泗考信录》，专有《辨作〈易传〉之说》一篇，论之尤详。近人论《易传》作者，多援崔氏之说，但也有加以驳正的，如日本泷川资言的《史记会注考证》，其《孔子世家》考证引崔述语，逐条反驳，并历引《战国策·秦策》蔡泽语、宋玉《小言赋》、《荀子·大略篇》、《礼记·乐记》、《韩非子·外储说》、《新语·道基》等篇及《淮南子·缪称训》[1]，证明《易传》流行久远，为各家引用，确是孔门遗书，非后世经师所记。泷川氏宏征博引，论据本来是坚强的，但崔述以来疑古学风大盛，影响至广，泷川氏所引各书大都牵涉在内，我们必须逐次审核评骘，才能判断其作为论据的有效性。其中，宋玉的《小言赋》与《易传》有关，前人很少论及，恰好山东临沂银雀山竹简《唐勒》与《小言赋》有密切关系，释文近已发表，有学者做了很好的研究，这为探讨《小言赋》以及《易传》问题提供了前所未有的条件。

临沂银雀山竹简，是1972年发现的。这里要讲的《唐勒》简，出自银雀山1号墓。墓的年代很清楚，是汉武帝的初年，这是竹简

---

① 泷川资言考证、水泽利忠校补：《史记会注考证附校补》卷四十七，第1161页，上海古籍出版社，1986年。

抄成年代的下限。

最早论及《唐勒》简的，是已故的罗福颐先生。罗先生与顾铁符先生一起，最先着手整理银雀山竹简。他在1975年写成的《偻翁一得录》文中，对《唐勒》简作有扼要介绍。当时已分出的《唐勒》简共有9号，他指出："'唐勒'简题作'唐革'。考《经典释文》注《毛诗》'如鸟斯革'说《韩诗》作'勒'，可证革、勒古通。"唐勒与宋玉同时。《汉书·艺文志》载有《唐勒赋》4篇、《宋玉赋》16篇，《宋玉赋》今存尚多，而唐勒作品仅《水经注·汝水》所引《奏士论》24字。罗先生还指出，《淮南子·览冥训》有一段文字和《唐勒》相似，应即本诸《唐勒》。这些都是十分重要的。后来，罗福颐先生又写了《临沂汉简所见古籍概略》[1]，所论大致相同。这时找出的《唐勒》简已增至10号。

1980年，香港饶宗颐先生根据《偻翁一得录》的材料，著有《唐勒及其佚文》专文[2]。这篇论作对唐勒的事迹进行了详尽的钩稽，以简文同《淮南子》对照也更详细。文中特别引及唐代余知古的《渚宫旧事》，与宋代章樵所编《古文苑》收录的宋玉《大言赋》《小言赋》相对勘。饶先生此文包含着许多富于启示的论点。

那时，银雀山汉墓竹简整理小组的工作有了新的进展。1985年，吴九龙出版《银雀山汉简释文》[3]，《唐勒》列为"其他之类"的第一种。由《释文》统计，《唐勒》简有26号。这就使《唐勒》的研究得有更好的基础。

前此时，承谭家健先生以新作《〈唐勒〉赋残篇考释及其他》

① 罗福颐两文，俱见《古文字研究》第11辑，中华书局，1985年。

② 饶宗颐：《唐勒及其佚文》，日本《中国文学论集》第9号，1980年。

③ 吴九龙：《银雀山汉简释文》，文物出版社，1985年。

文稿见示。这篇文章不仅对《唐勒》简作了排比论列，而且从文学史角度深入地分析研究。尤其重要的是，根据《唐勒》，对传世的十几篇宋玉的赋重新考察，力反疑为伪作的成说，殊为有见。谭家健同志这篇论文不久即可发表，这里就不详细介绍了。

《史记·屈原贾生列传》："屈原既死之后，楚有宋玉、唐勒、景差之徒者，皆好辞而以赋见称。"《汉书·艺文志》的《诗赋略》正在《屈原赋》25篇之后列举《唐勒赋》4篇，注云："楚人。"《宋玉赋》16篇，注云："楚人，与唐勒并时，在屈原后也。"与《史记》的记载相一致。《唐勒赋》久已佚亡。宋玉的作品，《隋志》尚有《宋玉集》三卷。清代严可均《全上古三代文》卷十谈到《宋玉赋》，云："今存者《风赋》《大言赋》《小言赋》《讽赋》《高唐赋》《神女赋》《登徒子好色赋》《钓赋》《笛赋》《九辨》《招魂》，凡十一篇，《对楚王问》《高唐对》不在此数。"今人对这些作品多有注释，受到重视。

银雀山竹简《唐勒》，原有"唐革（勒）"二字篇题，因而很容易想到是《唐勒赋》。篇中也确实有唐勒所说的话。不过，仔细考察，我认为这并不是《唐勒赋》，而是《宋玉赋》的佚篇。

首先应说明，由近年多次发现的竹木简书籍来看，古代书籍每每没有标题，只有那些广泛诵读的书，才有比较固定的标题。例如江陵张家山竹简有一种书，原有标题"脉书"，马王堆帛书也有类似内容，却没有标题。这"脉书"标题，和同出其他书籍的标题一样，很可能是藏书者加写的。可以和《唐勒》比较的，有张家山竹简的《盖庐》。"盖庐"二字，也是简上标题。盖庐就是吴王阖庐，或作阖闾。从这个标题推想，书的内容应是阖庐的话、阖庐的思想。然而并不如此，"篇中阖庐只是提问，主要内容都是申胥（即伍子胥）的话，因此实际上是记述申胥的军事思想"①。原来古书常取书的开首词语用为标题，给竹简加标题的人见篇首"盖庐"字样，就标上"盖庐"，是很自然的。《唐勒》也是这样，篇中首句为"唐勒与宋玉言御襄王前"，因此被题为"唐勒"，不能由此推论它一定是《唐勒赋》。

谭家健先生已指出，《唐勒》的体裁最近似宋玉的《大言赋》《小言赋》。《大言赋》开头说："楚襄王与唐勒、景差、宋玉游于阳云之台，王曰：'能为寡人大言者上座。'"然后发言的次序是楚襄王、唐勒、景差和宋玉，和首句的排列相同。宋玉是赋的作者，他在赋中最后发言，终于获赏。《小言赋》开端云："楚襄王既登阳云之台，令诸大夫景差、唐勒、宋玉等并造《大言赋》，赋毕而宋玉受赏。"与《大言赋》呼应，可是诸人的次序改变了。这是因为下文造《小言赋》的发言，是以景差、唐勒、宋玉为第。赋的作者宋玉还是最后发言，终于得赐。《唐勒》的首句是"唐勒与宋玉言御襄王前，唐勒先称曰：……"，言御者只有唐勒、宋玉二人，而唐勒先称，即先发言，那么后发言的必然是宋玉。按照《大言赋》《小言赋》的体例，赋的作者应当就是宋玉。

《大言赋》《小言赋》的体裁的特点，是不同人物所言互相对比，而居后者胜。《唐勒》简虽然已经残断，只要与《淮南子·览冥训》对比，就可以看出篇内有同样的结构。

下面先列出《览冥训》有关的文字：

> 昔者王良、造父之御也，上车摄辔，马为整齐而敛谐，投

---

① 张家山汉墓竹简整理小组：《江陵张家山汉简概述》，《文物》1985年第1期。

足调均，劳逸若一，心怡气和，体便轻毕。安劳乐进，驰骛若灭，左右若鞭，周旋若环。世皆以为巧，然未见其贵者也。若夫钳且、大丙之御，除辔衔，去鞭弃策，车莫动而自举，马莫使而自走也。日行月动，星耀而玄运，电奔而鬼腾。进退屈伸，不见朕垠，故不招指，不叱吒，过归雁于碣石，轶鹣鸡于姑余。骋若飞，骛若绝。纵矢蹑风，追猋归忽，朝发榑桑，入日（据王念孙校）落棠，此假弗用而能以成其用者也。非虑思之察，手爪之巧也，嗜欲形于胸中，而精神逾于六马，此以弗御御之者也。

然后我们再把有关简文排列起来，文末括弧中是原简编号，文字尽量用今字代替：

唐勒与宋玉言御襄王前，唐勒先称曰：人谓就（造）父登车揽辔，马协敛整齐，调均不挚，步趋……（0184）

马心愈也而安劳，轻车乐进，骋若飞龙，免（骛）若归风，反趋逆趋，夜走夕日，而入日……（0190）

去衔辔，彻……（3656）

……笪靲，马……（4283）

……自驾，车莫……（4741）①

月行而日动，星耀而玄运，子神贲而鬼走。进退屈伸，莫见其填埃，均……（0204）

……胸中，精神谕六马。不叱吒，不挠（招）指，步

---

① 以上3656、4283、4741三简从释文看似可连缀，待核实。

趋……（0493）

袭□，缓急若意，□若飞，免（鹜）若绝，反趋逆［趋］，夜起夕日，而入日蒙汜，此……（0403）

简文和《览冥训》之间的关系是显而易见的。

细读《览冥训》该段文字，不难看出，文中把御划分为两种境界，以王良、造父之御为下，钳且、大丙之御为上。依此，我们可以分别《唐勒》简文，讲造父之御的，是唐勒所说；相当于钳且、大丙之御的，是宋玉所说。上面我们还没有引到的简文，还有：

……御有三，而王梁（良）、就（造）［父］……（3588）

应为宋玉所说的开头，意思是御有几种境界，王良、造父为下，所以上引各简，从3656号以下都属于宋玉的话。这种结构，刚好和《大言赋》《小言赋》相合。

《淮南子·览冥训》是因袭《唐勒》的，谭家健文已有论证。这样，《淮南子》就可以作为推定《唐勒》以及体裁相同的《大言赋》《小言赋》时代的标尺。按《淮南子》内篇是淮南王安在汉武帝建元元年（前140）上献的，其编纂在文景时，上距惠帝四年（前191）除《挟书律》，不过30年上下。由此足见，不管是《唐勒》还是《大言赋》、《小言赋》，都当是先秦的作品，成于宋玉本人之手是完全可能的，时代应为战国晚期。

附带说一下，按照宋玉传世各赋的标题，《唐勒》最好称为《御赋》。然而既然简上原有标题，恐怕仍以不加改动为是。

证明《小言赋》确为战国晚年的作品，对推断《易传》年代及其传流是很有意义的。

《小言赋》中楚襄王有这样一段话：

> 一阴一阳，道之所贵；小往大来，《剥》《复》之类也。是
> 故卑高相配而天地位，三光并照则大小备。

宋玉这段文字是铺陈楚王的话，是他本人服侍的君主，其言不能
无据。

"一阴一阳，道之所贵"两句，显然本自《系辞上》："一阴一
阳之谓道，继之者善也，成之者性也。仁者见之谓之仁，知（智）
者见之谓之知（智），百姓日用而不知，故君子之道鲜矣。"按照
这个说法，善与性均自一阴一阳之道而来，故云一阴一阳乃道之
所贵。

"小往大来"，是《泰》卦的卦辞。《彖传》云："泰，小往大
来，吉亨，则是天地交而万物通也，上下交而其志同也。"《泰》卦
天在下而地在上，是天地、上下交通之象，故《序卦》也说："泰
者，通也。"与之相反的《否》卦，卦辞则称"大往小来"。《序卦》
又云："剥者，剥也。物不可以终尽，《剥》穷上反下，故受之以
《复》。"《剥》卦的穷上反下，转变为《复》卦，也可说是小往大
来，所以说"小往大来"是《剥》《复》之类。

"卑高相配而天地位"一句，本于《系辞上》"天尊地卑，乾
坤定矣；卑高以陈，贵贱位矣"，也有取于《说卦》的"天地
定位"。

因此，《小言赋》这几句话全本《易传》，作者肯定是熟读
《易传》的。（至于"三光"一词，见于《庄子·说剑》，亦为战国

时所有。)《易传》在宋玉的时期应当已经在楚地流行了。

从文献所述来看,孔门《易》学在很早的时候即传入楚国。《史记·仲尼弟子列传》载,孔子传《易》于商瞿,商瞿传于楚人馯臂子弓。子弓或云子夏门人,总之为七十子弟子,当在战国中期。楚国有《易》学的流传,正与此说相合。战国后期不仅是宋玉,久居楚地的荀卿也多讲述《易》学,且以子弓为圣人、大儒。马王堆帛书《易传》出土于楚地,其中传《易》的缪和、昭力,从姓氏考察都是楚人,详见本章下节。这应该说是先秦以至汉初学术传流中的一个重要环节。

《易传》的成书,以有《唐勒》简印证的《小言赋》来看,不会晚于战国中期,也就是要比楚襄王、宋玉早一个时期。这和我们从其他角度推求的结果是互相符合的。

第四节　荀子一系《易》学

1973年12月,在长沙马王堆3号汉墓中出土一批帛书,业已著称于国内外学术界。这座墓下葬于汉文帝前元十二年（前168）,所以帛书的年代下限是文帝初。帛书内有《周易》经传,审其字体及与其他帛书的关系,可定为文帝初写本,内容同当前通行之本有较大差异。这对《周易》的研究,无疑是极其重要的发现。

帛书《周易》的经文部分,经过马王堆帛书整理小组整理,释文已于1984年发表[①]。传的部分迄今尚未刊布,但通过一些学者所

---

① 马王堆汉墓帛书整理小组：《马王堆帛书〈六十四卦〉释文》,《文物》1984年第3期。

作介绍①，也可窥其涯略。据称，帛书《易传》计有5种7篇，其中和通行本《易传》最接近的是《系辞》（原无标题）两篇，其内容包含了今传本《系辞》上下篇绝大部分及《说卦》的一部分；另外还有《二三子问》（原无标题）两篇，《要》《缪和》《昭力》各一篇。

帛书《易传》有许多不见于今传本的内涵，然而和今传《易传》一样，富有哲学思辨的色彩。帛书的经文公布后，已引起海内外不少学者的兴趣，陆续撰写有论文和专著。有些关键问题，还有人提出争论②。不难逆料，帛书《易传》一旦公之于世，会在学术界得到相当强烈的反响，很可能甚于经文。

帛书《周易》经传具有相当鲜明的特色，显然属于《易》学的一个特殊流派。看其传文所记人物，既有孔子与其弟子，也有传《易》的"先生"。问学于"先生"的人很多，最重要的是其名被用为篇题的缪和、昭力两人。缪（穆）和昭都是楚人之氏，昭是著名的楚三族屈、昭、景之一，穆则曾见于战国时楚金文。结合帛书发现于长沙来看，这一《易》学流派是孔门《易》学在楚地的支派，似可以定论。

《易》学曾传于楚人，在古书中有明白记载。依照《史记·仲尼弟子列传》，传《易》的统系是：孔子—商瞿（字子木，鲁人）—馯臂（字子弘，楚人）—矫疵（字子庸，江东人）—周竖（字子家，燕人）—光羽（字子乘，淳于人）—田何（字子庄，齐人）。大家

---

① 于豪亮：《帛书〈周易〉》，《文物》1984年第3期。韩仲民：《帛书〈系辞〉浅说》，《孔子研究》1988年第4期。

② 严灵峰：《马王堆帛书易经"六十四卦"的重卦和卦序问题》，《东方杂志》复刊第18卷，第8、9期。

知道，《汉书·儒林传》所记略有不同：孔子—商瞿—桥庇（字子庸，鲁人）—馯臂（字子弓，江东人）—周醜（字子家，燕人）—孙虞（字子乘，东武人）—田何（字子装，齐人）。

前人已指出《汉书》误以"子庸、子弓二名互易，幸留'江东'二字在中间不误"[1]。因此，可以确定馯臂子弓是楚人，《易》学的入楚，他当为一关键人物。子弓为荀子所称道，荀子精于《易》学，晚年又久居于楚，应对楚地《易》学有所影响。荀子一系《易》学传流于晚周以至汉初，现在还有不少文献足资稽考，可惜很少学者予以注意。

荀子《易》学的来源

西汉晚年，刘向校理《荀子》一书，所撰叙录对荀子的生平学术作了概括，文中说：

> 方齐宣王、威王之时，聚天下贤士于稷下，尊宠之，若邹衍、田骈、淳于髡之属甚众，号曰列大夫，皆世所称，咸作书刺世。是时，孙卿有秀才，年十五（依卢文弨说改[2]）始来游学，诸子之事皆以为非先王之法也。孙卿善为《诗》《礼》《易》《春秋》。至齐襄王时，孙卿最为老师。齐尚修列大夫之缺，而孙卿三为祭酒焉。齐人或谗孙卿，孙卿乃适楚，楚相春申君以为兰陵令。

---

[1] 胡元仪：《荀卿别传考异二十二事》，《荀子集解》，考证下，第47—48页，中华书局，1988年。

[2] 王先谦：《荀子集解》卷二十，第557页，中华书局，1988年。

荀子适楚，也有学者根据《盐铁论》的《论儒》，以为是在齐湣王末年①。不管怎样，荀子在齐襄王即位（前283）以前，已以善《易》著称。

荀子的《易》学，前人多以为得自馯臂子弓。上文已经说过，馯臂之字，《史记·仲尼弟子列传》作子弘。司马贞《史记索隐》已说明："按《儒林传》、《荀卿子》及《汉书》皆云馯臂字子弓，今此独作'弘'，盖误耳。"胡元仪又据韩愈引《史记》作子弓，证明今本作"弘"确是误字②。《荀子》书中好几个地方以孔子、子弓并称，如：

《非相篇》：

> 仲尼长，子弓短。

《非十二子篇》：

> 无置锥之地，而王公不能与之争名；在一大夫之位，则一君不能独畜，一国不能独容；成名况乎诸侯，莫不愿以为臣，是圣人之不得势者也，仲尼、子弓是也。

《儒效篇》：

> 其穷也俗儒笑之，其通也英杰化之，嵬琐逃之，邪说畏

---

① 钱穆：《先秦诸子系年》卷四，一三六，中华书局，1985年。
② 胡元仪：《荀卿别传考异二十二事》，《荀子集解》，考证下，第47页，中华书局，1988年。

之，众人愧之；通则一天下，穷则独立贵名，天不能死，地
不能埋，桀、跖之世不能污，非大儒莫之能立，仲尼、子弓
是也。

这位被荀子尊为圣人、大儒的子弓，应该就是馯臂。

《荀子》中的子弓即馯臂子弓，本系古说，唐代《史记索隐》
《史记正义》都用此说，韩愈也这么讲。不同意此说的，前有王弼，
后有杨倞。《论语》释文引王弼注："朱张字子弓，荀卿以比孔子。"
朱张见《论语·微子》，是古贤人，王弼说他字子弓，不知何据，
仅从时代来看，岂能排在孔子之后？王弼的说法不合情理，已有
前人驳正[1]。杨倞注解《荀子》，以子弓为孔子弟子冉雍（字仲弓），
说："子弓盖仲弓也。言'子'者，著其为师也。……馯臂传《易》
之外更无所闻，荀卿论说常与仲尼相配，必非馯臂也。"但仲弓不
等于子弓，"著其为师"一说亦不可通。晚清俞樾弥缝杨说，提
出："仲弓称子弓，犹季路称子路耳。"[2]这个说法，郭沫若先生批
驳过[3]，无须烦引。

馯臂子弓的年代不易考定。依《史记》之说，他是孔子的再
传弟子。据东汉应劭说，他不仅传《易》于商瞿，还是子夏的门
人[4]。传说孔子读《易》，至《损》《益》二卦，喟然而叹，子夏曾

---

① 程树德：《论语集释》卷三十七，第1282—1283页，中华书局，1990年。

② 王先谦：《荀子集解》卷三，第73页，中华书局，1988年。

③ 郭沫若：《儒家八派的批判》，《郭沫若全集·历史编》第2卷，人民出版社，
1982年。

④《史记·仲尼弟子列传》索隐、正义。

避席而问①。此说果确，子弓的《易》学或亦有得于子夏。从时代看，荀子不及见子弓，但子弓必是荀子的先师，否则荀子不会这样尊崇他，在这一点上杨倞是对的。胡元仪《荀卿别传》一定要讲荀子"从馯臂子弓受《易》"，未免失之过泥。我们只要知道荀子《易》学源于子弓，也就够了。

荀子的《易》学

荀子善为《易》，在《荀子》中有多方面的表现。

一种表现，是书中直接引用《周易》的经文。例如《非相篇》说：

> 鄙夫反是，好其实，不恤其文，是以终身不免埤（卑）污傭（庸）俗，故《易》曰"括囊，无咎无誉"，腐儒之谓也。

这种对腐儒的直率讥评，明显出于荀子亲笔，所引乃《坤》六四爻辞。按征引《周易》经文来讲说道理，孔子已经做过，如《论语·子路》中一段话引《恒》九三爻辞。子思所撰《礼记》之《表记》《坊记》《缁衣》等篇，也有类似例子②。荀子的做法，正是孔门的传统。

又如《大略篇》：

> 《易》曰："复自道，何其咎？"《春秋》贤穆公，以为能

---

① 见《孔子家语·六本》《说苑·敬慎》。

② 高亨：《周易大传今注》，附录一《先秦诸子之〈周易〉说》，齐鲁书社，1979年。

变也。

所引为《小畜》初九爻辞。《大略篇》如杨倞注所说，"盖弟子杂录荀卿之语"，《韩诗外传》卷四、八、十曾屡次征引。这里所说的《春秋》，系《公羊传》文公十二年："秦伯使遂来聘。遂者何？秦大夫也。秦无大夫，此何以书？贤缪（穆）公也。何贤乎缪公？以为能变也。"①《公羊》《穀梁》先师多相通，荀子系《穀梁》先师，故能兼通《公羊》义。由此可知，这段话也应出自荀子。

第二种表现，是引用《易传》。例子见于《大略篇》：

> 《易》之《咸》见夫妇。夫妇之道不可不正也，君臣、父子之本也。咸，感也，以高下下，以男下女，柔上而刚下。

这几句话，实际上援用了《易传》中的《彖传》《说卦》《序卦》三篇。《咸》卦艮下兑上，《说卦》云："艮三索而得男，故谓之少男。兑三索而得女，故谓之少女。"所以说"《咸》见夫妇"。《序卦》讲《咸》卦说："有天地然后有万物，有万物然后有男女，有男女然后有夫妇，有夫妇然后有父子，有父子然后有君臣。"下面又说："夫妇之道不可以不久也，故受之以《恒》。"所以讲"夫妇之道不可不正也，君臣、父子之本也"。至于"咸，感也"，"男下女"，"柔上而刚下"云云，均乃《咸》卦《彖传》的原文。传中此段，与《恒》卦《彖传》"恒，久也，刚上而柔下，……"是相

---

① 高亨：《周易大传今注》，附录一《先秦诸子之〈周易〉说》，第668页，齐鲁书社，1979年。

对的，因此只能是荀子摘引《象传》，而不能是相反的情况。

还有一种表现，是思想同《易传》的一致。以《天论》一篇为例，郭沫若先生曾指出其观点与《系辞》相通①。《天论》的"列星随旋，日月递照，四时代御，阴阳大化，风雨博施"一节，是全篇之精髓，恰和《易传》有共同之处。这个问题，下面还要讨论。

《荀子》的《乐论篇》，有一部分采自《礼记·乐记》。前文已谈到，《乐记》据沈约所说，出于公孙尼子之手，公孙尼子是七十子弟子，在荀子之前。值得注意的是，《乐记》"天尊地卑"一节袭自《系辞上》②。荀子采撷《乐记》，与其《易》学或许也有某种关系。

荀子晚年长住楚地兰陵（今山东苍山西南），著书数万言。他在诸子中享寿最长，由《荀子》本书看，确活到秦统一时期。《盐铁论·毁学》篇说李斯相秦，荀子为之不食，并不是不可能的。流风所及，兰陵多善为学。清汪中著《荀卿子通论》，甚至认为六艺之传不绝，端赖荀子。荀子《易》学在楚地有较大影响，是可以想见的。

陆贾的《易》学

汉初与荀子有密切渊源的学者，有陆贾。据《史记》本传，陆贾是楚人，从汉高祖平定天下，居左右。高祖十一年（前196），受命立南越王，归报，拜太中大夫。传中接着说，陆贾时时在高

---

① 郭沫若：《〈周易〉之制作时代》，《郭沫若全集·历史编》第1卷《青铜时代》，人民出版社，1982年。

② 高亨：《周易大传通说》，《周易大传今注》卷首，第8页，齐鲁书社，1979年。

祖前说称《诗》《书》，为高祖所骂，因以智伯及秦灭亡史事进谏，高祖有惭色，"乃谓陆生曰：'试为我著秦所以失天下，吾所以得之者何，及古成败之国。'陆生乃粗述存亡之征，凡著十二篇。每奏一篇，高帝未尝不称善，左右呼万岁，号其书曰《新语》"。惠帝时，陆贾因吕后用事，病免家居，在诛诸吕立文帝过程中起有作用，文帝初又任太中大夫，使南越。他的活动，是在秦末直至文帝初年。

《新语》的著作，在高祖十一年之后，或以为即在当年[①]，也失之过泥。司马迁读过12篇《新语》，到《汉书·艺文志》则将之包括在儒家《陆贾》23篇之中。《新语》一书传流有自，至今尚存。宋黄震《黄氏日抄》曾有怀疑，说"似非贾之本真"，《四库全书总目提要》竟斥以为伪，余嘉锡先生《四库提要辨证》已经做了详尽的驳正，最近，又有学者作有详细考证[②]。

陆贾之学来自荀子弟子齐人浮丘伯。《新语·资质》篇云：

> 鲍丘之德行非不高于李斯、赵高也，然伏隐于蒿庐之下而不录于世，利口之臣害之也。

如前人论定，这位鲍丘就是浮丘伯。据《史》《汉》及《盐铁论》《荀子》叙录所载，浮丘伯和李斯俱事荀子，后李斯为相，浮丘伯则"饭麻蓬藜，修道白屋之下"（《盐铁论·毁学》）。汉初，浮丘伯以《诗》与《穀梁传》授弟子，及门有楚元王刘交及鲁穆生、白

---

① 刘汝霖：《汉晋学术编年》卷一，中华书局，1987年。
② 辜美高：《陆贾新语序论》，新加坡新社，1990年。

生、申公（名培）等人。余嘉锡先生考证，陆贾与浮丘伯同时共游，汉高祖过鲁，申公从师浮丘伯入见，陆贾时在左右；吕后时浮丘伯在长安，刘交遣子郢客与申公俱往卒业，陆贾亦在当地，"贾著《新语》，在申公卒业之前，浮丘尚未甚老，贾之年辈当亦与相上下，而贾极口称之，形于奏进之篇，其意盖欲以此当荐书，则其学出于浮丘伯，尤有明征"。《新语》书中多引《穀梁传》，其《诗》义也被指为浮丘伯一系的鲁《诗》说，陆贾与浮丘伯应早有交往。

其实，以陆贾的年辈论，他及见荀子本人，亦属可能。戴彦升为《新语》作序，便说："荀卿晚废居楚，陆生楚人，故闻《穀梁》义欤？"[1]不过，当时荀子老耄，陆贾之学恐仍主要来自浮丘伯。

过去论陆贾学术，多仅着眼于《穀梁》义，实则《新语》好多基本观点都来自荀子。近年王利器先生著《新语校注》，举《术事》《明诫》等篇之例，以证"陆贾之学，盖出于荀子"[2]，其说甚是。应该指出，陆贾不仅传荀子一系的《穀梁》学，而且也传其《易》学，这在《新语》书中多有体现。下面试以《道基》《明诫》两篇为例，加以说明。

《道基》篇居《新语》之首。前人已说明，陆贾谏高祖所言智伯极武而亡，秦任刑法而灭，正与此篇所论智伯、二世等事相合，可见必为陆贾自撰。此篇开头便说：

> 传曰：天生万物，以地养之，圣人成之。功德参合，而道术生焉。

---

[1] 王利器：《新语校注》，附录三《戴彦升陆子新语序》，第218页，中华书局，1986年。

[2] 王利器：《新语校注》，前言，中华书局，1986年。

《校注》云《荀子·富国篇》即引古语"天地生之，圣人成之"，"参合"之说亦类于《荀子·天论篇》。《道基》篇说：

> 张日月，列星辰，序四时，调阴阳。布气治性，次置五行。春生夏长，秋收冬藏。阳生雷电，阴成霜雪，养育群生，一茂一亡，润之以风雨，曝之以日光……

其思想和文字结构，都有似《天论篇》，而"润之以风雨"一句则引自《系辞上》。

《道基》篇："故知天者仰观天文，知地者俯察地理。"此系袭自《系辞上》："仰以观于天文，俯以察于地理。"其后，篇中"于是先圣乃仰观天文"云云一大段，乃是隐括《系辞下》"古者包牺氏之王天下也"与"《易》之兴也，其于中古乎"二章，并加引申发挥①。

此篇还有一个特殊论点，即以仁义说群经，如：

> 《鹿鸣》以仁求其群，《关雎》以义鸣其雄，《春秋》以仁义贬绝，《诗》以仁义存亡，乾坤以仁和合，八卦以义相承，《书》以仁叙九族，君臣以义制忠，乐以仁尽节，礼以义升降（据俞樾说改）。

其中论《易》的两句，疑均本于《易传》。陆贾同篇云"百姓以德附，骨肉以仁亲"，仁指互相亲附的关系，而《系辞下》说"乾阳

---

① 王利器：《新语校注》卷上，中华书局，1986年。

物也，坤阴物也，阴阳合德而刚柔有体"，故言"乾坤以仁和合"；他又说"夫妇以义合，朋友以义信，君臣以义序，百官以义承"，义指彼此对当的关系，而《说卦》"天地定位"章讲"八卦相错"，故言"八卦以义相承"。

《明诚》篇说：

> 尧舜不易日月而兴，桀纣不易星辰而亡，天道不改而人道易也。

这一思想贯串全篇，近人唐晏已揭出其本于荀子的《天论篇》[①]。又说：

> 《易》曰："天垂象，见吉凶，圣人则之。"天出善道，圣人得之。

所引见《系辞上》，唯"则"今传本作"象"，略有不同。同篇下面还有：

> 观天之化，推演万事之类，散之于□□之间，调之以寒暑之节，养之以四时之气，同之以风雨之化。

《易传》和《荀子》的气息何等浓郁，这既证明陆贾得荀子一系《易》学，又作为旁证，说明荀子《天论篇》的思想确同《易传》

---

① 王利器：《新语校注》卷下，第154页，中华书局，1986年。

有密切的关系。

陆贾三圣之说

《新语·道基》篇有先圣、中圣、后圣之说，涉及孔子与《周易》的关系，应在此作一论述。

《道基》篇云：

> 于是先圣乃仰观天文，俯察地理，图画乾坤，以定人道。民始开悟，知有父子之亲、君臣之义、夫妇之别、长幼之序，于是百官立，王道乃生。

这段话本于《系辞下》：

> 古者包牺氏之王天下也，仰则观象于天，俯则观法于地，近取诸身，远取诸物，于是始作八卦，以通神明之德，以类万物之情。

而有所扩充，所谓"图画乾坤"就是作八卦，由此可以确定陆贾所说的"先圣"就是伏羲。

《道基》篇随后历数神农、黄帝、后稷、禹、奚仲、皋陶的功绩，和《系辞下》所述神农、黄帝、尧、舜事迹的思路，大体是一致的。只是《系辞》专从取象于卦立论，陆贾的议论则较广泛。

《道基》篇中说：

> 民知畏法而无礼义，于是中圣乃设辟雍庠序之教，以正上

下之仪，明父子之礼、君臣之义，使强不凌弱，众不暴寡，弃贪鄙之心，兴清洁之行。

"中圣"之说，本于《系辞下》的"《易》之兴也，其于中古乎？""《易》之兴也，其当殷之末世、周之盛德邪？当文王与纣之事邪？""中圣"即周文王。

《道基》篇又说：

> 礼义不行，纲纪不立，后世衰废，于是后圣乃定五经，明六艺，承天统地，穷事察微，原情立本，以绪人伦，宗诸天地，纂修篇章，垂诸来世，被诸鸟兽，以匡衰乱；天人合策，原道悉备；智者达其心，百工穷其巧，乃调之以管弦丝竹之音，设钟鼓歌舞之乐，以节奢侈，正风俗，通文雅。

这里讲的"后圣"，自然是指孔子。

吟味篇文，"定五经，明六艺"以下，似分有所指。"承天统地，穷事察微"等语指《易》，"宗诸天地，纂修篇章"等语指《诗》《书》，"天人合策"等语指《春秋》，最后几句则指《礼》《乐》。无论如何，陆贾所述孔子定五经，是包括《周易》在内的。

如《校注》所言，陆贾三圣之说为《汉书·艺文志》"人更三圣"一语所本。陆生扩充《系辞》之说，用来讲历史，班氏又借以说《易》。《志》文云：伏羲始作八卦，文王重《易》六爻，作上下篇，而"孔氏为之《彖》《象》《系辞》《文言》《序卦》之属十篇，故曰《易》道深矣，人更三圣，世历三古"。除三圣之说来自《新语》外，关于文王、孔子的说法亦见《淮南子》和《史记》。

《道基》篇没有明讲文王和《周易》的关系，但这在《系辞》里是说了的。陆贾所说的孔子定《易》，当然不是孔子仅仅读过《周易》，否则就不能用一"定"字，也无法与其他几经相比了。考虑到《新语》成书之早，孔子定《易》之说应上溯到先秦。这和长沙马王堆帛书《要》篇孔子、子贡间的对话，恰相一致。实际上，孔子作《易传》乃是先秦以来的通说。

穆生的《易学》

在陆贾以外，还要提到浮丘伯的门人穆生。《汉书·楚元王传》载，元王系高祖异母少弟，少时与鲁穆生、白生、申公一起受《诗》于浮丘伯，"及秦焚书，各别去"。高祖六年（前201），他受封于楚，都彭城（今江苏徐州），以穆生、白生、申公为中大夫。吕后时，元王遣子郢客与申公赴长安，从浮丘伯卒业。文帝前元二年（前178），元王死，子夷王郢客继位，仅四年而卒，子戊嗣立。元王在世时，敬礼申公等人，因穆生不嗜酒，每次置酒都专为他设醴（甜酒）。到了王戊即位以后，忘掉了这件事，穆生称疾，对申公、白生说：

> 《易》称"知几其神乎！""几者，动之微，吉凶之先见者也。君子见几而作，不俟终日。"

于是谢病而去。不久，申公、白生果然罹祸。

穆生是荀子再传，他有闻于荀子一系《易》学，是自然的。他所引《易》，语见今传本《系辞下》，但"吉凶之先见者也"句多一"凶"字（《周易正义》说诸本或有"凶"字）。值得注意的是，穆生说这段话的时间和帛书《周易》几乎同时，而帛书中的这几句不在其《系辞》，却在《要》篇之中①。究竟是那时已有该章在《系辞》内的本子，还是《要》篇也被尊称为《易》，很需要研究。

《史记·儒林传》提到申公弟子为博士者十余人，中有"兰陵缪生至长沙内史"，司马贞《索隐》说："缪氏出兰陵，一音穆，所谓穆生为楚元王所礼也。"这样说来，兰陵缪生就是楚元王设醴的穆生，他去楚后又任长沙国的内史。从年辈推算，这不是不可能的事，不过《史记》明言兰陵缪生乃申公弟子，与孔安国等平列，故《史记会注考证》引日本中井绩德说他"或是穆生之子"。

《索隐》之说虽然不对，但所云缪（穆）氏出兰陵当有所据。浮丘伯的弟子穆生，可能其家原出兰陵，后居于鲁。如果真是这样，穆生也可说是楚人。这使我们想到帛书中的缪和，从缪氏族望看，他应为楚兰陵人。他与久居兰陵的荀子以及后来的穆生有无关系？是饶有兴味的问题。

结语

由本节所述，我们可以知道以下几点：

荀子一系《易》学，在晚周以至汉初颇有影响。荀子是这个时期儒家最重要的代表人物，他在《易》学方面亦多成就，《易》学是他整个思想体系中的一种十分重要的因素。研究这个时期的《易》学，不可忽略遗说最多的荀子一系。

荀子等人的《易》学，上承孔子以来的传统，重在义理而不在占筮。荀子自言"善为《易》者不占"（《大略篇》），即表明这种

① 韩仲民：《帛书〈系辞〉浅说》，《孔子研究》1988年第4期。

态度。《汉书·艺文志》六艺有《易》，数术蓍龟家又有《易》，同途殊归，其区别实始于先秦。

《汉志·六艺略》著录《易经》12篇，是经文十翼均列为经。看本节所论学者常把《易传》尊称为《易》，可知这种做法起源甚早。其所以如此，是由于在他们心中，《易传》实出于孔子。所谓孔子定五经，也包括作《易传》。

汉初学者所引《易传》，已有《说卦》《序卦》在内。荀子援引《说卦》等，可以说是见于秦火之前，汉初各家引用，就不能这样讲了。今传本《说卦》《序卦》《杂卦》，乃宣帝时河内女子发老屋所得，田何一系学者不传此三篇，但不等于说《说卦》等当时已经亡佚，或许在文、景以后，已无完本，到宣帝时才再发现。

此外，《史记·春申君列传》有春申君说秦昭王语，曾引《未济》卦辞。春申君黄歇和荀子也有关系。但此语本于《战国策·秦策四》，策文当分为两段，引《易》一段恐不属春申君[①]。《史记》以及《新序》袭用《策》文，均有误解，故本节未予讨论。

补记：关于《系辞》的成篇，详见本书第五章第四至七节；关于汉代《说卦》的流传，则见本章第七节。

第五节　韩婴《易》学探微

《汉书·艺文志》所载西汉人所撰《易》传，多属田何一系，而其间与田何师弟无关的，则有《韩氏》一种。志文云：

---

① 诸祖耿：《战国策集注汇考》卷六，江苏古籍出版社，1985年。

《韩氏》二篇。

自注："名婴。"按《艺文志》这一部分的书名，均与上"《易》传《周氏》二篇……"相连，所以《韩氏》实即《韩氏易传》。韩婴其人是大家都熟悉的，其生平著作可考，确不属田何一派，因此研究汉初《易》学的传流，不可不对之做一探讨。

韩婴的时代及事迹

韩婴是三家《诗》中《韩诗》的创始人，列于《汉书》的《儒林传》。本传文字不长，且甚重要，今全部抄引于下：

> 韩婴，燕人也。孝文时为博士，景帝时至常山太傅。婴推诗人之意，而作内、外《传》数万言，其语颇与齐、鲁间殊，然归一也。淮南贲生受之。燕、赵间言《诗》者由韩生。韩生亦以《易》授人，推《易》意而为之传。燕、赵间好《诗》，故其《易》微，唯韩氏自传之。武帝时，婴尝与董仲舒论于上前，其人精悍，处事分明，仲舒不能难也。后其孙商为博士，孝宣时涿郡韩生其后也，以《易》征，待诏殿中，曰："所受《易》即先太傅所传也。尝受《韩诗》，不如《韩氏易》深，太傅故专传之。"司隶校尉盖宽饶本受《易》于孟喜，见涿韩生说《易》而好之，即更从受焉。

由这篇传，我们可以知道韩婴经历和学术的基本情况。他是燕人，汉文帝时任博士。这里说的博士，据《志》文推求，自然是《诗经》的博士。他景帝时为常山太傅，查《汉书·诸侯王表》，常山宪王舜乃景帝之子，"中五年（前145）三月丁巳立"。刘汝霖曾推论韩婴为太傅的时间，说：

> 按韩婴为常山太傅之年，史无明文。《汉书》本传称"景帝时至常山太傅"，考《汉书·景十三王传》，常山宪王舜以是年（景帝中元五年）立，而是后不过四年，景帝即崩。则婴之为太傅，当在舜初封王之时，……①

这显然是正确的。常山为赵地，而韩婴在那里任太傅，所以他的学术不仅在家乡燕地流行，也传布于赵。

韩婴和董仲舒在武帝前论议，事在哪一年，也是史无明文，但不能在董仲舒为胶西王相而病免归居之后。刘汝霖考定董氏病免在武帝元狩三年（前120）以前②。以韩婴的履历看，假设他文帝时为博士是在文帝晚世，当时他30岁左右，到董仲舒病免，他就有70岁了，这和本传说"其人精悍，处事分明"似乎有点矛盾，所以韩婴与董仲舒论辩在武帝初年，韩婴不满60岁的时候，可能最大。

韩婴的经学有《诗》《易》两方面，都有其独立性，无所依傍。他的《诗》学与《鲁诗》《齐诗》不同，直接传承其学的是淮南人贲（音"肥"）生、河内人赵子，成为富于特色的《韩诗》学派，特别流传在燕、赵之间。韩婴的《易》学则不如《诗》学盛行，只是韩氏的家学，这和孔安国以来古文《尚书》成为孔氏家学的情形

---

① 刘汝霖：《汉晋学术编年》卷一，第80页，中华书局，1987年。

② 刘汝霖：《汉晋学术编年》卷二，第42页，中华书局，1987年。

是类似的^①。据宣帝时涿郡韩生所说，《韩氏易》比《韩诗》更深，故韩婴专以之传授后裔，未在世间流传。盖宽饶从韩生受《易》，是韩氏以外第一个传人。

鲁、齐、韩三家《诗》都有训诂（与"故"字通）和说、传。按诸《艺文志》所载，鲁有《鲁故》，当为申公所作；又有《鲁说》，当为弟子所传。齐有《齐后氏故》，出于后苍；《齐孙氏故》，不知所出；又有《齐后氏传》、《齐孙氏传》和《齐杂记》。另外，《毛诗》有《毛氏故训传》，则合训诂与传为一。《韩诗》体例也是如此，《艺文志》载，有《韩故》36卷、《韩内传》4卷、《韩外传》6卷、《韩说》41卷。《经典释文》称：

> 前汉鲁、齐、韩三家《诗》列于学官，平帝世《毛诗》始立。《齐诗》久亡；《鲁诗》不过江东；《韩诗》虽在，人无传者。唯《毛诗》郑笺独立国学，今所遵用。

这是陆德明时的情况。《韩诗》在三家中传流最久，三国至晋初还有学者传受研习，但《韩故》《韩说》等书早已亡佚。《隋书·经籍志》载《韩诗》22卷，薛氏章句。查《后汉书·儒林传》云薛汉"世习《韩诗》，父子以章句著名"，又有杜抚"少受业于薛汉，定《韩诗章句》"，《隋志》22卷的《韩诗》应即薛、杜的本子^②。《隋志》《唐志》在《韩诗》22卷外还载有《外传》10卷，这就是至今存在的《韩诗外传》。

---

① 李学勤：《竹简〈家语〉与汉魏孔氏家学》，《李学勤集》，第372—379页，黑龙江教育出版社，1989年。

② 吴承仕：《经典释文序录疏证》，第84—85页，中华书局，1984年。

《韩诗外传》中的《易》说

《汉书·艺文志》说：

> 汉兴，鲁申公为《诗》训故，而齐辕固、燕韩生皆为之传，
> 或取《春秋》，采杂说，咸非其本义。与不得已，鲁最为近之。

这表明三家《诗》所谓传的性质，与后世理解的传注必须固守经义颇有不同。前引《儒林传》也讲到韩婴作内、外《传》是"推诗人之意"，并非仅对《诗》的本文字句加以解说。现在我们看到的《韩诗外传》10卷，正是如此。

值得注意的是，《儒林传》说《韩诗内传》《韩诗外传》都是推阐诗人之意，看来二者体例并无根本差别。因此，有学者提出《艺文志》《内传》4卷、《外传》6卷加在一起，正好10卷，今本《外传》10卷实际上是把《内传》包含在内的，《内传》并未亡佚。这个推测是不无可能的，但没有更坚强的证据。古书划分内、外，如《晏子春秋》《庄子》之类，一般都有内容的差异，《韩诗内传》《韩诗外传》不应完全没有，而且《外传》怎样会把《内传》包括在内，使用一个书题，也很难理解，所以这一想法现在还是无法证实的。古书卷数分合常有变化，由6卷分为10卷也是有可能的事，不能以为是后人的增补。

《韩诗外传》确实是一种"取《春秋》，采杂说"的书①，其目

① 参看许维遹：《韩诗外传集释》，中华书局，1980年。赖炎元：《韩诗外传考征》，台湾师范大学，1963年。

的在于"推诗人之意",事实上是发挥作者的思想观点。书中各章之末大多引《诗》,个别也有引其他经籍的,这正是继承先秦儒者,从子思《中庸》到荀子的著作传统,是晚周以来经说的体例。由于这样,作者的学识思想更多地在书中表现出来。

《汉书·盖宽饶传》云:

> 是时上方用刑法,信任中尚书宦官,宽饶奏封事曰:"方今圣道浸废,儒术不行,以刑余为周、召,以法律为《诗》《书》。"又引《韩氏易传》言:五帝官天下,三王家天下,家以传子,官以传贤,若四时之运,功成者去。不得其人,则不居其位。

盖氏所引《韩氏易传》不知包括哪几句。《太平御览》卷一百四十六引《韩诗外传》佚文有:

> 五帝官天下,三王家天下……故自唐、虞以上,经传无太子称号;夏、殷之王虽则传嗣,其文略矣;至周,始见文王世子之制。

首两句与《韩氏易传》相同①,这是由于两书原出一手,没有什么奇怪。这也告诉我们,从《韩诗外传》可以探讨韩婴的《易》学。

《韩诗外传》书中与《易》有关的内容,经日本学者内野熊一

---

① 王先谦:《汉书补注》七十七,中华书局,1983年。

郎统计，共约10条①。有的是和引《诗》一样，引用《周易》经文而加以推阐发挥，例如卷八第四章讲春秋晚期齐崔杼弑其君庄公，荆蒯芮使晋而返，驱车入死，为他驾车的仆夫也自刭车上的事，下文说：

> 君子闻之曰：荆蒯芮可谓守节死义矣，仆夫则无为死也，犹饮食而遇毒也。《诗》曰"夙夜匪懈，以事一人"，荆先生之谓也；《易》曰"不恒其德，或承之羞"，仆夫之谓也。

所引系《恒》卦九三。

又如同卷第二十二章：

> 官怠于有成，病加于小愈，祸生于懈惰，孝衰于妻子。察此四者，慎终如始。《易》曰："小狐汔济，濡其尾。"《诗》曰："靡不有初，鲜克有终。"

"官怠于有成"云云，许维遹《韩诗外传集释》引赵怀玉云："此条皆曾子之言，见《说苑·敬慎》篇。"在《敬慎》篇中，此条确连于"曾子有疾"一段下面，似为曾子语。薛据《孔子集语》误引作《新序》，又说是孔子谓曾子。已有学者指出，此条连上与《大戴礼记·曾子疾病》《荀子·法行篇》不合，类似文字也见于《邓析子·转辞》和《文子·符言》，不会是曾子的话，应该别为一

---

① 内野熊一郎：《汉初经书学的研究》（日文），第1编第3节，清水书店，1942年。

条①。《说苑》仅引《诗》，《韩诗外传》则兼引《易》，反映了韩婴《诗》《易》并长的学术特点。此章所引系《未济》卦辞。

上述一类例子，《易》经文都缀于章尾。另外也有专门讲《易》的情形，如卷六第十三章：

> 《易》曰："困于石，据于蒺藜，入于其宫，不见其妻，凶。"此言困而不见据贤人者也。昔者秦缪公困于殽，疾据五羖大夫、蹇叔、公孙支而小霸；晋文公困于骊氏，疾据咎犯、赵衰、介子推而遂为君；越王勾践困于会稽，疾据范蠡、大夫种而霸南国；齐桓公困于长勺，疾据管仲、宁戚、隰朋而匡天下：此皆困而知疾据贤人者也。夫困而不知疾据贤人而不亡者，未尝有之也。《诗》曰"人之云亡，邦国殄瘁"，无善人之谓也。

此章以春秋史事论证《困》卦六三经文，是"取《春秋》"的佳例。全文实际上不是论《诗》，而是说《易》，所引《诗·瞻卬》两句，反而是用来印证《易》文的。这当然是韩婴深于《易》，他的《诗》传也为《易》学所影响的缘故。

卷三第三十一章记述周公之事，云：

> ……成王封伯禽于鲁，周公诫之曰："往矣！子无以鲁国骄士。吾文王之子，武王之弟，成王之叔父也，又相天下，吾于天下亦不轻矣；然一沐三握发，一饭三吐哺，犹恐失天下之

---

① 向宗鲁：《说苑校证》卷十，第247页，中华书局，1987年。

士。吾闻德行宽裕，守之以恭者荣；土地广大，守之以俭者安；禄位尊盛，守之以卑者贵；人众兵强，守之以畏者胜；聪明睿智，守之以愚者益（依《说苑》改）；博闻强记，守之以浅者智。夫此六者，皆谦德也。夫贵为天子，富有四海，由此德也；不谦而失天下、亡其身者，桀、纣是也，可不慎欤？故《易》有一道，大足以守天下，中足以守其国家，小足以守其身，谦之谓也。夫天道亏盈而益谦，地道变盈而流谦，鬼神害盈而福谦，人道恶盈而好谦。是以衣成则必缺衽，宫成则必缺隅，屋成则必加措，示不成者，天道然也。《易》曰：'谦，亨，君子有终，吉。'《诗》曰：'汤降不迟，圣敬日跻。'诚之哉！其无以鲁国骄士也。"

这段话中《诗》是《商颂·长发》，《易》是《谦》卦辞，而较今传本多一"吉"字（此卦本应有"吉"，参看孔颖达《正义》）。有趣的是，"天道亏盈"以下四句实出于《彖传》，这说明韩氏《易》也兼习《易传》。

《韩诗外传》还有直引《易传》的例子，如卷三第一章：

传曰：昔者舜甑盆无膻，而下不以余获罪；饭乎土簋，啜乎土型，而工不以巧获罪；麑衣而盭（通"戾"，意思是曲）领，而女不以侈获罪；法下易由，事寡易为，而民不以政获罪。故大道多容，大德多下，圣人寡为，故用物常壮也。传曰："易简而天下之理得矣。"忠易为礼，诚易为辞，贤人易为民，工巧易为材。《诗》曰："岐有夷之行，子孙保之。"

此章第一个"传曰"是《外传》许多章都有的文例，第二个"传曰"则系引《系辞》。

卷三第十九章有这样一段文字：

> 故天不变经，地不易形，日月昭明，列宿有常。天施地化，阴阳和合，动以雷电，润以风雨，节以山川，均其寒暑。万民育生，各得其所，而制国用，故国有所安，地有所主。圣人刳木为舟，剡木为楫，以通四方之物，使泽人足乎木，山人足乎鱼，余衍之财有所流。

不难看出，此文前半袭用《荀子·天论篇》，而后半引《系辞下》与《荀子·王制篇》。按《韩诗外传》引《荀子》之处甚多，以致清人汪中说《韩诗》为"荀卿子之别子"。看来韩婴的《易》学也受有荀子的影响。

《韩诗外传》卷八第三十一章开首说：

> 孔子曰："《易》先《同人》，后《大有》，承之以《谦》，不亦可乎？"故天道亏盈而益谦，地道变盈而流谦，鬼神害盈而福谦，人道恶盈而好谦。

下面的话与前引卷三第三十一章接近，也引有《谦》卦辞。所引孔子语非常重要，表明当时卦序与今传本相同。《序卦》云：

> 物不可以终否，故受之以《同人》。与人同者，物必归焉，故受之以《大有》。有大者，不可以盈，故受之以《谦》。

思想和上述孔子语完全一致，由此我们也能看出孔子与《易传》之间的联系。

韩婴与《子夏易传》

《汉书·盖宽饶传》提到的《韩氏传》，即《艺文志》著录的《韩氏》一书，也传流到后世，至隋唐时仍存，即所谓《子夏易传》。

《经典释文·叙录》有《子夏易传》三卷，云：

> 卜商，字子夏，卫人，孔子弟子，魏文侯师。《七略》云："汉兴，韩婴传。"《中经簿录》云："丁宽所作。"张璠云："或馯臂子弓所作，薛虞记。"虞不详何许人。

《文苑英华》载唐开元七年（719）司马贞议云：

> 王俭《七志》引刘向《七略》云："《易传》子夏，韩氏婴也。"今题不称韩氏，而载薛虞记；又今秘阁有《子夏传》，薛虞记。

清代臧庸《拜经日记》对此详加考订。他首先据《文苑英华》所收刘子玄议，纠正《汉志》《韩氏》2篇当为12篇，随后说：

> 庸案：考校是非，大较以最初者为主，虽千百世之下可定也。《七略》刘子骏作，班孟坚据之以撰《艺文志》。《七略》既云是汉兴子夏韩氏婴传，便可知非孔子弟子卜子夏矣。……

"婴"为幼孩，故名"婴"，字"子夏"。"夏"，大也。

其说可信，也解决了此书既见《七略》，何以不见《汉志》的问题。其12篇当包括《周易》经文上下及十翼，故阮孝绪《七录·子夏易传》作6卷，《释文》作3卷，《隋志》《唐志》作2卷，是逐渐散佚的。至于宋以下的10卷、11卷本，全系伪书，前人已有辨正[①]。

清人孙冯翼、张澍、马国翰、黄奭等辑佚家，都曾钩稽《子夏易传》的佚文。看他们的辑本，还保存着对《系辞》"上古结绳而治"的解释：

> 上古官职未设，人自为治，记其事、将其命而已，故可以结绳为。[②]

可知此书确包括《易传》的注，这和《韩诗外传》多引用《易传》是互相符合的。

附带说一下与《子夏易传》有关的薛虞，陆德明已说他"不详何许人"，但张璠已提到他，张璠也是《易》学家，有《集解》12卷，著录于《释文》，云："安定人，东晋秘书郎参著作。"马国翰推定薛为汉魏间儒生，可谓不中不远。《周易正义》引《子夏传》，说："薛虞记，如今注疏之例。"[③]可知薛虞的"记"犹如《子夏易传》的疏。晋至唐流传的《子夏易传》就是这种本子。

---

① 吴承仕：《经典释文序录疏证》，第36—37页，中华书局，1984年。

② 张澍：《子夏易传》下篇，《二酉堂丛书》本。

③ 参看黄寿祺：《易学群书平议》，第9—10页，北京师范大学出版社，1988年。

第六节　《淮南道训》及《淮南子》

汉初南方论《易》者，古书所记尚有所谓淮南九师。淮南旧为楚地，九师的《易》学很可能属于楚的学术传统。从年代来说，其学说又适于同近时发现的帛书《周易》比较参照。前人对这一方面研究不多，本书所述只能是一种试探。

九师与八公

《汉书·艺文志》的《易》类，著录有《淮南道训》二篇，自注云：

> 淮南王安聘明《易》者九人，号九师说。

"说"字有的版本作"法"，乃是误字。王先谦《汉书补注》对此书有较详细的考证，其中引沈钦韩云：

> 《初学记》："刘向《别录》云：'所校雠中书传《淮南九师道训》，除复重，定著十三篇。'"《御览》六百九引刘向《别录》云："中书署曰《淮南九师书》。"志作"二篇"，与总数不合，明脱"十"字。[1]

王应麟《汉艺文志考证》所引《别录》，文字有所不同，作：

---

[1] 王先谦：《汉书补注》三十，中华书局，1983年。

所校雠中《易》传《淮南九师道训》，除复重，定著二十篇。淮南王聘善为《易》者九人，从之采获，故中书著曰"淮南九师言"。[①]

互相比较，可知：

第一，《初学记》所引"所校雠中书传"云云，读起来似乎多一"传"字，实际上"书"是"易"字之讹。《淮南九师道训》是《周易》的一种传，汉廷藏有其书，故称"中《易》传《淮南九师道训》"。或以"易传"二字与下连续，作为书名，是不对的。

第二，书的篇数，《初学记》引云"十三篇"，《考证》引云"二十篇"，恐均有误。按此书以"训"为题，当为训诂体裁，对《周易》作逐句解释。《汉志》著录《易》为十二篇，所收韩婴的《易》传也是十二篇（见上节），可以推想此书亦为十二篇，或误一字作"十三"，或前后倒作"二十"。沈钦韩之说，是可信的。

第三，《太平御览》引云"中书署曰《淮南九师书》"，可理解为汉廷所藏之本以"淮南九师书"为标题，但看《考证》所引，"署"字作"著"，"书"字作"言"，就不能这样解释。古书常在开首作"某某曰"之类，疑此书篇端作"淮南九师言：……"。《汉志》班氏自注"号九师说"，即由此脱胎而来。因此，这部书的标题只能是"淮南九师道训"，或简为"淮南道训"，不会是其他。

《汉书·淮南王传》：

淮南王安为人好书鼓琴，不喜弋猎狗马驰骋，亦欲以行阴

---

① 顾实：《汉书艺文志讲疏》，二，第16页，上海古籍出版社，1987年。

> 德拊循百姓，流名誉，招致宾客方术之士数千人，作为内书
> 二十一篇，外书甚众；又有中篇八卷，言神仙黄白之术，亦
> 二十余万言。

没有提到《淮南道训》。同时《汉志》的《诗赋略》有《淮南王赋》82篇，本传也没有说明，只记了作《离骚赋》一事。王应麟《考证》又引《七略》：

> 《九师道训》者，淮南王安所造。

说明此书体例和《淮南子》一样，虽系九位《易》师所作，著者用刘安之名。

高诱《淮南子》叙目云：

> 初，安为辩达，善属文。皇帝为从父，数上书，召见。孝文皇帝甚重之，诏使为《离骚赋》，自旦受诏，日早食已，上爱而秘之。天下方术之士多往归焉。于是遂与苏飞、李尚、左吴、田由、雷被、毛被、伍被、晋昌等八人，及诸儒大山、小山之徒，共讲论道德，总统仁义，而著此书。

《史记·淮南衡山列传》索隐：

> 《淮南·要略》云，安养士数千，高才者八人，苏非、李尚、左吴、陈由、伍被、毛周、雷被、晋昌，号曰八公也。

清洪颐煊指出《要略》并无此文，是由于"唐本《序》在《要略》后"，故司马贞误以为出于《要略》，是正确的[①]。唯"毛被"作"毛周"，不像今本叙目那样一连三人都名"被"，或许更合实际。

八公和大山、小山不仅与刘安共著《淮南子》（即《鸿烈》）一书。据《史》《汉》所载，雷被任郎中，善用剑；伍被系楚人，或言为伍子胥之后，任将军；左吴也曾参加军务。他们有不少事迹，在此不必详述。小山有赋名《招隐士》，保存在《楚辞》书中。有人认为大山、小山不是个人名号，显然是不确的。八公等人号称高才，当时在淮南的学者很多，包括明《易》的九师在内，八公等与之自然有所交往，不过八公并不是九师。王先慎说：

> 九师不著其名，疑即《淮南》高诱注所称苏飞、李尚诸人。

实为无根之论。

九师说与《淮南子》

《淮南道训》久已亡佚，《汉书补注》便说："……《道训》仅见《汉志》，后绝无引之者。"实则王应麟曾提及《文选》注中有该书的一条佚文，他说：

> 张平子《思玄赋》注引《淮南九师道训》云："遁而能飞，吉孰大焉。"曹子建《七启》注亦引之。

[①] 刘文典：《淮南鸿烈集解》，第757—758页，中华书局，1989年。

《道训》这一条乃是《遯》卦上九的解释。按此卦上九爻辞，今传本为"肥遯，无不利"，《音训》："肥，晁氏曰：陆希声云本作飞。"《后汉书·张衡传》有"利飞遁以保名"之语①。《道训》本也是作"飞"的。这条佚文固然简单，仍可体味出《道训》这部书的大致性质。

九师中是否有人参加《淮南子》的写作，没有材料可以证明。但如上文所说，九师与八公等人并时，彼此应有影响，特别是刘安本人从九师采获，有得于他们的《易》学，九师的思想不能不体现于《淮南子》书中。研究《淮南子》的《易》说，应该和有关九师的记载联系起来。

《汉书·艺文志》载《淮南》内21篇、外33篇，颜注云："内篇论道，外篇杂说。"今存《淮南子》即其内篇。书的标题，据其《要略》原为"鸿烈"，高诱叙目及《西京杂记》均云："鸿，大也；烈，明也。"经刘向校理之后，才叫作"淮南"。汉武帝即位，建元二年（前139），淮南王安入朝，献所作内篇②。按王安之立，在文帝十六年（前164），内篇之作当于文帝末叶至景帝时。这和上节所论韩婴《易》传的年代是相差不多的。

《淮南子》书中明引《周易》之处，都冠以"《易》曰"字样，共有10条，而《缪称训》一篇独占6条。《淮南子》这部书本是一种集体著作，不出于一手，所以《缪称训》引《易》特多，可能是由于该篇的作者专精《易》学。下面就看一下该篇是怎样引用《易》的：

---

① 高亨：《古字通假会典》，第600页，齐鲁书社，1989年。

② 刘汝霖：《汉晋学术编年》卷二，第3—4页，中华书局，1987年。

《缪称训》云：

> ……故至德者，言同略，事同指，上下一心，无岐道旁见者，遏障之于邪，开道之于善，而民乡方矣。故《易》曰："同人于野，利涉大川。"

所引为《同人》卦辞，但今传本两句间有一"亨"字。这是以"同人"为喻，说明上下一心方能成就大事，如许慎《淮南鸿烈间诂》所说："言能同人，道至于野，则可以济大川。大川，大难也。"[①]这种解说方式，和前述《淮南道训》佚文颇有相似之处。

> 君子非仁义无以生，失仁义则失其所以生；小人非嗜欲无以活，失嗜欲则失其所以活。故君子惧失仁义，小人惧失利，观其所惧，知各殊矣。《易》曰："即鹿无虞，惟入于林中，君子几不如舍，往吝。"其施厚者其报美，其怨大者其祸深。薄施而厚望，畜怨而无患者，古今未之有也。是故圣人察其所以往，则知其所以来者。

这也是引《易》为喻，所引系《屯》卦六三爻辞。许注云："即，就也。鹿，比谕（喻）民。虞，欺也。几，终也。就民欺之，即入林中，几终不如舍之，使之不终如其吝也。"[②]这处引文上承"君子惧失仁义"，下启"其怨大者其祸深"，在论证上居于枢纽的地位。

---

① 此篇注出许慎，参看刘文典：《淮南鸿烈集解》卷十，第319页，中华书局，1989年。

② 末二句疑有误字。

圣人在上则民乐其治，在下则民慕其意；小人在上位，如寝关曝纴①，不得须臾宁。故《易》曰"乘马班如，泣血涟如"，言小人处非其位，不可长也。

所引为《屯》卦上六。《象传》："泣血涟如，何可长也？"《缪称训》即袭用其义。

圣人在上，民迁而化，情以先之也。动于上，不应于下者，情与令殊也。故《易》曰："亢龙有悔。"

所引乃《乾》卦上九。《文言》："上九曰'亢龙有悔'，何谓也？子曰：'贵而无位，高而无民，贤人在下位而无辅，是以动而有悔也。'"《缪称训》袭用其义。

圣人在上，化育如神，太上曰："我其性与！"其次曰："微彼，其如此乎？"故《诗》曰"执辔如组"，《易》曰"含章可贞"，运于近，成文于远。

所引的《诗》，见《邶风·简兮》，原文说"有力如虎，执辔如组"，《毛传》："组，织组也。武力比于虎，可以御乱御众，有文章，言能治众，动于近，成于远也。"《易》，见《坤》卦六三，《象传》："含章可贞，以时发也。"《缪称训》兼用两者之义。

---

① 注云："寝［关］，谓卧关上之不安。纴，茧也。曝茧，蛹动摇不休，死乃止也。"

> 动而有益，则损随之，故《易》曰："《剥》之不可遂尽也，故受之以《复》。"

此处所引，与今传本略有不同，实则为《序卦》"剥者，剥也。物不可以终尽，《剥》穷上反下，故受之以《复》"一段之省。

除《缪称训》外，《齐俗训》《氾论训》《诠言训》《人间训》四篇各有引《易》一条。其中如《齐俗训》讲了太公、周公受封相见的故事，周公以"尊尊亲亲"治鲁，后世鲁国日削，三十二世而亡；太公以"举贤而上功"治齐，后齐国称霸，二十四世为田氏所代。随后，篇文云：

> 故《易》曰"履霜，坚冰至"，圣人之见终始微言。

这是引《坤》卦初六爻辞。《象传》："履霜坚冰，阴始凝也。驯致其道，至坚冰也。"故云"见终始微言"。

由以上论述叮以证明，刘安等人不仅征引《周易》经文，而且把《易传》也作为经来看待。他们引用了《彖》《象》《文言》《序卦》，看来是通习十翼的。这和《淮南道训》有12篇，是相呼应的。

《淮南子》有六艺之说，见其《泰族训》篇所述：

> 五行异气而皆适调，六艺异科而皆同道。

六艺即《诗》《书》《易》《礼》《乐》《春秋》，与《庄子·天运》说同。前面引到的《齐俗训》一段，称《易》为圣人的微言。《要略》说：

今《易》之《乾》《坤》足以穷道通意也，八卦可以识吉
凶、知祸福矣，然而伏羲为之六十四变，周室增以六爻，……

可知书中所云圣人，即承《系辞》之说，指伏羲、文王而言。这表
明了刘安等人对作《易》者的见解。

《淮南子·道应训》有：

孔子曰："夫物盛而衰，乐极则悲，日中而移，月盈
而亏。"

与《丰》卦的《彖传》"日中则昃，月盈则食"相似，而以为孔子
语，很值得注意。按《战国策·秦策》载，蔡泽于秦昭王五十二年
（前255）入秦，见应侯范雎，所说的话中提到：

语曰："日中则移，月满则亏。"物盛则衰，天之常数也；
进退盈缩变化，圣人之常道也。

《史记·范雎蔡泽列传》此下又有：

故"国有道则仕，国无道则隐"，圣人曰："飞龙在天，
利见大人"，"不义而富且贵，于我如浮云"。

当另有所本。蔡泽这段话杂引《周易》与孔子的言论，可与《道应
训》参照。

《人间训》还记载了孔子读《易》的轶事：

孔子读《易》至《损》《益》，未尝不喟（依王念孙说改）
然而叹，曰："益、损者，其王者之事与？事或欲以利之，适
足以害之；或欲害之，乃反以利之。利害之反，祸福之门户，
不可不察也。"

此事也见于《说苑·敬慎》和《孔子家语·六本》，现将《敬慎》
所说引出对比：

孔子读《易》，至于《损》《益》，则喟然而叹。子夏避
席而问曰："夫子何为叹？"孔子曰："夫自损者益，自益者
缺，吾是以叹也。"子夏曰："然则学者不可以益乎？"孔子
曰："否，天之道，成者未尝得久也。夫学者以虚受之，故曰
得。苟不知持满，则天下之善言不得入其耳矣。昔尧履天子之
位，犹允恭以持之，虚静以待下，故百载以逾盛，迄今而益
章；昆吾自臧而满意，穷高而不衰，故当时而亏败，迄今而逾
恶。是非损益之征与？吾故曰：谦也者，致恭以存其位者也。
夫《丰》明而动，故能大，苟大，则亏矣。吾戒之，故曰：日
中则昃，月盈则食，天地盈虚，与时消息。是以圣人不敢当
盛，升舆而遇三人则下，二人则轼，调其盈虚，故能长久也。"
子夏曰："善！请终身诵之。"

不难看出，《人间训》该段"即记此事而文略"[1]。《敬慎》所说孔子
的话，包含了不少《易》的内容。如"自损者益，自益者缺"，暗

---

[1] 向宗鲁：《说苑校证》卷十，第241—242页，中华书局，1987年。

示了《损》《益》《夬》三卦的次序；"以虚受之"，类似《咸》卦《象传》"君子以虚受人"；"日中则昃"两句，又同于《丰》卦《象传》。大家了解，《说苑》系杂采前人著作而成，孔子读《易》一事必有更早的来源。很可能《淮南子》之《道应训》《人间训》两条也都出自有关的同一记载。从这里，可以更清楚地看到孔子和《易传》的关系。

《天文训》与《古五子》

《汉书·艺文志》的《易》类还著录有《古五子》18篇，班氏自注云：

> 自甲子至壬子，说《易》阴阳。

《初学记》引《别录》：

> 所校雠中易传《古五子》书，除复重，定著十八篇。分六十四卦，著之日辰，自甲子至于壬子，凡五子，故号曰"五子"。

此书久已亡佚。
《汉书·律历志》：

> 夫五、六者，天地之中合而民所受以生也，故日有六甲，辰有五子。

注引《易》学家孟康云：

> 六甲之中，唯甲寅无子，故有五子。

六十干支可排成六行，各行分以甲子、甲戌、甲申、甲午、甲辰、甲寅冠首，这就是六甲（商代甲骨文中已有这样的表）。六行的前五行，都包含一个地支为子的干支，依次为甲子、丙子、戊子、庚子、壬子，只有甲寅行没有，这就是五子。干支用以纪日，六甲便代表六旬。六旬之内有五子之日，古代数术认为有特殊意义。

《淮南子·天文训》有五子之术，记载相当详细。其开首说：

> 壬午冬至，甲子受制，木用事，火烟青；七十二日，丙子受制，火用事，火烟赤；七十二日，戊子受制，土用事，火烟黄；七十二日，庚子受制，金用事，火烟白；七十二日，壬子受制，水用事，火烟黑；七十二日而岁终，庚子受制。岁迁六日，以数推之，七十岁而复至甲子。

清代钱大昕之侄子钱塘撰《淮南天文训补注》，对此做了精到的解说。他指出，"壬午冬至"是"《淮南》改定颛顼历上元冬至"（汉初仍用颛顼历，已为出土文物证实）。五子术的实质，是"置一岁日，以五气分之，则七十二日为一节，而得其用事之日"，"冬至受制，岁易一子，计五运周环，亦当然也"[1]。

把一年按五行说分为五节，每节七十二日的观念，流行于战国

---

[1] 刘文典：《淮南鸿烈集解》，第824—831页，中华书局，1989年。

以至汉代。钱塘已举出《管子·五行》《春秋繁露·治水五行》《素问·阴阳类论》等书为证，纬书中也有近似的论点。《淮南子·天文训》还谈到五子之气的特性，五子受制时应行的政事，以及五子相干造成的灾异，等等，可知也是一种涉及吉凶休咎的数术。从《天文训》所载此术的复杂，不难推想其出现应当较早。

《汉书·艺文志》的《古五子》一书，显然和《天文训》记述的五子数术有密切关系。不过，钱塘讲《古五子》"殆即《淮南》所云也"，恐怕是不确切的。《古五子》的重点是"说《易》阴阳"，其内容应为一种卦气说，如刘向所言，"分六十四卦，著之日辰，自甲子至壬子"，把六十四卦的阴阳消长同五子的运转结合在一起。《天文训》的五子术还没有这样做，所以只是《古五子》的前行形态，不曾和《易》学发生关系。由此推论，淮南九师的《易》说也不会带有这样的数术色彩。

第七节　西汉河内女子得逸书考

前些年，我写过一篇题为"马王堆帛书《周易》的卦序卦位"的小文，发表在《中国哲学》第14辑上[①]，后来收入本书[②]。文中叙述汉代《易》学与《说卦》的流传，曾谈道："施、孟、梁丘三家立于学官，事在河内女子得《说卦》之后，宣帝初读《说卦》的博士应为杨何一家。不过，杨与三家都源出田何，相差年代又不很远，杨氏之学没有《说卦》，看来田何一系学者都不传《说卦》，

---

① 李学勤：《马王堆帛书〈周易〉的卦序卦位》，《中国哲学》第14辑，人民出版社，1988年。

② 参看本书第五章第一节。

即今《说卦》以下三篇。……淮南九师和刘安曾见《说卦》，至少是今《序卦》，这可能说明《说卦》三篇汉初在南方流传，宣帝初年才为居正宗地位的田何系统学者所知。"①这一说法是想调停《淮南子》明引《序卦》与河内女子得《说卦》等三篇之说，当时即觉心有未安。后来反复考虑，发现其间存在不少值得探索的问题，我的上述设想实在难以成立。因此特作本文，纠正过去的错误，并向方家请教。

河内女子得逸书一事，始见王充《论衡》。其《正说篇》云："盖《尚书》本百篇，孔子以授也。遭秦用李斯之议，燔烧五经，济南伏生抱百篇藏于山中。孝景皇帝时，始存《尚书》，伏生已出山中，景帝遣晁错往从受《尚书》二十余篇。伏生老死，书残不竟。晁错传于倪宽。至孝宣皇帝之时，河内女子发老屋，得逸《易》《礼》《尚书》各一篇，奏之。宣帝下示博士，然后《易》《礼》《尚书》各益一篇，而《尚书》二十九篇始定矣。"②

同书《谢短篇》云："宣帝时，河内女子坏老屋，得佚《礼》一篇，十八篇中是何篇是者？"③叫与上引《正说篇》参看。

黄晖《论衡校释》注解《正说篇》上述一段，引《经义丛抄》徐养原云："充言'益一篇'，不知所益何篇。以他书考之，《易》则《说卦》，《书》即《大誓》，唯《礼》无闻。"由此足见，河内女子得逸书一事，与几种经籍的流传大有关系，是学术史上的重要问题。下面试从《易》《书》《礼》三方面，分别加以讨论。

河内女子所得的《易》是《说卦》，见于《隋书·经籍志》：

---

① 参看本书第五章第一节。
② 黄晖：《论衡校释》卷第二十八，第1123—1124页，中华书局，1990年。
③ 黄晖：《论衡校释》卷第十二，第560页，中华书局，1990年。

"秦焚书，《周易》独以卜筮得存，唯失《说卦》三篇，后河内女子得之。"按《史记·秦始皇本纪》，始皇三十四年（前213）李斯提出的焚书令说："臣请史官非秦记皆烧之。非博士官所职，天下敢有藏《诗》、《书》、百家语者，悉诣守、尉杂烧之。有敢偶语《诗》《书》者弃市，以古非今者族。吏见知不举者与同罪。令下三十日不烧，黥为城旦。所不去者，医药、卜筮、种树之书。"《汉书·艺文志》："及秦燔书，而《易》为筮卜之事，传者不绝。"《隋志》说《易》以卜筮存，即本于此。

我曾根据马王堆帛书《易传》中《系辞》散乱脱失的情形，指出"《周易》经文是卜筮之书，而《易传》十翼则是儒学著作，自应属于禁绝的范围"①。十翼经过秦火，在一些学者那里有所缺失，是合乎情理的。但《淮南子》一书多引《易传》，其《缪称训》且引有《序卦》，朱彝尊《经义考》已经说明这出于淮南王刘安所聘善为《易》者九人，即所谓淮南九师之学。九师撰有《易》注，名为《淮南九师道训》，共12篇，与《汉志》所载《易》为12篇相应。《易》12篇包括经上下篇和十翼，所以《淮南九师道训》也有十翼，证明他们的《易传》是完全的，并不缺少《说卦》以下三篇②。

淮南王刘安之立，在文帝前元十六年（前164）。至武帝建元二年（前139），入朝，献《淮南子》书的内篇。其书的著成当在文帝后期至景帝时。与此大略同时的学者韩婴，其解《易》著作《汉志》称《韩氏》，后世称《子夏易传》，也是12篇，包含有十翼

---

① 李学勤：《帛书〈周易〉的几点研究》，《文物》1994年第1期。

② 参看本书第二章第六节。

的注释①。淮南九师在南方，韩婴燕人，在北方，他们都有完全的十翼，可见文景时期《说卦》《序卦》《杂卦》业已普遍流传，而且没有把这三篇合做一篇的情事。

《史记·孔子世家》："孔子晚而喜《易》，序《彖》《系》《象》《说卦》《文言》。"这一段人所共知的话，很难标点。司马迁在修辞上用了巧妙的手法，可以像上面这样，只以"序"字为动词，也可把"序""系""说""文"四字都读为动词。实际上，他是将十翼之名，除《杂卦》外都在句中使用了。从此我们知道，司马迁心目中的十翼也是《说卦》《序卦》等分开的②。

以上证据表明，《隋书·经籍志》所云宣帝时河内女子才得到《说卦》，不符合史实。说《说卦》原为一篇，后分为《说卦》《序卦》《杂卦》，尤其没有依据。

河内女子所得的《书》是《泰誓》，其说出现较早。唐孔颖达《尚书正义》："案王充《论衡》及后汉史，献帝建安十四年（209）黄门侍郎房宏等说云：宣帝本始元年（前73），河内女子有坏老屋，得古文《泰誓》三篇。《论衡》又云以掘地所得者。"③陆德明《经典释文》也说："汉宣帝本始中，河内女子得《泰誓》一篇，献之，与伏生所诵合三十篇，汉世行之。"④

《泰誓》一题三篇，称之为一篇或三篇，不算什么问题。问题是《泰誓》究竟得于何时。汉魏人多有《泰誓》后得的记载，如刘

① 参看本书第二章第五节。

② 参看吕绍纲主编：《周易辞典》，第6页，吉林大学出版社，1992年。

③ 孔颖达：《尚书正义》卷一，《十三经注疏》上册，第115页，中华书局，1980年。"本始"原作"泰和"，依校勘记改，"老"下原衍"子"字。

④ 吴承仕：《经典释文序录疏证》，第59页，中华书局，1984年。

向《别录》："武帝末，民有得《泰誓》书于壁内者，献之，与博士使读说之，数月皆起，传以教人。"《移书让太常博士》也讲道："至孝武皇帝，然后邹鲁梁赵颇有《诗》《礼》《春秋》先师，皆起于建元之间。当此之时，一人不能独尽其经，或为《雅》，或为《颂》，相合而成。《泰誓》后得，博士集而读（或作'赞'）之。"①刘向、刘歆父子是西汉晚期人，领校秘书，所见最广，《移书让太常博士》又公开于当时学者间，其说当更有据。

成书于武帝末年的《史记》，其《周本纪》已经载有汉代流行本《泰誓》三篇的内容，清钱大昕《潜研堂答问》、洪颐煊《读书丛录》等皆有说明②。其实，伏生一系的《尚书大传》和《汉书·董仲舒传》所述对策，都引有《泰誓》，比司马迁要更早些。

有学者力图解决这一矛盾，认为"仲舒之时，去古未远，古书虽亡，然其一鳞一爪，先秦遗老，必犹有能言者。特以其残缺不全，不敢轻于授人，是以所传者仅二十余篇耳"③。这一看法即使是对的，也不能适用于《史记》的情形。《周本纪》概括了《泰誓》三篇，便不能说是一鳞一爪。

无论如何，武帝末已有《泰誓》，是很清楚的。实际上《论衡》并没有讲河内女子所得是《泰誓》。房宏等的说法，大概是把王充的记述与武帝时得《泰誓》之事混淆在一起了。

河内女子所得的《礼》是什么，看《论衡·谢短篇》，王充和当时儒者恐怕都不清楚。王充所肯定的，是该篇在"十六篇"之中。

---

① 蒋善国：《尚书综述》，第215页，上海古籍出版社，1988年。《移书让太常博士》见《汉书·楚元王传》；又见《文选》卷四三，"读"作"赞"。

② 蒋善国：《尚书综述》，第214页，上海古籍出版社，1988年。

③ 刘汝霖：《汉晋学术编年》卷二，第100页，中华书局，1987年。

《论衡·谢短篇》这一段的"十六"，传本原误作"六十"，但下文说："高祖诏叔孙通制作仪品，十六篇何在？而复定仪礼？见在十六篇，秦火之余也。更秦之时，篇凡有几？"前人校为"十六"，是正确的[①]。按《仪礼》一书，通行的说法是十七篇。《汉书·艺文志》："汉兴，鲁高堂生传《士礼》十七篇。讫孝宣世，后仓最明，戴德、戴圣、庆普皆其弟子，三家立于学官。"郑玄《三礼目录》所列刘向《别录》次第，也是十七篇。

有学者据宋王应麟《汉书艺文志考证》及《玉海》所引刘歆谓扬雄云："今……有乡礼二，士礼七，大夫礼二，诸侯礼四，诸公礼一，而天子之礼无一传者。"以为当时《礼》仅十六篇[②]。按《仪礼》内《丧服》一篇，系天子以下通制，故刘歆未计，不能因此推论汉代之《礼》有十六篇本。王充的说法可能是将《士丧礼》和《既夕礼》合而为一[③]。他的意思也不是说《仪礼》原有十六篇，加河内女子所得一篇为十七篇。

《汉志》有《礼》古经五十六卷，云："《礼》古经者，出于鲁淹中及孔氏，与十七篇文相似，多三十九篇。"[④]郑玄《六艺论》也说："后得孔氏壁中、河间献王古文《礼》五十六篇，……其十七篇与高堂生所传同，而字多异。"[⑤]

两批古文《礼》的出现均早于河内女子之事，这也足证明高堂

---

① 黄晖：《论衡校释》卷第十二，第560—561页，中华书局，1990年。

② 洪业：《仪礼引得序》，《洪业论学集》，第49页，中华书局，1981年。

③ 黄晖：《论衡校释》卷第十二，第560—561页，中华书局，1990年。

④ 依刘歆说校正。参看顾实：《汉书艺文志讲疏》，二，第52页，上海古籍出版社，1987年。

⑤ 吴承仕：《经典释文序录疏证》，第96页，中华书局，1984年。

生所传之《礼》是十七篇。

总之，经过考查，《论衡·正说》所记河内女子发老屋，得逸《易》《礼》《尚书》各一篇，于是三书各益一篇的故事，实在是有问题的。

清代有些反对《泰誓》后得的学者，以为河内女子得书一事子虚乌有，我不赞成这种意见。从我们现在的知识来看，西汉时在旧建筑物内发现书籍，是合理的。现代我们获得的简帛书籍，有的出自古墓，也有些得于遗址。西汉时去古未远，先秦的房屋不少仍然保存，在其间得到书籍，如著名的孔壁中经，上述武帝末民间壁中《泰誓》，这里谈的河内女子发老屋得书，均属可信。

河内女子所得逸书《易》《礼》《尚书》各一篇，应该是秦以前的写本。河内是河内郡，治怀县，在今河南武陟西南，辖地还有汲、武德等十七县[①]。这批逸书的字体，从地域看当为战国文字中的三晋一系[②]，类似西晋初年发现的汲冢竹书。这种文字，对于秦以下的人们来说，是不易识读的。西晋学者整理汲冢竹书，旷日持久，最后落得虎头蛇尾，工作的烦难无疑是一个原因。河内女子逸书上奏后，交给博士，必然也需要整理考释，和孔壁中经由孔安国考论文义，为隶古定，武帝时《泰誓》经博士读说，情形是一样的。

这批逸书整理的结果如何，我们无法知道。王充讲由于这次发现，《易》《礼》《尚书》各增益一篇，则如上面分析，不合事实，更不能说所增益的有《说卦》和《泰誓》。澄清这一点，对研究有关的学术史问题是很有好处的。

---

① 王先谦：《汉书补注》二十八上，第683—686页，中华书局，1983年。

② 参看何琳仪：《战国文字通论》，第104—134页，中华书局，1989年。

第三章　考古发现中的筮法

第一节　西周甲骨的几点研究

考古学上关于古代卜用甲骨的认识，是从殷墟开始的。殷墟所出甲骨是商代的，因此长期以来，一谈到甲骨，特别是甲骨文，人们总是联想到商代。实际上，用甲骨占卜的习俗早在商代以前已有滥觞，商亡以后延续未绝，在某些少数民族间甚至存在到现代。周人典籍有很多有关卜法的记载，有些学者曾据以研究殷墟甲骨，但周代甲骨的实物，一直到50年代才得到发现和鉴定。

根据现有材料，最早发现的一片西周卜骨，是1951年在陕西彬县获得的，是胛骨的骨臼部分，存钻灼13处，陈梦家先生认为是"殷末周初之物"[①]。这块卜骨没有文字。1954年，山西洪洞县（当时称洪赵县）坊堆村南发现两版卜骨，较完整的一块系左胛骨，刻有8个字[②]，当时我们曾据其字体判断为西周卜

[①] 陈梦家：《殷虚卜辞综述》，图版捌：左，科学出版社，1956年。

[②] 畅文斋、顾铁符：《山西洪赵县坊堆村出土的卜骨》，《文物参考资料》1956年第7期。

辞^①。这是第一次发现西周的甲骨文。

迄今为止，西周甲骨文已陆续在若干地点发现，除洪洞坊堆外，有陕西长安丰镐遗址、北京昌平白浮和陕西岐山与扶风间的周原遗址等等。其中周原发现的甲骨最多，卜辞内容丰富，引起学术界的普遍重视。特别是甲骨上出现筮数，对研究古代卜法与筮法的关系有很大意义。现在，对西周甲骨的研究已成为甲骨学新的重要项目。

较完整的西周甲骨

和殷墟甲骨一样，西周甲骨无字者较多，有字而完整的比较少见。西周卜甲因卜兆排列很密，尤易破碎。昌平白浮出土的卜甲、岐山凤雏先后发现的大量卜甲，都已碎成小片，难于缀合复原。我们要了解西周甲骨原貌，辨明其卜辞的体例，首先应观察现存少数较完整的有字甲骨。扶风齐家村甲骨为我们提供了珍贵的实例^②。

扶风齐家村 H3：1卜甲，虽已断去两桥和尾部，但不失为目前所见较完整的西周字甲。这版腹甲形制上的特点，是甲首经过掏挖，留下半圆形的前边。同坑出土的无字腹甲，形制与此相同，可见有很宽大的甲桥。1952年河南洛阳泰山庙发现的半版腹甲^③，甲首部分的修治方式与此完全相同，其中央有一浅圆穴。同样的圆穴

---

① 李学勤：《谈安阳小屯以外出土的有字甲骨》，《文物参考资料》1956年第11期。

② 陕西周原考古队：《扶风县齐家村西周甲骨发掘简报》，《文物》1981年第9期。

③ 陈梦家：《殷虚卜辞综述》，图版捌：右，科学出版社，1956年。

也见于齐家村H3的无字甲。在周原其他地点，还出过类似的卜甲，可见上述特点是西周腹甲的定制。

H3：1卜甲的凿都是方形的，其一侧加刻纵槽，用以形成卜兆的身部。泰山庙腹甲也是同样的。齐家村H3的无字甲有个别圆钻，但未必是用钻钻成的。这些腹甲的兆都排列有序，卜兆的枝部向内。卜辞刻于相关兆的枝部一侧，顺着兆枝的走向，也就是朝着腹甲的中线"千里路"横向纵行，这是商代卜辞没有见过的。H3：1共五辞，可分三组，试释为：

（一）囟（思）御于永冬（终）。

囟（思）御于休令（命）。

（二）保贞宫，吉。

（三）用由逋妾。

此由亦此亡。

第一组两辞彼此关联，但不像殷墟卜辞那样是正反对贞的。两辞的卜兆在"千里路"两侧，也不对称。辞首的"囟"字是西周甲骨常见语词，读为"思"或"斯"①。"御"，义为进、致。这两辞为企求福佑之辞。第二组一辞，"吉"字刻于兆枝另一侧，是判断吉凶的占辞。第三组两辞也不是正反对贞，"由"疑读为占繇的"繇"，"逋妾"即逋逃的女奴，所以内容与奴婢逃亡有关。

齐家村NH1：1胛骨，形制与殷墟卜骨有明显的区别。此骨以

① 李学勤、王宇信：《周原卜辞选释》，《古文字研究》第4辑，中华书局，1980年。

臼部向下为正，恰与殷墟的胛骨相反。至少有三行圆钻，与卜辞有关的两行，兆枝彼此相向，在殷墟卜骨上亦属未见。卜辞刻在两行兆的下侧，辞为：

王以我牧单咒□卜。

"以"，义为从。"我牧"，我之郊野。"单"，疑为"兽"（狩）字之省。全辞系卜问王是否自我邑的郊野狩咒，可见辞主并不是王。

齐家村采112胛骨，也以骨臼向下为正。其臼部仅削去一半而未切除臼角，和NH1：1也是一致的。采112同样有互相对向的卜兆，卜辞在兆的下侧，辞云：

□□贞
卜曰：其卒车马，囟（斯）又翼？

"卒"当读为"萃"，"萃车马"指聚合车马。"又翼"可能读为"有遇"，也是有关田猎的卜辞。这一胛骨与NH1：1出土地邻近，当非偶然。

采94胛骨的形制、修治及钻的形状，均同于以上二版，也有相对内向的兆。不一样的是，此骨四条卜辞各守一兆，横向纵行，可惜文字都很模糊，只有一"骊"字可以确认。NH1：1和采112都是一辞多兆，而采94是一辞一兆，殷墟甲骨也有这样的差别。

齐家村T1：1胛骨，仅存骨的宽面一部，仍能看出是臼部向下放置的。从所余部可见肩胛冈已被削掉，露出了骨的疏松质，与殷墟多数胛骨一致。不过，此骨在原肩胛冈的位置上加钻灼兆，在殷墟却极罕见。卜兆的左侧刻字一行，应分为两辞：

　　（下）又（有）言，曰：既丧疑乃融。

　　（上）毋又（有）言，曰：弗食□，诞惟厥御（？）饮。

字细小不易辨识。推测两辞是对贞的，而"曰"字以下是占辞。

　　采108是臼部向下的胛骨中心部分，两边皆已断去。正面一辞守着相关的兆，反面可见四辞，有关的兆当在已失去的部分。另外反面左上角原尚有一辞，今存一"五"字。此骨的肩胛冈未削平，而与正面辞相关的圆钻恰在肩胛冈的位置上，上面讲过，这是与殷墟卜骨不同的。（此骨后与1982年采46拼合。）

　　1956年陕西长安张家坡发现的两块胛骨，辞例与采108相似。它们没有切去臼角，骨臼向下，钻形也同于采108。

　　洪洞坊堆出土的卜骨，修治和钻的形态俱与上述一致。其臼角未切去，肩胛冈削平，臼下的颈部有16个分布有规则的圆钻，骨扇右侧有一行5个圆钻，刻卜辞一行8字。原摹本有不准确处，经观察，可能读为：

　　齐（仆），囟（斯）齐（仆），三止（趾）又（有）疾，贞。

"贞"置于辞末，当训为"正"，在《周易》中常见，殷墟卜辞未见此例。坊堆卜骨的特殊处，是它以骨臼向上为正，与其他西周卜骨相反[1]。

------

[1] 李学勤：《再谈洪洞坊堆村有字卜骨》，《文物季刊》1990年第1期。

商周甲骨的对比

上面我们依据当前所能见到较完整的西周有字甲骨，对西周甲骨的特征做了初步讨论。这些特征，由于标本较少，不一定都有代表性，需要结合各地发现的西周甲骨，主要是岐山凤雏的出土品，做进一步考察。

我们已经知道，周人卜法在取材方面是龟骨并用。龟除腹甲外，有时也兼用背甲，在昌平白浮就可看到背甲的碎片。岐山凤雏F1房屋基址中的H11窖穴共出甲骨17000余片，其中卜骨仅300余，这可能是由于龟骨分别存储，并不意味当时多用龟甲。著名的殷墟小屯YH127坑，也发现了17000多号龟甲，胛骨只有8片，与凤雏H11一样，骨上都没有文字。经过研究证明，有不少与YH127的龟甲同时占卜的同文胛骨，散见于各种著录之中，龟甲的集中发现只说明它们不与骨存放在一起。周人卜甲所用龟的种属，还没有经过科学鉴定。卜骨限于胛骨，且以牛骨为主，则与殷墟的商代卜骨相近。

在甲骨的形制上，商周有比较明显的区别。西周的腹甲，甲首经掏挖后留有宽厚边缘，一望可知与殷墟、济南大辛庄等地的商代卜甲不同。西周的胛骨修治比较简陋，一般不锯去臼角，不如殷墟多数卜骨精致，但殷墟也有一些修治简单的类似标本。西周甲骨的突出特征，是在钻凿形态上。其卜甲绝大多数有排列规则而密集的方凿[1]，这是商代甲骨所没有的。其卜骨则多为圆钻，钻孔规整，平底，应当是用钻钻成的，不像有些殷墟甲骨的圆"钻"实际上是

---

[1] 徐锡台：《周原出土甲骨的字型与孔型》，《考古与文物》1980年第2期。

挖出来的，方凿和圆钻都加刻一纵槽，方凿的槽在一侧，圆钻的槽则在中央，呈所谓猫眼状。

在龟甲上做出钻凿，古籍称为"开龟"。《周礼·卜师》云："掌开龟之四兆，一曰方兆，二曰功兆，三曰义兆，四曰弓兆。""开龟"即《诗·绵》的"契龟"，毛传云："契，开也。"孙诒让《周礼正义》卷四十七："开龟，盖谓开发其兆，包钻凿爇灼诸事言之，毛氏传则专据钻凿为训，义得通也。"《龟卜通考》指出毛传的说法是对的，"开龟"的意思就是钻凿：

> 《周礼·卜师》所谓"四兆"非谓兆坼，而是开龟之形象也。"方""弓""义""功"，谓钻凿之状也。"方兆"谓方形，"弓兆"谓半圆形，"功兆""义兆"则不可知矣。[①]

《通考》的作者只见过殷墟甲骨，所以无法说明方凿是什么样子。现在我们在西周卜甲上普遍看到的方凿，应该就是《周礼》四兆中的第一种"方兆"。

商周甲骨上的刻辞都是守兆的，也就是说总是和一定的兆联系的。有些西周甲骨字刻得小如粟米，便是为了把辞局限在相关的兆旁边，不与其他的兆相混。殷墟甲骨大都有兆序，在兆侧刻上"一、二、三、四……"等数字，容易看出兆与兆和兆与卜辞间的联系，所以卜辞可以刻得大一些。同时，殷墟甲骨上面常有勾勒的界线，把无关的兆或辞分划开。西周甲骨也有一些把卜辞隔开的界线。前节提到过1956年长安张家坡出土的胛骨之一，一兆外侧刻有

---

① 沈启无、朱耘庵：《龟卜通考》，《国立华北编译馆馆刊》一之三，1942年。

"一"形线，用以标记与"六八一一五一"一辞相关的兆的位置。与此相仿的刻线，也见于岐山凤雏H11：22卜甲等①，这种标记的线不见于殷墟甲骨。

据文献载，占卜有时查看有固定的辞句的繇书，有时则随事而占，没有固定的辞句。已发现的商周卜辞，都属于随事而占一类，但西周卜辞的格式比商代简略得多。殷墟甲骨的刻辞，一般分为署辞、兆辞、前辞、贞辞、占辞、验辞等项。西周甲骨只见有前辞、贞辞和占辞，而且大多数只有贞辞。

只有贞辞的，如凤雏H11：20："囟（斯）亡咎？"H11：132："王饮秦（臻）……？"

有前辞、贞辞的，如凤雏H11：1辞首有"癸巳彝文武帝乙宗贞"前辞。有贞辞和占辞的，如前举齐家村T1：1。

《史记·太史公自序》云："三王不同龟，四夷各异卜，然各以决吉凶。"商周的甲骨有许多根本性的差别，应该认为是两种不同传统的卜法。西周甲骨不是殷墟甲骨的直接延续。

殷墟的甲骨细分起来，其实也有不同的卜法传统。用我们近年提出的分期法②，殷墟甲骨至少有两大系统：

第一系统：宾组、出组、何组、黄组。

第二系统：自组、历组、无名组。

前一系统龟骨并用，后一系统由并用发展到专用胛骨，是最显著的区别，西周甲骨和这两个系统的差距都很远。值得注意的是，殷墟也发现有类似西周的卜辞，例如1950年在四盘磨西区出土的

---

① 陕西周原考古队：《陕西岐山凤雏村发现周初甲骨文》，图版伍：3，《文物》1979年第10期。

② 李学勤：《小屯南地甲骨与甲骨分期》，《文物》1981年第5期。

胛骨[①]，详见本章第三节。

凤雏甲骨的年代

现已发现的西周有字甲骨，有些时代不难确定，如白浮龟甲出于西周前期墓葬，齐家村甲骨出于西周中期地层。凤雏甲骨原存于窖穴，片多而零碎，需要仔细加以分析。

殷墟甲骨绝大部分也是在窖穴中发现的，"因甲骨大部分都是当时用过后的废弃之物，所以多是碎片，出在灰土坑中"[②]。少数出大量完整甲骨之坑，如YH127，甲骨也是倾入的，坑中有杂物甚至人骨。褚少孙补《史记·龟策列传》云："略闻夏殷欲卜者乃取蓍龟，已则弃去之，以为龟藏则不灵，蓍久则不神。至周室之卜官，常宝藏蓍龟。"从凤雏的窖穴看，西周时用过的甲骨仍有予以废弃的。因此，凤雏H11一坑，其中卜甲有年代已有早晚的差异。

1979年，我在中国古文字研究会年会上提出："有些周原卜辞中的'王'不是周王，而是商王帝辛。同辞的'周方伯'指后来被称为文王的西伯昌。这些卜辞，从其辞主而言，是确实的帝辛卜辞。"[③]后来我们高兴地获悉，美国加利福尼亚大学伯克利分校的吉德炜（David N. Keightley）教授也主张同片卜甲的制作者不是周君，而是他的敌人。这一类卜甲在凤雏H11有好几片，文字细小而规整，与其他有别。卜辞多为祭祀商先王，且多在文武丁或文武帝乙宗庙占卜，文例比较接近殷墟最晚的卜辞。我们认为这些是周人在商朝

---

① 郭宝钧：《一九五〇年春殷墟发掘报告》，《中国考古学报》第5册，1951年。

② 胡厚宣：《殷墟发掘》，第二章，学习生活出版社，1955年。

③ 李学勤、王宇信：《周原卜辞选释》，《古文字研究》第4辑，中华书局，1980年。

占卜的龟甲，其年代可定为周文王时，是这坑卜辞里面最早的。由殷墟有类似周人的卜骨发现看，这些片龟甲有可能是从商朝都邑带回的。

凤雏卜甲中的太保、毕公，是武王、成王、康王三朝的人物。H11：83的楚子，我们曾指出应即成王时受封的熊绎。

卜甲有"征巢""伐蜀"等辞。蜀在今成都，武王时曾随从伐纣，见《尚书·牧誓》。《逸周书·世俘》载，武王克商后，"庚子，陈本命伐磨，百韦命伐宣方，新荒命伐蜀。乙巳，陈本、新荒、蜀、磨至，告禽霍侯，俘艾佚侯、小臣四十有六，禽御八百有三十两，告以馘俘"。这是另一个蜀，是商朝的诸侯国，朱右曾《逸周书集训校释》疑在山东泰安西蜀亭。卜辞的伐蜀，克蜀，也可能指的是后者。

巢本为商朝诸侯，武王克商后来朝，见《尚书序》。巢是南方之国，在今安徽巢县[1]。长安张家坡所出铜鼎，有"象侯获巢，俘厥金胄"的铭文[2]，系周初器，应与"征巢"卜辞同时。穆王时班簋铭云"秉蜀、繁、巢"，三者均为边远方国。

凤雏卜甲屡见地名密，徐锡台先生释为今甘肃灵台西的密须[3]，是很对的。密或密须本为姞姓国，被周文王攻灭。西周的密则是周的同姓封国，趩簋铭有密叔，《大系》定为穆王时。恭王时

---

[1] 陈梦家《西周铜器断代（二）》以巢为《说文》之䣜，在今河南新野，但䣜乡系汉代地名。

[2] 中国科学院考古研究所沣西考古队：《陕西长安张家坡西周墓清理简报》，《考古》1965年第9期。

[3] 徐锡台：《周原出土的甲骨文所见人名、官名、方国、地名浅释》，《古文字研究》第1辑，中华书局，1979年。

有密康公，被王所灭。近年灵台白草坡发现的西周前期墓地，大概即属于密国，其器物铭文中的泾伯（旧释漻伯）、隔伯，应为密的卿大夫。

以上所论凤雏卜辞史事和人物，大抵属于西周早期。卜甲中还有一个人名，见于扶风出土的方鼎，同出在周原，应该是一个人。鼎的时代是穆王，故该卜甲恐不早于昭王，这很可能是H11甲骨年代的下限了（详见下节）。

所以，凤雏甲骨的年代上起周文王，下及昭、穆，主要属于西周早期。

卜与筮的关系

西周甲骨有一种由数字组成的辞，即很多学者已做讨论的筮数[①]。卜和筮是中国古代两种占卜吉凶的方术。卜用龟骨，依卜兆的形状判断吉凶；筮用蓍草，按揲蓍得数排列卦爻，从而决定休咎。《左传·僖公十五年》云："龟，象也；筮，数也。"杜预注言龟以象示，筮以数告。后世的卜法虽有以龟卜与《易》牵合附会的（如胡煦《卜法详考》所引《吴中卜法》），一个卜兆也不可能产生西周甲骨那样的六个数字。然而，甲骨上的数字符号又确实是与一定的兆关联的，何以如此，需要说明。

上述数字符号的西周甲骨已发现不少例，但在殷墟，如果不算四盘磨那一版，甲骨上就没有这种符号。这样的现象不能解释为周

---

① 张政烺：《试释周初青铜器铭文中的易卦》，《考古学报》1980年第4期。徐锡台、楼宇栋：《西周卦画试说》，《中国哲学》第3辑，生活·读书·新知三联书店，1980年。张亚初、刘雨：《从商周八卦数字符号谈筮法的几个问题》，《考古》1981年第2期。

人流行筮法而商人不行筮法，因为《世本·作篇》载"巫咸作筮"，巫咸是商王太戊时臣，可证筮法为商人所固有；同时在殷墟和其他商代遗址出土的陶器等上已找到一些数字符号[①]，证明不是没有筮法存在。何以如此，也需要说明。

我们觉得，这两个问题都可从文献记载获得解决的线索。

据《尚书·洪范》等书所述，古代占问祸福，卜与筮作为两种独立的方术，每每并用，即《礼记·曲礼》所谓"卜筮不相袭"。古人常在卜以前揲筮，如《周礼·筮人》郑注所说："当用卜者先筮之，……于筮之凶，则止不卜。"特别是在占问大事的时候，应先筮而后卜。《筮人》云：

> 凡国之大事，先筮而后卜。

这时为了参照，就可以将筮得的数刻记在有关卜兆旁边，表明其间的关系。估计西周甲骨上的数字符号，都是卜前所行关于同一事项揲筮的结果，与卜兆有参照的联系，却不是由兆象得出来的。

凤雏H11：85卜甲："七六六七一八，曰：其矢□鱼。"前面的数字，张政烺先生据《周易》释为《蛊》卦，可据此查阅筮书，定其休咎。后面"曰"字以下，则是卜后的占辞。矢鱼，参看《春秋》隐公五年"公矢鱼于棠"，《左传》释之为"陈鱼而观之"。

卜与筮虽然并行，在古人心目里却有不同的地位。所谓"筮短龟长"或"筮轻龟重"，卜法被认为更为重要。这一方面由于卜法

---

① 张亚初、刘雨：《从商周八卦数字符号谈筮法的几个问题》，《考古》1981年第2期。

手续繁杂，如《仪礼·士丧礼》注所言"龟重，威仪多"，"筮轻，威仪少"，同时更是由于卜用甲骨比较贵重，不易取得。殷墟的卜甲多来自贡纳，有的龟种产于南方，甚至个别来自南洋地区[①]。就连牛胛骨，也不是平民能随意使用的。因此，人的身份越尊贵，所卜问的事越重大，便更多采用卜法；相反，便多用筮法。《礼记·表记》说"天子无筮"，注云："谓征伐、出师若巡守，天子至尊，大事皆用卜也。"殷墟为商王旧都，所出甲骨大多数是王卜辞，主要用卜而罕用筮，与文献的记述是相符合的。

过去的学者因为只了解殷墟的商代甲骨，误以为甲骨是商文化特有的因素。陈梦家先生在《解放后甲骨的新资料和整理研究》一文中，尽力想把各地甲骨与殷人联系起来[②]。到《殷虚卜辞综述》，他便提出了周初甲骨存在的可能。现在我们知道，商、周都有有字甲骨，并各有其卜法传统，这对于研索商、周文化的关系，认识商、周间历史变革的意义，是有帮助的。

第二节 续论西周甲骨

西周甲骨自50年代以来陆续有所发现，但早期的发现都是零星的，直到近年陕西周原的甲骨出土，才有可能对西周甲骨做系统的考察。1980年我访问周原，蒙当地考古界惠助，观察释读了岐山凤雏和扶风齐家所出甲骨。次年，以周原材料为主，写了小文

---

① 参看吉德炜：《商史资料集》（英文），第一章第二节，美国加州大学，1978年。

② 陈梦家：《解放后甲骨的新资料和整理研究》，《文物参考资料》1954年第5期。

《西周甲骨的几点研究》[①]，对西周甲骨的卜法文例试加讨论，并以之与殷墟甲骨相对比，这篇小文已收入为本书上节。近来凤雏材料已有几套摹本和照片问世[②]，为进一步研究提供了便利。本节是上节的续篇和补正，有些以前已谈清楚的问题，这里不再重复，请大家指教。

西周甲骨的形制

在上节中，我们已经指出，西周甲骨与殷墟的商代甲骨有共同点而不属于同一系统。

周人卜法在取材方面兼用龟、骨。龟多用腹甲，有时也用背甲；骨已知的限于牛胛骨。这种情形，和殷墟甲骨中的主要系统宾组、出组、何组、黄组的序列，基本是一致的。

西周甲骨的修治，有其明显的特色。腹甲的首部上端留有宽厚的边缘，中间经过掏挖，不像殷墟腹甲那样锉平。有的西周腹甲，首部中央还有一个圆形浅穴。

北京昌平白浮出土的西周背甲，有的保留着完整的脊甲，说明它不是像殷墟背甲那样对剖为二。在河北藁城台西等地发现过不对剖的商代卜用背甲[③]，殷墟也出现过个别"未解开之背

---

① 李学勤：《西周甲骨的几点研究》，《文物》1981年第9期。

② 陈全方：《陕西岐山凤雏村西周甲骨文概论》，《四川大学学报丛刊》第10辑《古文字研究论文集》，四川人民出版社，1982年。陈全方：《周原与周文化》，上海人民出版社，1988年。徐锡台：《周原甲骨文综述》，《周原甲骨文》，三秦出版社，1982年。

③ 李学勤、唐云明：《河北藁城台西甲骨的初步考察》，《考古与文物》1982年第3期。

甲"①，唯均罕见。

西周的胛骨一般不锯去臼角，使用时大多以臼部向下为正，臼部向上或向旁是个别的。殷墟胛骨的情形相反，以臼部向上为通例，不过也有极少数臼部向下的例子，如《萃编》959和《甲编》2902。

西周甲骨的钻凿，与殷墟甲骨显然不同。其胛骨多为圆钻，规则而平底，我们曾指出它们是用钻钻成的。龟甲一般都是密集的方凿。过去我们说"周原卜甲中有'文武帝'或'文武帝乙'字样的各片，则为圆钻"②，系得自传闻，与事实不符，应予更正。现在看来，各地出土的西周龟甲，均以方凿为通例。

凤雏有的卜甲上面的凿，初看似乎较圆，实际上是圆角的方形，所以仍属于方凿的范围。真正在圆钻旁加凿竖槽的甚少，如徐锡台先生1980年发表的一片，有两个很浅的圆钻③，在西周卜甲里是很稀见的。

我们提到过西周龟甲的方凿就是《周礼·卜师》所说的"方兆"。《卜师》云"掌开龟之四兆"，而"方兆"居四兆之首，这和卜甲实物上方凿的普遍存在是相符合的。

西周甲骨的辞例

西周甲骨和殷墟甲骨一样，有契刻的卜辞。殷墟甲骨的刻辞，

---

① 严一萍：《YH127坑的使用时期》，《中国文字》新3期，艺文印书馆，1981年。

② 李学勤、王宇信：《周原卜辞选释》，《古文字研究》第4辑，中华书局，1980年。

③ 徐锡台：《周原出土甲骨的字型与孔型》，图一：7，《考古与文物》1980年第2期。

细分有署辞、兆辞、前辞、贞辞、占辞、验辞等部分。在上节中，我们列举了西周甲骨的前辞、贞辞、占辞，现在看新发表的凤雏龟甲，知道西周卜辞的辞例和殷墟的同样复杂，需要重新论述。

殷墟甲骨常有署辞，记录甲骨的来源和数量。胡厚宣先生曾撰《武丁时五种记事刻辞考》[①]，所论就是自组、宾组的署辞；历组、出组和何组，也发现有类似的署辞，而年代更晚的无名组、黄组甲骨，署辞归于消灭。在凤雏出土的西周卜甲，可以看到以下五例：

自不指	H11：108
自不指	H11：131
自不指	H11：135
自不指	H11：188
自指	H11：172

字在甲边缘部分，文例类似殷墟宾组甲骨的署辞，如：

自橐	《前编》6，58，1
自匿	《佚存》531

所以肯定也是署辞。

宾组甲骨的署辞还有作"某以"的，如：

---

① 胡厚宣：《武丁时五种记事刻辞考》，《甲骨学商史论丛初集》，齐鲁大学国学研究所，1944年。

邑以	《殷契卜辞》277
我以	善斋

均见上述胡文所引。凤雏卜甲文例类似的有：

鹏以	H11：29

但H11：138+160作"以鹏"，H11：89作"……鹏"，究竟是不是署辞，还难于确定。

凤雏卜甲有下列特殊的刻辞：

乙丑⺊豙	H11：187
乙卯⺊豙	H11：127
己酉⺊豙	H11：128
……⺊豙	H11：73

其辞在前面两例可看出是刻在甲背凿旁。"⺊豙"字从"卜""豙"声，字书所无，疑读为"燧"，《文选·西京赋》薛注："火也。"这些刻辞疑系记灼兆的日期。这当然仅仅是一种猜测。

西周甲骨没有发现兆辞，也没有像殷墟甲骨那种以数字标于兆侧的兆序。

甲骨上契刻的卜辞，一定要和有关的兆联系起来，才能表明兆象所指，因此卜辞必须是守兆的。在殷墟甲骨上，卜辞多刻在有关兆的旁边。如果两辞邻近，常画一条线，把无关的兆和辞隔开，以便审读。西周甲骨在表示兆与卜辞的关系时，采用了以下三种方法：

一种是把卜辞刻在兆侧，把字写得极小，这样在各辞间就有足够的空隙，以示分别。H11：1是最好的例子。在这种情形下，字缩到须用放大镜阅读的程度，比殷墟甲骨子组、黄组的小字还要小得多。

第二种是在卜辞间画出界线，与殷墟甲骨同例。如H11：4有下列二辞：

　　其㱭楚。

　　巳厥燎，师氏自燎。

在两辞之间有一竖线，显然是为了把二辞区别开来。又如H11：10有一"贞"字，下面有一L形折线；H11：90有"……六六七"，下面有由两直线相交构成的L形线，也都是为分隔卜辞而设的界线。

第三种是在兆的旁边画一"⌐"形线，作为与卜辞有关的兆的标识。在上节中，我们曾举出丰镐遗址出土的一块胛骨为例。洪洞坊堆的有字胛骨近年有新照片和摹本发表[1]，可以看到有一条卜辞刻的胛骨右侧，其左上方有一"⌐"形线，标记出有关的兆。这种"⌐"形线，在凤雏卜甲上几次出现，如H11：22、H11：75+126、H11：173、H11：190、H11：194等，均其佳例。

这三种方法的第一、三两种，都不见于殷墟甲骨。

在所刻文字的方向上，西周甲骨与殷墟甲骨也有明显的差别。

---

① 山西省文物工作委员会编：《山西出土文物》，图版60，1980年。

殷墟甲骨上的文字，可以自上向下读，自右向左读，也可以自左向右读，依卜辞在甲骨上的部位及卜兆的朝向而定，但就各个文字而言，一律是以同一方向书写的。也就是说，在腹甲上的文字均以甲首的方向为上，在胛骨上的文字均以骨臼的方向为上。西周甲骨上的文字却常常不是一个方向的，如扶风齐家村H3：1腹甲和采94胛骨[①]，卜辞文字都有相反的两个方向。凤雏卜甲H11：8、H11：11、H11：15、H11：51+107、H11：87、H11：111+161、H11：133、H11：232等，都有互成90度角的文字，有的似为一辞沿卜兆坼枝而折写，有的则为两辞。

西周甲骨的前辞形式相当复杂，很难归纳出一定的规律，但总的说来，和殷墟卜辞殊不相同。

前辞包含有"贞"字的，可列为第一类。其接近殷墟卜辞的，有凤雏卜甲：

      癸巳彝文武帝乙宗贞　　　　　　H11：1

我们曾举出殷墟甲骨中"彝"字之例，说明它有居处之义[②]。殷墟卜辞没有在前辞中用"彝"字的，也没有在前辞里记在某先王宗庙的。和H11：1相似的，有H11：112：

      彝文武丁必（秘）贞

---

① 陕西周原考古队：《扶风县齐家村西周甲骨发掘简报》，图八、图一二，《文物》1981年第9期。

② 李学勤、王宇信：《周原卜辞选释》，《古文字研究》第4辑，中华书局，1980年。

"必"即《逸周书·尝麦》"少秘"之"秘"，也与宗庙有关①。这条前辞省去干支，是与H11：1不同之点。

在前辞中记贞卜者的例子，有凤雏卜甲：

　　　　……王贞　　　　　　　　　H11：167

此外还有扶风齐家村卜甲：

　　　　保贞　　　　　　　　　　　H3：1

类似的可举出凤雏卜甲H11：13和齐家村胛骨采112，有"□贞"或"□□贞"。这里的"保"等是否人名，尚值得考虑。

前辞只作一"贞"字的，见凤雏卜甲H11：84和174。

需要注意的是，西周卜辞的"贞"字都是从"卜"的"贞"，不像殷墟甲骨那样一般以"鼎"为"贞"。另外，如洪洞坊堆卜骨"贞"字在辞末，当训为"正"，这在殷墟卜辞中也是没有见过的。

第二类是前辞有"卜曰"，如凤雏卜甲：

　　　　八月辛卯卜曰　　　　H31：3
　　　　在旅尔卜曰　　　　　H31：2
　　　　□乎（呼）宝卜曰　　H11：52

H31：3前辞可在殷墟的自组卜辞找到类似的例子，如：

―――――――――――

① 参看于省吾：《甲骨文字释林》上卷《释必》，中华书局，1979年。

三月己卯卜　　　　　《天壤》49

四月癸卯卜　　　　　《拾掇》2，164

十二月乙丑贞日　　　《邺中》3下35，1、《苏德美日》3，1

至于后两条，在"卜曰"前记地名或卜人名，就不能在殷墟卜辞中找到先例。另外，齐家村采112有"卜曰"，凤雏H11：38有"王卜"，也是特例。

更重要的是西周甲骨有作"卧曰"的另一类前辞，其例如下：

卧曰：子……

卧曰：其……　　　　　　　　　　　H11：5

卧曰：并，囟（思）克事。

……□，囟（思）克事。　　　　　　H11：6+32

卧曰：毋……既，弗克入□。　　　　H31：4

按"卧"字见于《说文》，云"卜问也"，与"贞"的训解相同。前人研究《说文》，于此字不得其解，段玉裁称："疑此即后人杯珓字，后人所增。"现在看西周卜辞，此字用法确与"贞"相同，可知段氏之说是不正确的。

占辞在西周甲骨也是存在的。如凤雏H11：189卜甲有"……曰吉"。齐家村H3：1卜甲有"吉"，又有"用由逋妾，此由亦此亡"。都可能是占辞。凤雏卜甲还有：

兹用　　　　H11：48

今用　　　　H11：16

　　　　弗用兹卜　　　　　H11：65

和殷墟甲骨中的"兹用"等语接近。至于验辞，目前尚未在西周甲骨中发现。

　　凤雏卜甲H11：31和H11：104背面均有一较大的"周"字。我们知道周原遗址为周人旧都，文王迁丰后为周公所封周城①。同出卜甲有：

　　　　祠自蒿（郊）于周　　　　　　H11：117
　　　　祠自蒿（郊）于丰②　　　　　H11：20

两片甲背面的"周"字应该是记卜甲属于周城。这种刻辞在殷墟也是没有的。

"囟"字

　　西周卜辞中"囟"字最多见，我们已指出此字不是"叀（惠）"或"迺"，应释为"囟"，读为"思"或"斯"，并引宋代著录师询簋"万囟年"即"万斯年"为证③。最近美国学者夏含夷（Edward L. Shaughnessy）著文，提出凤雏卜甲H11：174有"叀"字，H31：4有"迺"字，均与"囟"字同版，足证此字不能作"叀""迺"释。

――――――――――

　　① 李学勤：《青铜器与周原遗址》，《西北大学学报》（哲学社会科学版）1981年第2期。

　　②"丰（豐）"字多释为"亘"，按应为"丰（豐）"字省写，与H11：51+107繁写不同。

　　③ 李学勤、王宇信：《周原卜辞选释》，《古文字研究》第4辑，中华书局，1980年。

"🀃"字又见H11：168+268和H11：237，写法和"凶"迥然不同。

读为"思"或"斯"的"凶"，在西周卜辞中多用在全辞最后一句，有时也用于单句构成的辞。下面是一些例子：

凶亡咎	H11：28、35、77、96，H31：3
凶亡眚	H11：20
凶正	H11：82、84、114、130
凶又（有）正	H11：1
凶尚（当）	H11：2
凶克事	H11：21
凶克往密	H11：136
凶城（成）	H31：5
凶又（有）罱	齐家村采112
凶不妥王	H11：174
凶不大追	H11：47
凶御于永冬（终）	
凶御于永令（命）	齐家村H31：1

不难看出，这些都是带有判断口吻的话，最多见的前五条，"亡咎"即《周易》习见的"无咎"，"亡眚"的意义相近。"正"、"有正"和"当"三者意义相同，殷墟黄组卜辞辞末也常有"正"或"有正"。古代"贞""正"二字相通假[1]，所以洪洞坊堆卜骨辞尾的

---

[1] 于省吾：《泽螺居诗经新证》卷中《维龟正之》，第150—151页，中华书局，1982年。

"贞"也就是"正",恰与《周易》文例相合。

《左传》《国语》所载卜筮命辞,辞的末句常冠以"尚"字,"尚"当依《尔雅》训为"庶几",杨树达先生认为是命令副词[1]。西周卜辞的"囟(斯)"字应训为"其"[2],也是义为"庶几"的命令副词[3]。必须注意的是,"斯……"或"尚……"这样以命令副词开首的句子,绝不是问句。这表明,西周卜辞都不是问句。

既然西周卜辞的"斯正""斯有正"之类不是问句,殷墟卜辞的"正""有正"也肯定不是问句。卜辞是否问句,近年在学术界是一个争论问题,涉及对所有卜辞的理解。上面的分析可能对解决这一问题有所裨益。

性质与年代

下面我们专门讨论凤雏卜甲的性质和年代的问题。这批卜甲中属于商代末年的,至少有以下四片:

> 癸巳彝文武帝乙宗贞,王其邵吮成唐蠹,御,及(服)二
> 女,其彝:血牲三,豚三,囟(斯)又(有)正。　　H11:1
> 贞,王其秦又(侑)大甲,㠱周方白(伯),盡,囟(斯)
> 正,不ナ(左)于受又(有)又(佑)。　　H11:84

以上两片,我们曾加详释,指出辞中之"王"为商王帝辛,"周方

---

① 杨树达:《词诠》卷五,第239页,中华书局,1954年。

② 裴学海:《古书虚字集释》卷八,第704页,中华书局,1954年。

③ 杨树达:《词诠》卷四,第161页,中华书局,1954年。

伯"为西伯，即周文王①。

> ……才（在）文武……贞，王其邵帝□天□殹曶周方白
> （伯），□□，囟（斯）正，亡左（左）……王受又（有）又
> （佑）。   H11：82
> 彝文武丁必（秘）贞，王翌日乙酉其牵，再中，□武丁豐
> （醴）。□□氿卯……ナ（左），王［受有佑］。   H11：112

以上两片字体文例都和前两片相同，应亦为同时之物。此外，可能同时的还有H11：130和H11：189等残辞。

上述各片"王"字都作"王"，与殷墟黄组卜辞即董氏第五期卜辞一致。这几片的字都刻得小如粟米，一望而知与其他不同。从性质来说，它们都是王卜辞。它们的卜法是周人系统的，又有两片提到"方伯"，所以我们还是把它们划为周的卜辞。

关于其他卜甲，我们在上节已说明其间出现的人物，如太保、毕公是武、成、康三朝人臣，楚于（楚伯）即成王时受封的熊绎。另有一人名，各家都读为"宬叔"，以为即郕叔武，我们细看原辞，怀疑"宬"字实际上是"密"字又一写法，只是将两个戈形合书在一起了。"密叔"曾见于趞篙铭，凤雏卜甲提到地名密的也很多。是否如此，有待于深入研究。

卜甲中有一个人名，足以论证凤雏甲骨年代的下限，就是前边提到的署辞里的不指。不指或作"不杊"，是因为"旨"从"匕"

---

① 李学勤、王宇信：《周原卜辞选释》，《古文字研究》第4辑，中华书局，1980年。

声。其所以又省称"棺",是由于"不"是发语词,如《左传》人名惠墙的"惠","伊戾"的"伊"。著名的不其簋器主不其,也就是秦庄公其[1],与此同例。不棺其人,见于扶风齐镇村东出土的不棺方鼎[2]。方鼎上"不棺"二字和卜甲上面的酷肖,又同出于周原范围内,相距不远,绝不能是巧合。这件方鼎出于墓葬,估计很可能是不棺的墓。鼎的时代是清楚的,从形制、纹饰、字体等特点看,当属于周穆王时期。由此看来,有"自不棺"署辞的卜甲不会早过昭王时。

根据上面所论,凤雏甲骨的年代应包括文王至昭、穆间的时期。

较晚的卜甲,文字较大而疏散。其中很多片提到王,还有"王卜"即王亲自占卜之例,所以它们也是王卜辞口吻。仅有少数似乎有异,如我们讨论过的 H11：3。又如 H11：100 有"其从王……"之语,有可能辞主不是王,但也未能完全确定。

凤雏两坑所出甲骨都十分破碎,据说有的甲骨上有可串连的孔。殷墟曾出过少数有穿孔的甲骨小片,例如《库方》420,都是利用已弃置的字甲骨改制成为饰物。如果凤雏甲骨也包括这样的穿孔碎片,便可说明这些甲骨都是经过废弃的。

补记：凤雏卜甲"𠧤"字应从"卜"声,读为"剥"。《说文》"剥"字或从"卜"声作"⺊刂"。"剥"训为割裂,在此指杀龟取甲而言。

---

[1] 李学勤：《秦国文物的新认识》,《文物》1980 年第 9 期。

[2] 周文：《新出土的几件西周铜器》,《文物》1972 年第 7 期。

第三节　殷墟出土的周人甲骨

在本章上两节中，我们已谈到岐山凤雏卜甲里面有少数是周文王时期的，系周人在商朝所卜，后来携归周原①，这个看法，是由卜甲上面卜辞的内容推定的。辞内有文丁和帝乙的宗庙，即其明证，因为在周不会建有商先王的庙，周君也不能对之进行祭祀。有些学者持不同看法，认为在商朝没有周人的卜辞。事实上，殷墟已经发现了无疑属于周人系统的甲骨，而且和筮法有特别的关系，应在此做一专门的讨论。

筮数卜骨

第一个例子是前面已提到的四盘磨卜骨。这件卜骨是1950年殷墟发掘时，在四盘磨西区获得。据报告，卜骨出于SP11小探坑，"在这坑中，出有磨石一块，带窗格陶火炉一个，红色陶罐一个，灰色陶罐一个，陶兽头一个，大卜骨三块"，估计是一处居住遗迹②。报告中发表了卜骨的拓本，但没有陶火炉以及同出器物的图片。

最近，曹定云先生在一篇文章里发表了这件卜骨的新拓本和摹本，正反面齐备，只是较原报告少了一个小碎片。据称，这版胛骨，"保留了肩胛的上部，宽约6.5厘米，残长约14.8厘米。其臼角

---

① 参看李学勤：《周文王时期卜甲与商周文化关系》，《人文杂志》1988年第2期。

② 郭宝钧：《一九五〇年春殷墟发掘报告》，《中国考古学报》第5册，1951年。

被切除，臼角切除的长度与骨臼背面截锯后所保留的长度相等"①。

四盘磨这版卜骨，我曾仔细观察过，是较小的牛右胛骨，表面呈黄白色，其形制比较接近于常见的商代卜骨，如切除臼角。背面自骨颈起有左右两排长凿，现存每排四个，夹间还可见两个凿的一部分，可知在骨扇上凿的排数更多。这种分布，和常见的商代卜骨也是类似的。凿侧没有钻，仅在一边加灼，所显的兆呈锯齿形纵线状。

卜骨上共刻有三条卜辞，各守一兆，都是横刻直行，由骨缘向内，走向相反，因此骨臼一端可能是横向放置的②，卜辞是：

七五七六六六，曰：囟（斯）□。

八六六五八七。

七八七六七六，曰：囟（斯）□。③

"斯"下一字，两辞似乎相同，很不清晰，但一定包含踞坐的人形④。

前面已经说过，"斯……"这样的句例在大量殷墟卜辞中尚属未见，而在周原卜辞则是习见的。1954年发现的洪洞坊堆村有字卜骨，也有同样句例。这是卜骨应属周人系统的一个明显标志。

如曹文所说，四盘磨这版卜骨出土的层位和一些同出器物还不清楚，无法据以确定卜骨的分期。曹文对骨上的凿的形态做了研

---

① 曹定云：《殷墟四盘磨"易卦"卜骨研究》，《考古》1989年第7期。

② 张政烺：《试释周初青铜器铭文中的易卦》，《考古学报》1980年第4期。

③ "斯"和下面的字应分读，这一点是裘锡圭先生1989年观察原骨时指出的。

④ 李学勤：《再谈洪洞坊堆村有字卜骨》，《文物季刊》1990年第1期。

究，认为同于《小屯南地甲骨》所分的V2型，同时凿旁的灼都在内侧，如有兆枝出现，应是内向的，这些类似他所讲的"康丁卜辞"。按他说的"康丁卜辞"，属于我们所分出土于小屯村中、南的无名组卜辞，其年代下限可以到文丁时期[①]。

周原出土的卜骨，虽多为圆钻，但其兆枝都是内向的，和四盘磨的一版显然相似。例如在扶风发现的80扶齐采：94、80扶齐采：112、扶齐T1H3：6、扶齐T2H3：22、扶齐T3：27、扶齐T3：28、扶齐T4H2：2等，均有这样的特点[②]，可以看到兆排成相向的两排。这种形态无疑和四盘磨卜骨有一定的关系。

四盘磨卜骨上文字的字体，和周原甲骨较早的酷似，也同样细小。特别是扶风齐家村所出80扶齐采：94卜骨，文字也是横刻直行，和四盘磨这版非常相像。

筮数卜甲

"1980年10月底，考古所甲骨组的两位同志在安阳工作队复查1973年小屯南地陶片时，在考古队仓库发现一包卜甲，当时进行清洗，发现其上有'易卦'和文字。带回北京后，经粘对复原，上面文字和'易卦'排列有序，为以往所罕见"。这是一版保留约四分之三的龟腹甲，宽23.6厘米，残长22.5厘米，其甲首经掏挖后留有宽厚的边缘，甲桥仅前后尖突部分被切锯，均与常见的殷墟腹甲有异[③]，值得注意。

---

① 李学勤、彭裕商：《殷墟甲骨分期新论》，《中原文物》1990年第3期。

② 罗西章、王均显：《周原扶风地区出土西周甲骨的初步认识》，《文物》1987年第2期。

③ 肖楠：《安阳殷墟发现"易卦"卜甲》，《考古》1989年第1期。

这版卜甲的形制，和周原的卜甲十分相似。扶风出土的，如扶齐M47：1、扶齐M47：2，修治的方式与殷墟此版基本一样；扶齐H3：4也差不多，只是甲首未经掏挖[①]。据我所见，岐山也出有类似的卜甲。这些卜甲，都有密集的方凿，殷墟此版也是这样，仅仅凿的角隅略圆一些。

殷墟这版卜甲上存有文字五处，与反面的凿对看，知道都是守兆的，也就是各同一定的兆相对应。文字都十分细小，和周原甲骨较早的相类。尽管腹甲的表面面积很大，字仍然刻得小如粟米，和多数殷墟甲骨显然不同。文字除中甲上的一处外，都是横刻直行，走向朝着甲缘，也是一般殷墟甲骨所未见的。估计岐山凤雏那些文字细小的甲片，其原来全甲的面貌也当与此相近。

五处文字，有的是筮数，有的则不是，试释如下：

> 疒（？）宀疒九。
>
> 七七六七六六，贞吉。
>
> 六七八九六八。
>
> 友。（另有平行短线，意义待考。）
>
> 六七一六七九。

"贞吉"一语见于《周易》，在殷墟卜辞中却是没有的。肖楠文中指出，"卜甲上之'贞'字上有一个小的'卜'字，是周原甲骨的常见写法"[②]。这个"贞"字和凤雏卜甲H11：1、H11：112、H11：

---

① 肖楠：《安阳殷墟发现"易卦"卜甲》，《考古》1989年第1期。

② 肖楠：《安阳殷墟发现"易卦"卜甲》，《考古》1989年第1期。

174等片的"贞"几乎完全一样，而前面已说过，H11：1、H11：
112等确定属于纣与文王时期。

肖楠文讲到殷墟这版卜甲已经鉴定，种属为当地之龟，所以卜
甲是周人在商朝占卜的，并非自周带来，这一点也颇为重要。

一点推论

迄今已知殷墟的筮数例证，数量并不很多[1]，而且多是应用器
物，如殷墟苗圃北地M80的砺石，属殷墟三期；同地点GT406④：
6、GT409④：6两件陶簋[2]，属殷墟四期。《邺中片羽二集》所收的
一件陶爵范，很可能也是苗圃北地所出，也属四期。此外甲骨上的
筮数，如《殷墟文字外编》448的"六六六"，性质如何，仍待考
虑。苗圃北地一带主要是铸铜作坊遗址，为什么集中有筮数材料发
现，是很有兴味的问题。

至于明确记有筮数的甲骨，就是本节所讨论的四盘磨卜骨，和
1980年找到的卜甲。四盘磨没有出过其他有字甲骨，这块卜骨显
然十分特殊。那版卜甲虽不知准确的出土位置，但特殊性也是明显
的。从上面的讨论看，它们应该是周人在当地占卜的，因而和一般
殷墟甲骨有别。由此可以联想，苗圃北地之所以屡见筮数，也有
可能是有殷人以外的人员在那里聚居或服役，有着不同于殷人的
风习。

周人在商朝占有较重要的地位，是在武乙以后。据古本《竹书

---

[1] 郑若葵：《安阳苗圃北地新发现的殷代刻数石器及相关问题》，表一，《文
物》1986年第2期。

[2] 中国社会科学院考古研究所：《殷墟发掘报告 1958—1961》，图九八：7、
9，第131页，文物出版社，1987年。

纪年》，武乙三十四年，周王季来朝，武乙予以厚赐；文丁四年，命王季为殷牧师[1]。到文王，即为纣的三公之一，为商朝的重臣。殷墟出土的筮数甲骨，以及苗圃北地那些有筮数的器物，年代都在这一范围之内。由此我们不妨猜测，这些均与周人有着关系。

这样说，当然不是以为殷人没有筮法。相反，如前所述，巫咸作筮的传说表明筮法早已存在。只是殷人不像周人那样把卜、筮密切地结合在一起，所以在其卜辞中罕见筮的痕迹。特别是商王室的占卜，是国之大事，更以卜法为主。周人则更重视筮法，文王的演《易》或即由于此故。正是在周代，《易》逐渐具有越来越丰富的义理和内涵，终至超出了作为卜筮之书的本来性质。

补记：本书初版后，2002年我有机会再观察四盘磨卜骨，看清两"凶"字下是一般释"御"的字，左为一竖笔，右从"卩"。

第四节　中方鼎与《周易》

《周易》一书，在中国学术史上有特别重要的特殊地位。旧说《易》之形成经过伏羲、文王、孔子，故云"人更三圣，世历三古"[2]，而其兴起在商周之际。《系辞下》云："《易》之兴也，其于中古乎？"又云："《易》之兴也，其当殷之末世、周之盛德邪？当文王与纣之事邪？"即说明《易》与西周的联系。《史记》载，"西伯（文王）盖即位五十年，其囚羑里，盖益《易》之八卦为六十四

---

① 方诗铭、王修龄：《古本竹书纪年辑证》，第33—35页，上海古籍出版社，1981年。按王季为殷牧师或说在武乙时，《孔丛子》云在帝乙时，则疑为武乙之误。

② 《汉书·艺文志》。

卦"①，说法与《系辞》相应。不过，《史记》和《系辞》一样，在叙述时作疑辞，《易》究竟是否和文王有关，甚至能否早到西周初年，都有学者加以怀疑。

《周易》卦爻辞中包含着若干人名和故事，前人已有详细考证②，例如帝乙、箕子、康侯等，皆属于商周之际。高亨先生认为："《周易》古经，大抵成于周初。其中故事，最晚者在文、武之世。……其中无武王以后事，可证此书成于周初矣。至于最后撰人为谁，则不可知。后儒谓文王作卦辞，周公作爻辞，与此书之内容无所抵触。其或文王、周公对于此书有订补之功欤？"③不过，《周易》经文中有没有武王以后事，学术界尚有争论，比如郭沫若先生即以为其间有春秋中叶的故事④。即使没有武王以后事，严格说来这也只能定其时代的上限，不能作为成于周初的充分证据。

春秋时期已有《周易》存在，是很清楚的。这是因为《左传》《国语》两书记录有许多具体的筮例，有的引卦爻辞，有的明言《周易》，还有一些可由筮法推知是用《周易》。或许有人怀疑《左》《国》，像清代今义学派那样指斥为刘歆造伪，但西晋时汲冢出土竹简有《师春》一卷，"纯集疏《左氏传》卜筮事，上下次第及其文义皆与《左传》同"⑤，其书不晚于战国中叶。如果能发现西

---

① 《史记·周本纪》。

② 顾颉刚：《古史辨》第3册上编，上海古籍出版社，1982年。

③ 高亨：《周易古经的作者与时代》，《周易古经今注》（重订本）卷首第一篇《周易琐语》，第12页，中华书局，1984年。

④ 郭沫若：《〈周易〉之制作时代》，《郭沫若全集·历史编》第1卷《青铜时代》，人民出版社，1982年。

⑤ 杜预：《春秋经传集解》，后序，《春秋左传正义》卷六十，上海古籍出版社，1990年。

周时期也有用《周易》的筮例，就可以确证《周易》经文当时已经存在。

近些年，在商周的甲骨、青铜器、陶器等文物上，屡屡发现一种由数字连缀而成的符号，通过研究，许多学者都认为与《易》卦有关。关于这种符号的研究过程，读者可参看中山大学曾宪通先生的综述①，在此不能详论。这方面的探讨成果，为《周易》形成的研究提供了非常宝贵的线索。特别是最近，这种符号的材料越来越多，所包含数字从一至十，除二、三、四外均已齐备，更引起研究者的重视。可以说，现在我们在《左》《国》之外，又获得相当数量的筮例，而且大多时代更早。可惜的是，这些新的筮例绝大多数十分简略，或者只有数字符号，或者有命辞而无占辞，甚或残缺不全，不能像《左》《国》所载有情节原委，足以推知当时的筮法。

还必须注意的是《周礼·大卜》记述有三易之法，"一曰《连山》，二曰《归藏》，三曰《周易》，其经卦皆八，其别皆六十有四"。《连山》《归藏》久已亡佚，其筮法如何，很难讨论。就是《周易》，其早期筮法也未必与后世流传的相同，《左》《国》筮例即有疑难费解的。迄今发现的上述数字符号，使用数字不限于七、八、九、六，便是有异于《左》《国》筮例的明证。因此，在商周遗物上出现的数字符号，虽然看来是与《易》卦有关，可是其属于《易》的哪一种，还是需要论证的问题。

数字符号最早一次发现，是北宋徽宗重和元年（1118）孝感（今湖北孝感）出土的安州六器中一件方鼎的铭文。这件方鼎著录

---

① 曾宪通：《建国以来古文字研究概况及展望》，一《甲骨文研究》，《中国语文》1988年第1期。

于《博古》2，19、《薛氏》10，5、《啸堂》10，铭文除数字符号外计55字，释文如次：

惟十又三月庚寅，

王在寒次。王令大

史贶福土。王曰："中，

兹福人入事，锡于

斌王作臣。今贶畀

汝福土，作乃采。"中

对王休令，鬶父乙障。

惟臣尚中臣，七八六六六六，八七六六六六。

如张政烺先生所说："铭文中著易卦的，文辞都简古，无法探究其意义，唯中鼎铭文篇幅稍长，有文义可寻。"[1]这是数字符号筮例唯一可以比较详细地讨论的，今分几个问题加以说明。

（一）中的事迹

要研究这一筮例，应先了解其史事背景。安州六器的时代，过去主要有成王、昭王两说，近年由于新的青铜器发现，已可决定当属昭王[2]。器铭所记，均与昭王南征之事有关。

六器内的中觯铭云："王大省公族于庚（唐），振旅，王锡中马自厉侯四骒，南宫贶，王曰：'用先。'"是昭王在唐国（今湖北

---

[1] 张政烺：《试释周初青铜器铭文中的易卦》，《考古学报》1980年第4期。

[2] 唐兰：《西周青铜器铭文分代史征》卷四下，中华书局，1986年。李学勤：《西周中期青铜器的重要标尺》，《中国历史博物馆馆刊》总第1期，1979年。

随州西北）检阅公族，以厉侯（今湖北随州北）之马赐予中，命他作为南征的先导，由南宫将马觊赏于中。看来，中可能是南宫的下属。（按古代父子异宫①，故太子常称东宫，此处南宫不称名，可能系王子之一，而不是像南宫适那样的南宫氏。）

中𣪘铭云：“王令中先，省南国，贯行，设应在曾。史兒至，以王令，曰：‘余令汝使小大邦。……’”可知中不仅为王先导，且受命出使大小诸侯。曾即文献随国（今湖北随州）②。中所使各地，北起方（方城，今河南方城东北）③、邓（今河南邓县，一说湖北襄樊北），南至鄂（今湖北鄂城）及汉水一带。

两件有纪年的中方鼎铭云：“惟王令南宫伐反虎方之年，王令中先，省南国，贯行，设王应在夔𨺼，负山，中呼归（馈）生凤于王。”所记也是为王南征先导时事，夔（今湖北秭归）系山区。

据古本《竹书纪年》等书所载，昭王于其十六年伐楚荆，涉汉。安州六器所记即当时之事。1976年陕西扶风庄白出土的史墙盘，铭文追述“弘鲁昭王，广能楚荆，惟宾南行”④，与六器铭所言“省南国，贯行”正合。到昭王十九年，王归途中再渡汉水，淹死水中，六师也都丧失，此次南征遂以失败告终。

（二）鼎铭内容

我们讨论的这篇方鼎铭，开首说“惟十又三月庚寅”，前人已

---

① 王国维：《观堂集林》卷三《明堂庙寝通考》，《王国维遗书》第1册，上海古籍书店，1983年。

② 李学勤：《曾国之谜》，《新出青铜器研究》，文物出版社，1990年。

③ 唐兰：《西周青铜器铭文分代史征》卷四下，中华书局，1986年。

④ 吴镇烽编：《西周金文撷英》，一一，三秦出版社，1986年。

指出仅较趞尊早一日，而鼎铭"王在寒次"，尊铭"王在斥"，均记赐采之事。另外有"王在斥"的，还有作册析尊、方彝、觥及作册睘尊，前者也记赐土，其时间均为十九年。由此推断，这里讨论的中方鼎很可能作于昭王十八年十三月，即年末的闰月。该时中受命先导、出使的事都已完成，从而王给以封赐。

昭王说"兹福人入事，锡于珷王作臣"，是追述武王时候的事情。武王克商，征伐四方，"凡服国六百五十有二"[1]，福人入事，臣服于武王，或即在当时。"锡"的意思是献[2]，自献于武王作臣，即臣服之意。

体味铭文，福人于武王时入事，必不在周王畿以内，而在较边远的地方。这样看，昭王把福土赐给中，说"作乃采"，恐非一般采地。按古代的"采"有两义，一种为畿内采地，一种则可远在畿外。顾颉刚先生论中方鼎铭云："《郑语》之序祝融八姓，曰：'妘姓邬、郐、路、偪阳，曹姓邹、莒，皆为采、卫，或在王室，或在夷狄，莫之数也。'所谓'采、卫'虽未易作确诂，然观'或在王室，或在夷狄'之言，其地位始介于宾服与要服之间，示其为游离之族，虽与王朝有相当关系，而又克保其固有势力者。按采、卫之'采'与卿大夫之采邑同名而异实，卿大夫之采邑在王畿，而采、卫则可在王朝，亦可在边远地区。"[3] 其说甚是。

安州六器是中所作铭功报先的祭器，出土的地点孝感，应该就是中受封的福地。不管这批青铜器是出于墓葬还是窖藏，都可以这样推断。看来中并没有在丧六师时死去，否则他的祭器便不会完整

---

[1]《逸周书·世俘》。

[2] 杨筠如：《尚书覈诂》卷一《尧典》，陕西人民出版社，1959年。

[3] 顾颉刚：《史林杂识初编》，一《畿服》，中华书局，1963年。

成组地埋藏了。

（三）筮辞试释

明白了方鼎铭的背景和内容，我们就可进而考察铭末的筮辞："惟臣尚中臣，七八六六六六，八七六六六六。"

先讲辞应如何断句。宋人著录鼎铭，因不识数字符号，释为"赫"字，后来有不少学者把数字符号连在"臣"字以下读。现在辨出它们与《易》卦有关，可知最好在"臣"字下断读，像张政烺先生和张亚初、刘雨两位[1]，都是这样读的。

"惟臣尚中臣"一句，前一"臣"字显然是名词，指禤人而言。禤人于武王时入事为王臣，今其地为昭王转赐给中，其人随之成为中的臣。后一"臣"字则当系动词，"中臣"是"臣中"的倒文，犹如《周礼·大宗伯》"则摄而荐豆笾彻"，"笾彻"即"彻笾"的倒文[2]。所以，这一句意为禤人会臣服于中，是筮辞里的命辞。

句中的"尚"字，是《左传》《国语》卜筮辞常用的虚词。数字符号，张政烺先生已用《周易》解释，"七八六六六六"是坤下艮上的《剥》卦，"八七六六六六"是坤下坎上的《比》卦，两者的关系是卦变，依《左》《国》之例，可称为遇《剥》之《比》[3]，与上一句连写，即：

---

① 张亚初、刘雨：《从商周八卦数字符号谈筮法的几个问题》，《考古》1981年第2期。

② 俞樾：《古书疑义举例》，一《错综成文例》，商务印书馆，1939年。

③ 张政烺：《试释周初青铜器铭文中的易卦》，《考古学报》1980年第4期。《易辨》，《中国哲学》第14辑，人民出版社，1988年，则云遇《比》之《剥》。

　　惟臣尚中臣，遇《剥》之《比》。

试与下举《左》《国》卜筮文例比较：

　　（1）《左传》昭公五年："寡君闻君将治兵于敝邑，卜之以守龟，曰：'余恐使人犒师，请行以观王怒之疾徐，而为之备，尚克知之。'龟兆告吉，曰：'克可知也。'"

　　（2）同上昭公七年："孔成子以《周易》筮之，曰：'元尚享卫国，主其社稷。'遇《屯》；又曰：'余尚立絷，尚克嘉之。'遇《屯》之《比》。"

　　（3）同上昭公十三年："初，灵王卜，曰：'余尚得天下。'不吉。"

　　（4）同上昭公十七年："吴伐楚，阳丐为令尹。卜战，不吉。司马子鱼曰：'我得上流，何故不吉？且楚故司马令龟，我请改卜。'令曰：'鲂也以其属死之，楚师继之，尚大克之。'吉。"

　　（5）《国语·晋语四》："公子亲筮之，曰：'尚有晋国。'得贞《屯》、悔《豫》，皆八也。"

凡此卜筮的命辞均有"尚"字，应训为庶几[①]。此外湖北江陵望山、天星观及荆门包山出土的战国楚简中的卜筮辞，命辞用"尚"字的更多（详见本书第四章第二节）。其间筮例，如上引（2）（5），尤

　　① 杨伯峻：《春秋左传注·昭公五年》，中华书局，1981年。

与方鼎铭相似。

前人都用《周易》来解释《左传》《国语》的筮例。如大家比较熟悉的尚秉和《周易古筮考》、高亨《周易古经今注》等，都是这样做的。这种解释的方法，是看那些没有明说用《周易》或引《周易》卦爻辞的筮例，能否与按《周易》筮法推断的结果相合。前面已经说明，中所以占筮，是为了确定禍人是否臣服于他，不难推想，占筮的结果是肯定的，有利于中的，否则恐怕不会记录在铭文末尾。如果按《周易》推断的结果能与此相符，那么当时就很可能确实是用《周易》。下面我们就依前人从《左传》《国语》筮例归纳的筮法，对方鼎铭筮例做一试释。

此例遇《剥》之《比》，《剥》为本卦，《比》为之卦，系五、上二爻变，而《左》《国》并无二爻变筮例。宋代朱子云："两爻变，则以本卦二变爻占，仍以上爻为主。经传无明文，以例推之当如此。"按一爻变者，原则上以本卦变爻辞占，《左传》共有八例，其间只有两例兼以之卦变爻爻辞或本卦、之卦卦辞占[1]，所以朱子的类推是合理的。我们看方鼎铭本卦是《剥》，两变爻是：

六五，贯鱼，以宫人宠，无不利。

上九，硕果不食，君子得舆，小人剥庐。

关于这两条爻辞，可看后世几种主要注释的解说。

六五爻辞，《象传》云："'以宫人宠'，终无尤也。"《周易集

---

[1] 高亨：《周易古经今注》（重订本）卷首第七篇《周易筮法新考》，中华书局，1984年。

解》引崔憬云："鱼与宫人皆阴类，以比小人焉。鱼大小一贯，若后夫人嫔妇御女，小大虽殊，宠御则一，故终无尤也。"王弼、韩康伯注："剥之为害，小人得宠，以消君子者也。若能施宠小人，于宫人而已，不害于正，则所宠虽众，终无尤也。"孔颖达疏："宫人被宠，不害正事，则终无尤过，无所不利，故云'无不利'，故《象》云'终无尤也'。"程颐传云："五，群阴之主也。鱼，阴物，故以为象。五能使群阴顺序，如贯鱼然，反获宠爱于在上之阳，如宫人，则无所不利也。"朱子《本义》："五为众阴之长，当率其类受制于阳，故有此象。"

上九爻辞，《象传》云："'君子得舆'，民所载也。'小人剥庐'，终不可用也。"爻辞及传文"得"字或作"德"，"舆"字或作"车"。《集解》引侯果云："艮为果、为庐，坤为舆，处剥之上，有刚直之德，群小人不能伤害也，故果至硕大，不被剥食矣。君子居此，万姓赖安，若得乘其车舆也。小人处之，则庶方无控，被剥其庐舍，故曰'剥庐，终不可用'矣。"王弼、韩康伯注："处卦之终，独全不落，故果至于硕而不见食也。君子居之，则为民覆荫。小人用之，则剥下所庇也。"疏意同。程颐传："诸阳消剥已尽，独有上九一爻尚存，如硕大之果不见食，将有复生之理。……阴道盛极之时，其乱可知。乱极则自当思治，故众心愿载于君子，君子得舆也。……"朱子所解与程传相似。

值得注意的是，各家对这两条爻辞的解释大意一致，可以推想更早的时候人们的理解也可能是类似的。方鼎铭载中受昭王恩宠，赐以采地，占问当地之人是否臣服，这用上述《周易》爻辞来占，再合适也没有了。《剥》六五爻辞云受宠得当，无所不利；《剥》上九爻辞又说君子居之，民赖得安，如得乘车舆，与命辞对照，也是大吉大利。中把这一占筮铸于彝器，是合乎情理的。

当然，方鼎铭没有明言《周易》，无法绝对判定用的是《周易》，不过用《周易》解释竟如此合符，恐怕不是偶然的。由此看来，《周易》的经文确可能在周初业已存在。

第五节　周原残陶簋铭试论

1979 年至 1980 年，陕西省周原考古队发掘岐山凤雏和扶风召陈的西周建筑基址，获得一批刻有符号或文字的陶器、瓦片，1985年陈全方先生做了报道和研究[①]。其中有一件残陶簋，刻有铭文七字，十分引人注意。当时陈文附了簋铭的摹本。1988 年，陈氏出版《周原与周文化》一书，又发表了簋铭的拓本[②]。

80 年代初，我乘在西北大学授课之便，前往周原，在扶风考古界友人帮助下，曾有机会观察这件陶器，感觉铭文体例与常见器铭不同，可能与《易》有关。后来反复细审拓本，更加深了这种印象。不过铭文简古，很难确释，只能把想法记在这里，供读者参取。

据陈氏说，该铭文"环刻在一件残陶簋的圈足上端，这件残器出土于扶风召陈西周中期三号房基北约 5 米处的一个灰坑内"[③]。由于字是在圈足上刻成一周，拓本展开呈长条状。细看这七个字，应该是分两次刻成的。"王"字在圈足上是正向，即位于上下的方向，笔道较深，不见毛边的现象，疑为烧成前先刻。其余六字则横向，

---

① 陈全方：《周原出土陶文研究》，《文物》1985 年第 3 期。

② 陈全方：《周原与周文化》，第 171 页图 1，上海人民出版社，1988 年。

③ 陈全方：《周原出土陶文研究》，《文物》1985 年第 3 期。

顺时针排成一直行，笔道深浅互见，多有毛边，是烧成后加刻的。

陈氏在论文中释铭文为"器罍议书成为王"。高明先生出版的《古陶文汇编》也收有此铭①，释为"器罍议遣成象王"。这几个字笔力雄肆，类似同时金文。"王"字上二横靠紧，下横平直，似师寰簋、颂簋等；"器"字似翏生盨、散氏盘等；"遣"所从的"书"似颂鼎、颂簋等；"成"似询簋而略异；"象"似珊生簋"为"字所从。这些表明陶簋当系西周中、晚期之际的器物。

"王"和其余六字应分读。在陶器上特标一"王"字是什么意思呢？这可以同周原出土的其他陶文对照。周原发现的许多陶片都刻有一个"周"字，如《周原与周文化》所举，有陶盂、陶盆等多件。陈氏云，"……许多'周'字的出现疑是指作器或用器地点，早周都城岐周，亦即周原，因周人称岐周为周"②，是正确的，"周"即在周原的周城，周公所封，为王畿内的重要地点。"王"则指周王，周王朝之人称为"王人"③，王朝之诗称为"王风"，所以这件标有"王"字的陶簋乃是王室用器。扶风齐村曾出土周厉王所作青铜器胡簋，所以召陈出王室的陶器也不足为异。

问题是其余六个字是什么意思。

六个字里面，第二个字需要专门考释。字下半从"又"，上半是"胃"的象形字④。按《说文》："胃，榖府也。从肉，囗象形。"

① 高明：《古陶文汇编》，六《古陶文拓本》（二），2.1，第6页，中华书局，1990年。

② 陈全方：《周原与周文化》，第207页，上海人民出版社，1988年。

③ 参看李学勤：《宜侯夨簋与吴国》，《文物》1985年第7期。西周已有"王人"之称。

④ 参看容庚：《金文编》，第282页，0670，中华书局，1985年。

所说"象形"即象胃之形。许慎不认为"囟"是独立的字，所以他说从"囟"的"彙""菡"等字都是从"胃"省。王筠《说文释例》说："胃下云'囟象形'，囟非字也。……如果是字，则菡下不当云'胃省'矣。"许慎的这一说法恐怕是不对的。无论如何，陶簋铭文中的这个字可视为从"胃"（或"胃"省）声。

第三个字从"言"从"文"。"文"本来有文字之义，从"言"应为其加义旁的繁写。第四个字从"辵"从"书"，也可读为"书"字。

这样，我们可以将铭文释为下列一句话：

器谓文书成象。

"文书成象"之语，很值得玩味。"象"字在这里，显然不是指动物的象或象尊一类具体的物事。"文""书"均有文字书写之义，所以语中所谓"象"很有可能系指《易》象而言。

本书前面已讨论过，《易》作为筮占，本身就要观象。《左传》昭公二年载晋韩宣子聘鲁："观书于大史氏，见《易象》与《鲁春秋》，曰：'周礼尽在鲁矣。吾乃今知周公之德与周之所以王也。'"孔颖达《正义》解释说："《易象》鲁无增改，故不言鲁《易象》。"又说：周文王、周公能制此典，鲁国宝文王之书，遵周公之典，故云"周礼尽在鲁矣"（详见本书第一章第四节）。由此可知《易》占之"观象"有很早的渊源，不是到《易传》的时候才出现的。

大家知道，《易传》中关于《易》象的理论叙述，以《系辞》为最丰富。《系辞》所讲的"象"，意义复杂深远，有若干层次，不能在此详述，但大别之有天象与卦象二义。例如传文开首便说：

> 天尊地卑，乾坤定矣；卑高以陈，贵贱位矣；动静有常，刚柔断矣；方以类聚，物以群分，吉凶生矣；在天成象，在地成形，变化见矣。

所谓"在天成象"系指天象，与"在地成形"句对应，实则天地之间均可谓之象，故又云"天下之象"。传文又说：

> 子曰：圣人立象以尽意，设卦以尽情伪，系辞焉以尽其言，变而通之以尽利，鼓之舞之以尽神。

此处的"象"，则为卦象，与天地自然之象概念不同。

天象、卦象尽管有别，但卦象即所以像天象，两者又实相一致。《系辞上》说：

> 圣人有以见天下之赜，而拟诸其形容，象其物宜，是故谓之象；圣人有以见天下之动，而观其会通，以行其典礼，系辞焉以断其吉凶，是故谓之爻。
>
> 天垂象，见吉凶，圣人象之；河出图，洛出书，圣人则之。

又讲包牺氏观象于天，观法于地，而始作八卦。凡此都是说明天象、卦象的统一，是《易》学的理论根据。这些虽然是《易传》所论，其思想当有古远的来源，看《左传》记载的《易象》一书便不难推想。

因此，铭文所说"文书成象"当指卦象。"器"即指陶簋本身，猜测这件簋或许和已发现的一些商周陶器一样，上面刻有表示《易》卦的筮数（详见下节），也可能有更复杂的图形，恐观者不解，故云"器谓文书成象"。可惜这件陶器已大部残缺，现在无法征验了。

第六节　西周筮数陶罐的研究

1987年在陕西淳化县城东南的石桥镇北出土一件西周陶罐，罐上刻有筮数11组。1989年，承淳化县文化馆姚生民先生以摹本赐示，使我诧为奇觏。在一件文物上面发现这样多的筮数是十分难得的，对研究当时文化以及《周易》的渊源有很重要的价值。现在这件陶罐的材料已经发表[①]，下面试做一初步的讨论。

陶罐高13.5厘米，侈口圆唇，束颈，圆肩，腹最大径偏上，下部内收，平底。陶色灰黑，肩上有两条凹弦纹，其下以斜竖的双凹弦纹界成十格，下方又有三条凹弦纹。腹部饰绳纹，以凹纹划为上下三部分，近底处饰三角形纹。这件陶罐没有明确的地层和伴出器物，但由形制不难推断其时代。根据丰镐遗址的发掘，类似的圆肩陶罐在沣东、沣西均有出土。例如1961—1962年沣东试掘简报的晚期Ⅱ式罐[②]，器形同淳化罐接近，肩上也有上下五条弦纹，只是腹部素面；1967年沣西张家坡M151：3 Ⅷ式罐，器形也大略相仿，肩上弦纹有竖的界格，尤为类同[③]。M151被划为第五期墓葬，相当

---

① 姚生民：《淳化县发现西周易卦符号文字陶罐》，《文博》1990年第3期。

② 中国科学院考古研究所丰镐考古队：《1961—1962年陕西长安沣东试掘简报》，图一三：9，《考古》1963年第8期。

③ 中国社会科学院考古研究所沣西发掘队：《1967年长安张家坡西周墓葬的发掘》，图一九：2，《考古学报》1980年第4期。

《沣西发掘报告》的第三、四期，估计"其年代当在厉王前后"。由此可见，淳化这种陶罐的时代可能也是西周晚期。

　　淳化陶罐的肩上十格里面，都刻有筮数，每组筮数皆由六个数字组成。九格各有筮数一组，只有一格刻有两组。十格成为一圈，循环相接，所以没有办法决定起讫。这里仅按原报道开列的次序，以六个数目相同的一组暂作起点，依顺时针方向排下去，释文如次：

　　　　1.　一一一一一一；

　　　　2.　六一一五一一；

　　　　3.　一六一一一一；

　　　　4.　一一一六八八；

　　　　5.　一一六一一一；

　　　　6.　一一六一九五；

　　　　7.　一八一六一一；

　　　　8.　八一一八一六；

　　　　9.　六八五六一八；

　　　　10.　一九八一一一；

　　　　11.　一一六八八一。

其中8、9两组同处一格。

　　这种成组的数字，近年来学者多认为与筮法有关，有些论著还明确提出就是易卦。淳化陶罐的报道，也称之为"易卦符号文字"。至于把这种数字转化为大家熟悉的易卦的方法，是假定奇数相当阳爻，偶数相当阴爻。我们如果遵照这个方法，也可以把陶罐上的

11组数字变成《周易》的卦：

1. 下乾上乾　乾；

2. 下乾上兑　夬；

3. 下乾上离　大有；

4. 下坤上乾　否；

5. 下乾上巽　小畜；

6. 下乾上巽　小畜；

7. 下兑上离　睽；

8. 下坎上兑　困；

9. 下坎上震　解；

10.　下乾上巽　小畜；

11.　下震上巽　益。

这种成组数字之所以属于筮法，有双重的理由：第一，这种数字绝大多数是六个或三个一组（个别有四个一组），与爻组成卦的情形一致；第二，湖北江陵天星观、荆门包山出土的战国楚简中，有类同的成组数字，显然是筮法。这两条理由，严格说来，后者要更为有力一些。考古材料中成组数字的例子，据张政烺先生统计，已发现"有百十来个"[1]，许多学者前后讨论的经过，已有论著概述过了[2]。

---

① 张政烺：《殷虚甲骨文中所见的一种筮卦》，《文史》第24辑，中华书局，1985年。

② 张亚初、刘雨：《从商周八卦数字符号谈筮法的几个问题》，《考古》1981年第2期。以下筮数未注出处者均见该文。

　　陶罐是一种实用器物。以往在西周器物上发现筮数，主要是见于青铜器，已发表的有十余器。张政烺先生曾提到的美国沙可乐氏所藏的鼎[①]，铭"八五一"，最近也已公布[②]。商代器物上的筮数，则多见于陶器，如殷墟所出陶簋、陶爵范，平阴朱家桥所出陶罐。西周陶器上出现这样的筮数，是前所未见的。实用器物上记载筮数，可以有不同的理解。一种是像中方鼎铭文，所记筮数可能与铭中叙述的史事联系[③]；一种是作器或使用该器时占筮的记录；再一种是利用现成器物记录占筮的结果，如殷墟发现的砺石[④]。这几种理解，似乎只有最后一种比较适用于淳化陶罐。

　　因为罐肩上的筮数是呈圆形排列的，很容易使人联想到是一种卦图。不过，仔细考察这些筮数以及尝试转化而成的易卦，找不出合逻辑的规律性，因此作为卦图恐怕不大可能。

　　陶罐筮数一个值得注意的地方，是两次出现"九"字。这个字的写法有些像"八"而有一笔与下一数字相联，乃是一种运笔草率的变体。其所以是"九"，可对比陕西扶风齐家村西周卜骨采：108 筮数的"九"字。

　　扶齐采：108 系由 1980 年采集 108 号和 1982 年采集 46 号两块

　　① 张政烺：《殷虚甲骨文中所见的一种筮卦》，《文史》第 24 辑，中华书局，1985 年。

　　② 罗森：《沙可乐氏所藏西周青铜礼器》（英文），14，沙可乐基金会与沙可乐博物馆，1990 年。

　　③ 详见本书第三章第四节。

　　④ 郑若葵：《安阳苗圃北地新发现的殷代刻数石器及相关问题》，《文物》1986 年第 2 期。

残片缀合而成，正面有筮数一组，背面有筮数六组①，释文如下：

1. 一六一六六八；（正面）

2. 六九八一八六；

3. 九一一一六五；

4. 一八六八五五；

5. 六八一一一一；

6. 六八一一一八；

7. 八八六六六六。（以上背面）

"九"字也出现两次，第3组的接近金文常见"九"字，而第2组的类似淳化陶罐的"九"，其间关系相当清楚。

扶风这版卜骨上的筮数，和淳化陶罐的筮数还有明显的共同点，就是数字的分布。两者所用数字都限于"一、五、六、八、九"5个。各数字出现的频率：在扶风卜骨上，"一"是14次，"五"是3次，"六"是13次，"八"是10次，"九"是2次；在淳化陶罐上，"一"是41次，"五"是3次，"六"是10次，"八"也是10次，"九"是2次。两者都是"一"最多见，"六""八"次之，"五""九"最少。值得注意的是完全没有"七"。

和这种情况相近的，是沣西张家坡出土的卜骨，其上筮数有：

卜骨：一一六一一一；

---

① 罗西章、王均显：《周原扶风地区出土西周甲骨的初步认识》，图八，图版叁：3、4，《文物》1987年第2期。

卜骨：六六八一一六；

　　　　一六六六六一；

卜骨：五一一六八一；

　　　　六八一一五一。①

合计各例，数字分布也以"一"最多见，计15次；"六"次之，10次；"八"再次之，3次；"五"最少，2次。没有发现"九"，也完全没有"七"。由于这些例子是分散的，而且"九"在扶风卜骨、淳化陶罐上出现得最少，沣西张家坡卜骨未发现"九"也许是偶然的现象，并非本来就不应有"九"。

十分有趣的是，陕西岐山凤雏出土卜甲上的筮数却迥然不同，请看下举诸例：

H11：7　　　八七八七八五；

H11：81　　七六六七六六；

H11：85　　七六六七一八；

H11：90　　……六六七；

H11：91　　六六七七……；

H11：177　 七六六六七六；

H11：235　 ……六一六十（？）……；

H11：263　 ……七八八六（？）……。②

———————

① 张亚初、刘雨：《从商周八卦数字符号谈筮法的几个问题》，《考古》1981年第2期。

② 陈全方：《周原与周文化》，下编，一（三），第146页，上海人民出版社，1988年。末两例释读不一定准确。

合计各例，数字分布是"六"最多见，共17次；"七"次之，12次；"八"再次之，6次；"一""五"最少，分别为2次、1次。另外有一个"十"，但片小又欠清晰，还难于确定。没有"九"的出现。

西周前期金文的筮数，数字分布与凤雏卜甲相似，下举有六个数字的例子：

中方鼎： 七八六六六六；

八七六六六六；

召卣： 六一八六一一；

召仲卣： 七五六六六七；

父乙盉： 七六七六七六[①]；

甗： 六六一六六一[②]。

合计也是"六"最多见，有20次；"七"次之，有7次；"一""八"再次之，分别为5次、3次；"五"最少，只有1次。

殷墟出土的甲骨与陶器上的筮数，试举下列有六个数字的各例：

卜甲： 七七六七六六；

六七八九六八；

① 巴纳、张光裕：《中日欧美澳纽所见所拓所摹金文汇编》，1125，艺文印书馆，1978年。

② 张政烺：《易辨》，插图六，《中国哲学》第14辑，人民出版社，1988年。

六七一六七九^①；

卜骨：　　　七八七六七六；

八六六五八七；

七五七六六六；（四盘磨出土）

陶簋：　　　七八六六七七；

陶簋：　　　六六七六一八；

六六七六七一；

陶爵范：　　五七六八七一；

一七六七八六。

"六"最多见，计25次；"七"仅次之，22次；"八"再次之，9次；"一""五""九"最少，分别为5次、3次、2次。这种数字分布的情形，和岐山卜甲、西周金文全然一样。

众所周知，筮法必有数，而数是由揲蓍产生的。现在还有流传的揲蓍法，本于《周易·系辞上》的"大衍之数五十"一章^②，只产生"六、七、八、九"四个数字，所以上述商代、西周的揲蓍法一定有所不同。淳化陶罐，扶风和沣西卜骨筮数所代表的揲蓍法，最容易出现"一"，其次"六""八"，少见"五""九"，没有"七"，可暂称为揲蓍法乙；殷墟甲骨、陶器、岐山卜甲和西周金文筮数所代表的揲蓍法最容易出现"六"，其次"七""八"，少见"一""五""九"，可暂称为揲蓍法甲。有没有"七"，是区别甲、乙两种揲蓍法的标志，这大约是在揲蓍法乙中"七"极难或不能产

① 肖楠：《安阳殷墟发现"易卦"卜甲》，《考古》1989年第1期。

② 关于该章的时代，参看本书第五章第二节。

生之故。

大体说来，揲蓍法甲的例证比揲蓍法乙的要晚一些，但不能由此得出两者前后承袭的推论。1982年，在殷墟苗圃北地M80出土了一件刻有筮数的砺石，上面尚可辨识的数字，有这样六组：

1. 七六六六六七；
2. 七六八七六七；
3. 六六五七六八；（以上正面）
4. 六六七六六八；（侧面）
5. 八一一一六六；
6. 八一一一一六。①（以上背面）

正面和侧面的四组，显然是用揲蓍法甲，而背面的两组，很像是用揲蓍法乙，否则数字"一"的频率恐难如此之高。原报道认为这件砺石的年代在殷墟二期晚段至三期。如果上面的推断不误，当时已经有并存的两种揲蓍法了。

江陵天星观楚简所载筮数，张政烺先生说共8处，他在文章中引用了5处，每处都有2组数字：

1. 六六一六一六；
　　一一一一一六。
2. 八一一一六六；

---

① 郑若葵：《安阳苗圃北地新发现的殷代刻数石器及相关问题》，《文物》1986年第2期。

一一一六九六；

3. 九一一一一一；

一六一六六一。

4. 六六六六六六；

一六六六六六。

5. 一六六六六六；

一六六六六六。①

多见"一""六"，不见"七"，与揲蓍法乙比较接近。荆门包山楚简的情况也差不多。看来揲蓍法乙传流久远。西周晚期的淳化陶罐正是其间一个重要环节。

《周礼》载古有三易，即《连山》《归藏》《周易》，但从《左传》《国语》看，春秋时的《周易》即有不同的揲蓍法，所以揲蓍法的差异不一定是三易之间的区别。根据近年的研究，商周的卜法（用甲骨占卜）是相当复杂的，同时存在着不同的系统，看来筮法也是一样。这是当时占卜高度发展的表现，是一种重要的文化史现象。

最后要谈一下淳化陶罐的筮数有没有所谓卦变的问题。罐上有一格填刻两组筮数，很可能标志这两者有卦变的关系。如将两组筮数转化为易卦，前文已说明一为《解》卦，一为《困》卦，两者恰好是一爻动，即五爻阴阳互变②。这一点，似乎不是偶合。

经过多年的探索，现在对考古材料中的筮数已经有了初步的认

---

① 张政烺：《易辨》，《中国哲学》第14辑，第6—7页，人民出版社，1988年。第2例"九"原释"七"。

② 尚秉和：《周易古筮考》卷三、四，中国书店，1990年。

识，不过有许多问题仍处于推测阶段，还有待更多的证据，这便需要新的发现（最近的例子有北京镇江营出土的一版西周卜骨）[1]。淳化石桥镇出土的这件陶罐或许还蕴藏着不少奥妙，要等我们的知识增进以后，才能揭示出来。

　　补记：本节关于天星观等楚简的观点，后来我已有改变，见本书第四章第四节。

第七节　新发现西周筮数的研究

　　晚商至西周时期出土文物上的占筮数字，即筮数或"数字卦"，近年已成为易学研究中的热门课题。我曾在一些论文里试做讨论[2]，均已收入本书[3]。最近考古学界在田野考古工作领域又有若干重要实例发现，有助于种种疑难的探讨。为此，本人特撰此文，就近期的考古发现做一探讨，与大家商榷。

一、长安西仁村陶拍
——西周存在《周易》经文的证明

　　首先谈一项非常重要的发现，即2001年在陕西长安县西仁村获得的有字陶拍[4]。据报道，出陶拍的遗址在村北约200米，面积

---

　　① 镇江营考古队：《镇江营遗址发掘工作介绍》，《北京考古信息》1989年第2期。详见下节。

　　② 李学勤：《重写学术史》，河北教育出版社，2002年。

　　③ 参看本书第三章第一、二、三、五、六节。

　　④ 曹玮：《陶拍上的数字卦研究》，《文物》2002年第11期。

约20万平方米，可见有多处西周窑址。有字陶拍系于调查时采集，共4件，编号CHX采集：1—4。其中采集：3拍柄刻一"六"字，是否筮数不能确定，采集：4柄部刻一字，更不似数字，在此均置不论。

要讨论的，一件是采集：2。这是覃形陶拍，柄端略损，残高8厘米[①]。以拍面朝上，可见柄部刻有文字一周。其中间刻一纵线，并有箭头形标识，指出了文字环读的走向（或以为是"戈"字，是不对的）。

由纵线顺箭头方向环读，共有四组筮数，两组纵刻，两组因拍柄有凹穴而横刻，依次序为：

八八六八一八

八一六六六六

一一六一一一

一一一六一一

每组字的排序可按"六"字的方向决定。最末一组最下面的一字原缺，但看残损的大小，只能补以"一"字。

这四组筮数，数字以"一"为最多，其次为"六""八"。我曾经指出，当时筮数反映出有两种揲蓍法并存，揲蓍法甲最容易出现"六"，其次"七""八"，少见"一""五""九"，揲蓍法乙最容易出现"一"，其次"六""八"，少见"五""九"，没有"七"。

[①] 曹玮：《陶拍上的数字卦研究》，《文物》2002年第11期。

"有没有'七'，是区别甲、乙两种揲蓍法的标志"[1]。陶拍筮数的揲蓍法显然是乙种，与过去陕西沣西、扶风的卜骨，淳化的陶罐所记筮数相同。

依照奇阳偶阴的原则，将上述筮数转化为《周易》卦爻，四组依次为《师》《比》《小畜》《履》四卦。

再看采集：1，是同形的蕈形陶拍，完整，高10.5厘米[2]。以拍面朝上，柄部纵刻筮数两行，按自右迄左次序为：

六一六一六一

一六一六一六

这两组筮数，无疑也属于揲蓍法乙。仍转化为《周易》卦爻，即《既济》《未济》二卦。

从易学的观点来讲，这样的发现应当说是惊人的。

熟悉《周易》卦序的人们都会感觉到，两件陶拍上的筮数，转化为《周易》的卦，全然与传世《周易》卦序相合。《师》《比》《小畜》《履》四卦是《周易》第七、八、九、十卦，《既济》《未济》二卦，是《周易》第六十三、六十四卦。这样的顺序排列，很难说出于偶然。

尤其值得注意的是，《师》《比》《小畜》《履》四卦在上经18卦中自成一组。《师》与《比》互覆，为五阴一阳之卦；《小畜》《履》互覆，为五阳一阴之卦。《既济》《未济》也是互覆，为三阳

---

① 参看本书第三章第六节。

② 曹玮：《陶拍上的数字卦研究》，《文物》2002年第11期。

三阴之卦，在下经18卦末自成一组[①]。这进一步表明，陶拍上的筮数不是偶然的巧合。

陶拍本来是陶窑遗址中常见之物，在陶拍上刻筮数则系初见，这和殷墟出土的陶范、磨石上有筮数一样，是罕有的现象。这种筮数，有的可能是当时占筮的记录，但陶拍上的，如果说是实际占筮所得，概率就太小了。揣想采集：2上的筮数"八八六八一八"《师》卦是实占结果，其余则是依《周易》续配，因为实占如此几乎是不可能的。

以上所论，可以推导出以下几点：

第一，由"六""八"同用为阴爻，证明把筮数依奇阳偶阴的原则转化为卦爻的方法是正确的。这也表示，当时已将占筮揲蓍所得不同的数字划分为奇偶两类，不管有无卦画，在实质上已具备同样的观念。

第二，由《师》至《履》、《既济》至《未济》两处局部卦序，不难推想当时所用《周易》的卦序大同于今传本卦序。换句话说，传本《周易》那时业已存在。

第三，由两陶拍分列《师》至《履》四卦、《既济》与《未济》两卦，可以看出当时已存在六十四卦"非覆即变"错综关系的概念。这已经超越一般的占筮行为，而是《易》学的思维。

总之，长安西仁村陶拍所体现的，乃是已有一定发展的《易》学。前面我们论述周昭王时的中方鼎所记筮数[②]，指出用《周易》解释十分契合，并说明其间如何观象及运用卦变，其《易》学的水

---

① 李尚信：《今本〈周易〉六十四卦卦序研究》，山东大学硕士学位论文，1999年。

② 参看本书第三章第四节。

准正可与陶拍所示相埒。今后，我们应从这一点出发，更好地深入分析和评价一些出土筮数。至于在陶拍上刻字之人，是富于学识的隐士，还是遭遇忧患的学者，只有请大家去想象了。

二、扶风齐家村卜骨

陕西扶风齐家村在周原遗址内，曾多次发现西周有字甲骨[①]。这里要谈的，是2002年在齐家村北 H90 出土的一片卜骨[②]。2003年1月末，我因观察眉县新出青铜器到陕西，在西安蒙陕西省考古研究所曹玮先生示以卜骨放大照片，得以辨出若干难识文字，于此志谢。

H90 共出土卜骨13片，但刻有文字的只有其中 H90：79 一片。这是一版右胛骨的中部左侧部分。依照多数西周卜骨的惯例，骨扇端朝上而骨臼端向下，这是从残存部分的形状能够辨别的。

卜骨侧缘经过削错，可见三处用钻子钻成的圆钻，钻中略偏刻一窄凿，于其旁施灼成兆。在这三处钻凿以外，上方折断处还有一处较小的钻凿，当不属于同组。

与上述三处钻凿相对应，在骨面上横刻有三条筮数和卜辞，自下而上，顺序为：

> 翌日甲寅其商，白瘳。
>
> 八七五六八七
>
> 其祷，白又（有）瘳。

---

① 曹玮：《周原甲骨文》，世界图书出版公司，2002年。

② 曹玮：《周原新出西周甲骨文研究》，《考古与文物》2003年第4期。国家文物局主编：《2002中国重要考古发现》，第39—40页，文物出版社，2003年。

八六七六八八

我既商，祠，白又（有）。

八七六八六七

在卜辞内有几个字，需要说明。

一个是"商"字，此字上部的"辛"被简作"干"形，殷末至西周金文常见[1]，但又省去方框下的两斜笔，加之中间的"口"上面横笔刻长了一些，以致不易释出。"商"在此疑应读为音近的"禳"。

"田"即"思"字，或写作"斯"[2]，虚词，意近于"尚"。

"瘳"字下从"羽"字形，与殷墟甲骨《甲骨文合集》13861相同。"羽"形的字，过去或释"羽"或"彗"，实是"翏"的初文，在殷墟甲骨多见，不少当读为"瘳"，例如《殷虚书契前编》6，17，7"旬亡祟。王疾首，中日羽（瘳）"，是讲王的头部疾病到中午而愈。《合集》698"侑妣庚，有羽（瘳）。其侑于妣庚，亡其羽（瘳）"。"有瘳"见《庄子·人间世》，"无瘳"见《左传》昭公七年。

"羽"形字即"翏"，还可从一些甲骨文字的构形证明。如《合集》353从"羽"形从"肉"的字，可释为"膠"；《合集》3406从"羽"形从"系"的字，可释为"缪"，二字均见《说文》。

"祠"字所从的右半偏旁，书写稍草，细看并不是"申"，而是"弖"。

---

① 容庚：《金文编》，第131—132页，中华书局，1985年。

② 李学勤、王宇信：《周原卜辞选释》，《古文字研究》第4辑，中华书局，1980年。

读释了以上各字，辞意便明畅了。卜辞先卜问次日甲寅是否举行除灾避邪的"禳"祭，疾病即可痊愈，其次问是否进行祷祝，即可告痊，最后又问是否在"禳"祭以后，再加上祷祝，才能使疾病痊可。大家知道，《周礼·大卜》有"八命"，其"八曰瘳"，所以卜问疾病的痊愈是占卜中最常有的事项之一，这一卜骨正是实例。

至于在卜骨上刻有相应的筮数，是由于当时占问祸福往往以卜、筮并用，如《周礼·筮人》郑注讲的"当用卜者先筮之"，为了参照，将筮数记在有关卜兆旁边[1]。

这片卜骨上的筮数，"五"一见，"六"五见，"七"五见，而"八"七见，这属于前面谈过的揲蓍法甲。我曾指出，过去扶风卜骨所见筮数，如扶齐采：108，是用揲蓍法乙，这次新发现则不相同。

三个筮数，如转化为《周易》的卦，依次为《随》《豫》《屯》，可以确定都是实占。

三、房山镇江营卜骨

北京市文物研究所于1986年至1990年在北京房山区镇江营进行发掘，报告见该所编著的《镇江营与塔照》一书。书中收有有字卜骨一片，编号FZT0226⑥，出自西周燕文化地层，年代相当西周中期偏晚[2]。承该所各先生惠助，我曾就原件做过仔细观察。

这是一版牛右胛骨，经过程度很大的切削改制。仍以骨臼端朝下，骨扇的边缘被切掉，骨脊和边缘最厚的部分被削平，使全片略

---

[1] 参看本书第三章第一节。

[2] 北京市文物研究所：《镇江营与塔照》，图二六六，图版壹佰零捌：2、3，图版壹佰叁拾肆：3，《北京考古集成》10，北京出版社，2000年。

呈斜三角形。骨臼由于折损，已经不见，估计也做过较大的处理。反面靠近骨颈地方有两个圆钻，仅存一半，但可见钻内一侧有窄凿，与上述扶风齐家村卜骨形似。正面上右端断折处有另一浅钻。卜骨残长13.1厘米，最宽处9.5厘米。

西周卜骨扇部正面有钻的，曾见于扶风齐家村T23：2[①]。

在镇江营这片卜骨正面钻的左下方，刻有小如粟米的两条筮数：

　　　六六六六七七

　　　七六八六五八

转写为《周易》的卦，可理解为《临》之《蒙》，系初上两爻变。所用揲蓍法是甲种。

在讨论周原所出西周甲骨时，多以为字迹微小的早，而疏大的晚，现在镇江营的这一例，说明这种微刻的传统留存到相当迟的年代。镇江营卜骨的修治切削，接近扶风齐家村采：108卜骨[②]，后者文字便有小有大，可见镇江营卜骨并非早期的遗留。

镇江营卜骨筮数中的"七七"，中央竖笔连贯，这一写法也见于周原岐山凤雏的卜甲H11：91[③]，是周朝与诸侯国燕在文化上密切相关的明显证据。

———————

① 罗西章、王均显：《周原扶风地区出土西周甲骨的初步认识》，图一〇、图版肆：4，《文物》1987年第2期。

② 曹玮：《周原甲骨文》，第154—155页，世界图书出版公司，2002年。

③ 曹玮：《周原甲骨文》，第67页，世界图书出版公司，2002年。

第八节　理县一带发现的一件双耳陶罐

讨论筮数问题有关的考古材料，时代最晚的是张政烺先生《试释周初青铜器铭文中的易卦》补记中提到的"四十年代，四川理番县版岩墓葬中出陶制双耳罐，上有铭文"①，这里说的双耳罐，有些读者或不熟悉，应先略做介绍，然后就其意义进行讨论。

张文已注明材料见于郑德坤先生《四川古代文化史》58页及《哈佛亚洲研究杂志》9（1946）。后者是郑氏用英文发表的《四川理番的板岩墓文化》一文，近年已收入其论文集《中国考古学研究》②，附有清楚的图版，内容比较详细。下面就根据此文论述。

据郑德坤先生称，1921年以后，四川西北部今理县一带挖掘了数以百计的"板岩墓"。在当地的一个英国传教士和华西大学博物馆的葛维汉（D. C. Graham）首先搜集了这种墓的出土物。那时，冯汉骥、凌纯声等学者曾对这里的文物做过考察。1944年，葛维汉以"羌人地区的一项考古发现"为题，就此做过报道③。

理县一带所出文物多收藏在当时的华西大学博物馆，最多的是陶器，此外还有青铜器、铁器、石器、玻璃器及木器等等。这些藏品主要来自属于今理县和汶川的蒲溪沟、萝葡砦、佳山砦等地。不少陶器上有文字，有用锋刃器刻划的，也有用印钤成的，除少数

---

① 张政烺：《试释周初青铜器铭文中的易卦》，《考古学报》1980年第4期。

② Cheng Te-K'un, "The Slate Tome Culture of Li-fan, Szechwan", *Studies in Chinese Archaeology*, The Chinese University Press, Hong Kong,1982.

③ D.C.Graham, "An Archaeological Find in the Ch'iang Region", *Journal of the West China Border Research Society*, Vol. XV ,1944.

外，大都是汉字，不难辨识。

我们所谈的双耳陶罐上面有刻成的文字。张文已说明："左耳外有篆书李字（或是人姓），右耳外有一八七一八九（离下、离上、离）。"这些文字的拓本，见郑德坤先生《中国考古学研究》图版26：c、d。同书图版28：a、b，有别的双耳罐耳部拓本，系隶书"李贝"等字，可证上述罐上的篆书"李"字确是姓氏无疑。"一八七一八九"等数字，字体系隶书。细看图版，前一"一"字可能是"九"，这仍可说是《离》卦。看数字间有"七"，与本书上节所论揲蓍法甲相合。我们曾讨论过，就已见材料看，商至西周揲蓍法甲、乙并存，由这件双耳陶罐知道，揲蓍法甲有长久的传流。

研究这件陶罐，先要了解其文化性质以及年代。

"板岩墓"，或称石棺葬、石棺墓，分布在今阿坝藏族自治州境内，以岷江上游理县、汶川、茂汶沿河两岸最为密集[①]。"墓葬均埋在河谷两岸的黄黏土地上，高度从河谷以上200米到1000米不等。……墓葬原来是分布在山坡的自然倾斜面上的，后来，山坡被开发成一级一级的梯田，石棺便往往因人为的或自然的崩坍而显露，故在此地区内，梯田旁陡壁上暴露而已被破坏的石棺累累皆是。"[②]1938年，冯汉骥先生曾在汶川萝葡砦清理残墓1座。此后比较重要的发现，有1964年在理县、汶川清理的28座，1978年在茂汶城关发掘的48座，同年在宝兴清理的7座，在甘孜清理的9座，

---

① 中国社会科学院考古研究所：《新中国的考古发现和研究》，第四章，五，文物出版社，1984年。

② 冯汉骥、童恩正：《岷江上游的石棺葬》，《考古学报》1973年第2期。

1979年在茂汶清理的10座①。根据上述已知的材料，这类石棺墓系土坑竖穴，墓底铺黄土，也有铺卵石的，四周镶砌石板，上面再用石板覆盖。墓主的葬式多为仰身直肢，覆以麻布，少数为二次葬或火葬。随葬品中较普遍的是双耳陶罐，男子有剑、盾，女子则多有贝、蚌饰、陶纺轮等。"早期的墓无铁器、钱币，有铜短剑；稍后有铜柄铁剑、秦半两、八铢半两、四铢半两、榆荚半两等，晚期有宣帝五铢。从出土文物看来，这批墓葬的时代，上起秦统一巴蜀之后，下迄西汉晚期。"②现在讨论的这件双耳陶罐的年代自应在此范围以内。将来材料增多，我们当可对这种陶罐做进一步的分期，细定其所属年代。

有论文指出，"石棺葬中所出陶双耳罐（包括双大耳罐和双小耳罐）、单耳罐、高颈罐、陶杯、三耳罐等，均带有甘青地区原始文化的风格。……因此，如果从大的族系来讲，我们将石棺葬文化视为从北方循康藏高原东端横断山脉的河谷南下的氐羌民族的文化，可能不致大误"③。这里所说的氐羌，意义比较广泛。

岷江上游地区，古属冉駹，见《史记·西南夷列传》：

> 西南夷，君长以什数，夜郎最大；其西靡莫之属以什数，滇最大；自滇以北，君长以什数，邛都最大，此皆魋结，耕

---

① 沈仲常、李复华：《关于"石棺葬文化"的几个问题》，《中国考古学会第一次年会论文集 1979》，文物出版社，1980年。

② 文物编辑委员会编：《文物考古工作三十年 1949—1979》，第353页，文物出版社，1979年。

③ 童恩正：《近年来中国西南民族地区战国秦汉时代的考古发现及其研究》，《考古学报》1980年第4期。

田，有邑聚。其外西自同师以东，北至楪榆，名为嶲、昆明，皆编发，随畜迁徙，毋常处，毋君长，地方可数千里。自嶲以东北，君长以什数，徙、筰都最大；自筰以东北，君长以什数，冉駹最大，其俗或土著，或移徙，在蜀之西。自冉駹以东北，君长以什数，白马最大，皆氐类也。此皆巴、蜀西南外蛮夷也。

按汉武帝元鼎六年（前111）平西南夷，设郡，司马迁"奉使西征巴、蜀以南，南略邛、筰、昆明"①，他对西南夷的描述自较翔实。

《西南夷列传》这段话，对各地区的民族均举出何者最大，然后做一说明。据此文例，段尾"皆氐类也"一名应仅指冉駹东北的民族，参照《魏书·氐传》"氐者，西夷之别种，号曰白马……秦汉以来，世居岐、陇以南，汉川以西，自立豪帅。汉武帝遣中郎将郭昌、卫广灭之，以其地为武都郡。自汧、渭抵于巴、蜀，种类实繁"，就可以明白。也有学者误解，以"皆氐类也"包括夜郎、滇、邛都、筰都、冉駹、白马②，这从民族性质看也是不可能的。

《后汉书·南蛮西南夷列传》云：

冉駹夷者，武帝所开，元鼎六年以为汶山郡。至地节三年（前67年），夷人以立郡赋重，宣帝乃省并蜀郡，为北部都尉。其山有六夷、七羌、九氐，各有部落。其王侯颇知文书而法严重，贵妇人，党母族，死则烧其尸。……

---

① 《史记·太史公自序》。
② 陈奂：《诗毛氏传疏》卷三十。

这里最值得注意的是最后关于葬俗的一句。郑、冯二氏都据此认为石棺墓与之不合。

郑氏征引了现居于该地的羌族的传说，提出石棺墓属于传说中的戈人。冯氏在与童恩正合撰的《岷江上游的石棺葬》文中也提到羌族称这种石棺墓为"戈基戛钵"等。关于戈基人有几种传说：

> 一种传说是，这里原是"戈基人"的住地，羌人迁入后，驱逐了"戈基人"并占有其地。另一种传说是，羌人自远古即居住于此，"戈基人"迁入后，征服了羌人，对羌人的生产、习俗影响很大。后来又与羌人一道击败了其他部族，但不多久，"戈基人"又迁徙到其它地方去了，而石棺即为"戈基人"所遗留下来的坟墓。

冯、童二氏认为后一种传说似与史籍记载及发掘情况更为吻合[1]。

关于戈人或戈基人的传说，只保存在羌族端公（巫师）的演唱内，他们究竟是史籍中哪种民族，尚有待深入研究。童氏近年的一篇文章，引用了关于这项传说的若干材料，提出戈基人"有可能就是指在川西地区有着悠久历史的氏族而言"，并推论石棺墓的族属是《西南夷列传》中的冉骁、《后汉书》中的氏，而唐代的嘉良夷可能即其后裔[2]。这个看法很值得注意。

古书常以氏羌连称，《诗·商颂·殷武》云：

---

① 冯汉骥、童恩正：《岷江上游的石棺葬》，《考古学报》1973年第2期。

② 童恩正：《近年来中国西南民族地区战国秦汉时代的考古发现及其研究》，《考古学报》1980年第4期。

　　昔有成汤，自彼氐羌，莫敢不来享，莫敢不来王，曰商是常。

《逸周书·王会》记载周成王成周之会的传说，也有"氐羌以鸾鸟"，孔晁注：

　　氐，羌地。羌不同，故谓之"氐羌"，今谓之氐矣。

这是说氐系羌的别种。《说文》释"羌"为西戎牧羊人，殷墟甲骨文常见羌而无氐，或即因氐可归于羌，也是西方长于畜牧的民族的缘故。

　　《山海经》的《海内南经》《大荒西经》都有氐人国，后者云：

　　炎帝之孙名曰灵恝，灵恝生互（氐）人，是能上下于天。

顾颉刚先生讨论说：

　　氐人为炎帝之曾孙，而《晋语》记炎帝为姜姓，《后汉书·西羌传》又言西羌为姜姓之别，可见氐与羌均自认出于炎帝，二族同源而异派。

并引《周书·异域传》氐人领袖多姓姜为证[1]，其说甚是。《山海经·海内经》又说：

---

[1] 顾颉刚：《史林杂识初编》，八《氐》，中华书局，1963年。

> 伯夷父生西岳，西岳生先龙，先龙是始生氐羌。氐羌，乞姓。

伯夷也是姜姓[1]，所谓乞姓或为姜姓之别。这是氐与羌同源的又一证据。虽然如此，氐与羌久已分为两族，文化风俗均有差异，马长寿先生曾有专门考证[2]。

文献屡见氐羌崇尚火葬的记载，如《太平御览》引《庄子》："羌人死，燔而扬其灰。"《吕氏春秋·义赏》："氐羌之民，其虏也，不忧其系累，而忧其死不焚也。"所以将石棺墓的族属定为氐人是有障碍的。另外，冉骁也有"死则烧其尸"的情况，见于前引《后汉书·南蛮西南夷传》。至于冉骁为氐，亦即嘉良之说，是马长寿先生40年代的意见，但他的遗作《氐与羌》一书又主张"冉骁非氐"[3]。看来这个问题需要进一步探讨，目前似仍难定论。

无论戈基人是否氐族，石棺墓从考古学看确与甘青地区的古代文化有关。刻有筮数的双耳陶罐，形制近似甘青地区新石器时代晚期文化的陶罐。甘肃以至陕西宝鸡一带的寺洼文化，以及出土大量典型西周青铜器的墓葬，也有近似的双耳陶罐[4]，在此不能细说。现在还很难说清这种器物形制影响传流的轨迹，不过彼此的一定关系应当是存在的。

有考古学者提到，石棺墓的双耳陶罐，"是这类墓葬中期阶段

---

① 郝懿行：《山海经笺疏》第十八。

② 马长寿：《氐与羌》，第一章，二，上海人民出版社，1984年。

③ 马长寿：《氐与羌》，第一章，三，上海人民出版社，1984年。

④ 卢连成、胡智生：《宝鸡强国墓地》上册，第452—454页，文物出版社，1988年。

（相当于西汉）比较典型的遗物。……至于早期（相当于战国）的石棺墓中，则仅出土旋涡纹的陶罐，无双耳，器腹上附加三个乳钉形饰"①。看我们讨论的这件双耳陶罐，筮数的"七"字横长竖短，中笔直而不曲，"九"字末笔较长，向下拖垂，都很近似于长沙马王堆汉墓帛书②，估计为西汉前期是有可能的。筮数流传到这样晚的时期，眼下尚无其他实例。估计这种以数字记卦的方式和石棺墓本身一样，是由北方传至当地，于是保存下来。这正像用胛骨占卜的方法也在少数民族中传播留存下来一样。后者如"灼羊膊"等卜法，一直传流到现代③，比筮数的保留要更久远多了。

---

① 沈仲常、李复华：《关于"石棺葬文化"的几个问题》，《中国考古学会第一次年会论文集　1979》，文物出版社，1980年。

② 参看江村治树主编：《马王堆出土医书字形分类索引》，第27、63页，礼书房，1987年。

③ 陈梦家：《殷虚卜辞综述》，第一章第二节，中华书局，1988年。

第四章 战国秦汉竹简与《易》

第一节 汲冢竹书中与《易》有关的书籍

简帛古籍的发现，不自近代始。从汉代以来，曾多次发现简帛书籍[①]，在学术史上有很大影响。其间最重要的，公推有两次，一为西汉时的孔壁中经，一为西晋时的汲冢竹书。王国维先生称这为"中国学问上之最大发现"[②]，已为人所共识。

汲冢竹书中有不少《易》类的书籍，虽然久已散佚，对于我们探究先秦《易》学的情况还是极有裨益的。很多学者对汲冢竹书做过考证，近人的成果如陈梦家先生的《汲冢竹书考》[③]、朱希祖先生的《汲冢书考》[④]，都很精到，但尚未暇对其间《易》类书专做讨论。现在前人基础上试行探讨，与读者一起商榷。

---

① 舒学：《我国古代竹木简发现、出土情况》，《文物》1978年第1期。

② 王国维：《静庵文集续编·最近二三十年中中国新发见之学问》，《王国维遗书》第5册，上海古籍书店，1983年。

③ 收入陈梦家：《六国纪年》，学习生活出版社，1955年。

④ 朱希祖：《汲冢书考》，中华书局，1960年。

汲冢竹书概况

汲冢竹书是在晋武帝时发现的。得书的具体时间，有咸宁五年、太康元年及二年三种记载，即公元279—281三年。《晋书·武帝纪》："咸宁五年十月，……汲郡人不准掘魏襄王冢，得竹简小篆（按这个词不确）古书十余万，藏于秘府。"清代学者阎若璩、雷学淇等指出本纪源于起居注，应为实录，竹简出现后适值伐吴战事，次年三月吴平，遂以献上，到太康二年命官校理，以致各种记述纪年不一。朱希祖从此说，应该是可信的。

竹书的出土地点在当时的汲郡治汲县。太康十年（289）的《太公吕望碑》建于该县，碑文云冢在"县之西偏"。按西晋汲县在今汲县西略南。《清一统志》则说冢在今汲县西二十里。

盗墓人名不准，"不"姓极为罕见[1]。朱希祖以为是春秋时晋丕氏的后裔。

冢中与竹简同出的器物，现能考知的有玉律、钟磬和铜剑，是大墓常见的随葬品。考虑到竹简数量甚多，可知墓的规模比较宏大。因此，当时人都以为是战国时的魏王墓。有的认为是魏襄王墓，今天还无法确证。

其所以推断为魏襄王或安釐王，是由于竹简中的编年史《纪年》终于"今王"，而"今王"经考订指魏襄王。杜预《春秋经传集解》后序云："其《纪年篇》……下至魏哀王之二十年，盖魏国之史记也。……哀王二十三年乃卒，故特不称谥，谓之'今王'。"

---

[1] 参看慕容翊:《中国古今姓氏辞典》，第16页，黑龙江人民出版社，1985年。

所谓"哀王"实为襄王之误①。如朱希祖所说:"言汲冢为魏襄王墓者,《晋书》卷三《武帝纪》、卷十六《律历志》,荀勖《穆天子传序》,卫恒《四体书势》。言汲冢为魏安釐王墓者,王隐《晋书·束皙传》。言汲冢为魏襄王墓或言安釐王冢而不定厥辞者,唐修《晋书》卷五十一《束皙传》。"

1975年末,在湖北云梦睡虎地一座小墓中出土了大量竹简,其中有《编年记》一书,记秦昭王元年(前306)至"今"三十年的史事。此"今"指秦始皇,其三十年即公元前217年。墓主名喜,生于秦昭王四十五年(前262),鉴定其骨骼约年四十至四十五岁,可知他应即卒于始皇三十年(前217)。这个例子和汲冢的《纪年》相似,从之可以推论,汲冢的墓主很可能死于魏襄王二十年(前299)或稍晚一些的时候。假如冢确为王墓,那就只能是襄王的墓,不会是更晚五十多年的安釐王的墓。

有人持安釐王墓之说,可能是因为《纪年》有"周隐王"的纪年,见《太平御览》卷八百八十所引:

> 《纪年》曰:……周隐王二年,齐地暴长,长丈余,高一尺。

今本《纪年》以"隐王"为报王。报王之卒已到魏安釐王二十一年,即公元前256年。"隐王"如确即报王,有谥号,《纪年》的写成便只能在该年之后。近年研究《纪年》的学者已经提到,干宝

---

① 朱希祖:《汲冢书考·汲冢书来历考第一》附《魏哀王魏今王考》,中华书局,1960年。

《搜神记》也有类似记事，当本于《纪年》，而看所记诸条次第，"隐王"并不是赧王①，所以安釐王墓之说可不必考虑。

据上所论，估计汲冢是战国晚期之初，也就是公元前3世纪初的魏墓，是可信的。这是墓中所出竹简写成时间的下限。

至于汲冢所出竹简的形制、字体，当时进行整理的人员，以及整理的过程，等等，《汲冢书考》都有详述。这些问题与这里要讨论的无关，因此从略。

竹简的内容，以《晋书·束皙传》所载最为详尽，共分十六项，列表如下：

1.《纪年》十三篇；

2.《易经》二篇；

3.《易繇阴阳卦》二篇；

4.《卦下易经》一篇；

5.《公孙段》二篇；

6.《国语》三篇；

7.《名》三篇；

8.《师春》一篇；

9.《琐语》十一篇；

10.《梁丘藏》一篇；

11.《缴书》二篇；

12.《生封》一篇；

① 方诗铭、王修龄：《古本竹书纪年辑证》，第146—147页，上海古籍出版社，1981年。

13.《大历》二篇；

14.《穆天子传》五篇；

15.《图诗》一篇；

16. 杂书十九篇。

传文云"大凡七十五篇，七篇简书折坏，不识名题"，以上加起来是76篇，这是由于《纪年》应为12篇，不是13篇。朱希祖说："案，《纪年》十三篇，篇数疑误。王隐《束皙传》《纪年》十二卷，《隋书·经籍志》《纪年》十二卷并《竹书同异》一卷，则此当作十二篇，方与下总数七十五篇相合。"[①]其说是正确的。

杜预《春秋经传集解》后序自述：

> 太康元年三月，吴寇始平，余自江陵还襄阳，解甲休兵，乃申抒旧意，修成《春秋释例》及《经传集解》。始讫，会汲郡汲县有发其界内旧冢者，大得古书，皆简编科斗文字。发冢者不以为意，往往散乱。科斗书久废，推寻不能尽通。始者藏在秘府，余晚得见之，所记大凡七十五卷，多杂碎怪妄，不可训知。

说明汲冢竹简保存较好的确系75卷，或称75篇。《晋书·束皙传》又说有"七篇简书折坏，不识名题"，则应在75篇以外，内容当时即不可考知。

所谓"杂书十九篇"，传文说其内容为"周食田法周书论楚

---

① 朱希祖：《汲冢书考·汲冢书篇目考第三》，第21页，中华书局，1960年。

事周穆王美人盛姬死事"。这句话有两种读法：一种是作为三种书，读作"《周食田法》《周书论楚事》《周穆王美人盛姬死事》"；一种是作为四种书，把"周书论楚事"分读为"《周书》《论楚事》"。朱希祖引《晋书·卫瓘传》所叙卫恒《四体书势》：

> 太康元年，汲县人盗发魏襄王冢，得策书十余万言（案敬侯所书，犹有仿佛），古书亦有数种，其一卷《论楚事》者最为工妙，恒窃悦之。

可知《论楚事》别为一书（所谓"论楚事"标题应为整理者据简的内容所加，不一定是原有的）。朱希祖还根据《隋志》《唐志》皆有《汲冢周书》10卷，又《周穆王美人盛姬死事》已编为《穆天子传》第6卷，推算杂书计为《周食田法》7卷、《周书》10卷、《论楚事》和《周穆王美人盛姬死事》（标题也应为整理者所加）各1卷。

汲冢出土的《易》类书

据以上分析，汲冢竹书知道名题的实共19种。值得注意的是，其中与《易》直接有关的即有《易经》《易繇阴阳卦》《卦下易经》《公孙段》4种；论及卜筮的，还有《师春》和《琐语》2种。这在全部竹书中占的比例是很大的，足见当时这一类书籍流传的广泛。

杜预云："《周易》上下篇，与今正同。"王隐《晋书·束皙传》即称"《周易》上下经二卷"。唐修《晋书·束皙传》也说："其《易经》二篇，与《周易》上下经同。"由此可知，汲冢竹书内的《易经》同于晋人所见，也就是今传本《周易》。这当然不是说竹书《易经》每个字都同于今传本，但至少可证明它就是卦序始《乾》终《未济》的本子，而且也分为同样的上下两篇。

近年发现的长沙马王堆帛书《周易》，经文卦序与今传本截然不同。有些学者鉴于帛书是现在能看到的最早的《周易》原本，怀疑帛书卦序早于今传本卦序，由汲冢竹书《周易》可知其不然。

《易繇阴阳卦》二篇，《晋书·束皙传》说："与《周易》略同，繇辞则异。"看来是《周易》以外的另一种筮书。王隐所撰《束皙传》，称"有《易卦》，似《连山》《归藏》"，应该是对的。本书第一章第三节已经论述过三易的并存，汲冢所出的《易繇阴阳卦》，或称《易卦》，确可能是《连山》或者《归藏》。《隋书·经籍志》载："《归藏》汉初已亡，案晋《中经》有之，唯载卜筮，不似圣人之旨。"晋《中经》即荀勖所著《中经新簿》，而荀勖是整理汲冢竹书的主要人物之一，《易繇阴阳卦》如是当时存在的《归藏》，荀勖一定会做出说明。不过《归藏》据称业已亡佚，汉晋以下存在的《归藏》，可能是后人辑集补作的本子，与古时原本或许不同。这个问题，本章第六节还会谈到。

《卦下易经》一篇，《晋书》云："似《说卦》而异。"所谓"似《说卦》"，是指其性质、体裁近于《说卦》。《说卦》的前三章讲说《易》理，类似《系辞》，其余主要是论卦象。揣想《卦下易经》也是谈卦象的。杜预说，竹书在《周易》外：

> 别有《阴阳说》，而无《彖》《象》《文言》《系辞》，疑于时仲尼造之于鲁，尚未播之于远国也。

《阴阳说》，很多学者以为即《易繇阴阳卦》，恐怕是不对的，因为后者并非传体，不能称之为"说"。它应即《晋书》所云《卦下易经》，所以杜氏没有讲竹书无《说卦》等篇。"卦下易经"大概是简上原有的标题，整理者以其费解，或一时没有发现，故依其性质称之为《阴阳说》。

"卦下易经"这个题目很奇怪。我猜想它应当分成两截读，如：

卦下　易经

古书有近似的例子，例如《逸周书·王会》附有《伊尹朝献》，其标题作：

伊尹朝献　商书

朱右曾解释说："此篇目也。伊尹制诸侯朝献之贽，本在《商书》中，录于此，以明自古之制也。古者篇题皆大题退在小题下。"[1]这里"易经"是大题，"卦下"是小题。

如果这个猜想是对的，可以有两点推论：第一，汲冢竹书的时期已称《易》为"经"，而且把传包括在内，和《汉书·艺文志》所载《易经》十二篇兼指上下经及十翼同例；第二，有《卦下》就有《卦上》，《卦上》《卦下》颇可能是《说卦》等的一种祖本，只是汲冢没有上篇而已。这两点对于研究《易》学史是很重要的。

《公孙段》二篇，据《晋书》说，内容是"公孙段与邵陟论《易》"，无疑是传《易》学者的一种作品，其体例当和马王堆帛书

---

[1] 朱右曾：《逸周书集训校释》卷七《王会》，商务印书馆，1940年。

《易传》中的《缪和》《昭力》相类。战国楚文字中楚同姓昭氏都作"邵",所以邵陟疑为楚人,他和公孙段或许是师弟的关系。

《晋书·束晳传》说,《师春》一篇"书《左传》诸卜筮。'师春'似是造书者姓名也"。"师春"乃是简上原有标题。杜预也说:

> 又别有一卷,纯集疏《左氏传》卜筮事,上下次第及其文义皆与《左传》同,名曰《师春》。"师春"似是抄集者人名也。

此书宋代尚存,《玉海》卷四十七载,宋仁宗嘉祐(1056—1063)中,苏洵编定六家谥法,采及《汲冢师春》。北宋末,黄伯思校雠秘阁所藏《师春》五篇,"以相校除复重,定著三篇",见所著《东观余论》卷下《校定〈师春〉书序》。序中说:

> 今观中秘所藏《师春》,乃与(杜)预说全异。预云纯集卜筮事,而此乃记诸国世次及十二公岁星所在,并律吕、谥法等,末乃书《易》象变卦,又非专载《左氏传》卜筮事,由是知此非预所见《师春》之全也。

他怀疑该本系后人杂抄《纪年》,但又指出其与《纪年》之异。接着,说:

> 及观其记岁星事,有"杜征南洞晓阴阳"之语,由是知此书亦西晋人集录,而未必尽出汲冢也。然臣近来考辨秘阁古宝器,有宋公虥饿鼎,稽之此书,虥乃宋景公名,与鼎铭合,而

太史公书及他书皆弗同。由是知此书尚多古事，可备考证，固
不可废云。①

关于宋代所见《师春》的内容，还可见陈振孙的《直斋书录解
题》。书中称之为《汲冢师春》一卷，云：

> 此书首叙周及诸国世系，又论分野、律吕为图，又杂录谥
> 法、卦变。

《玉海》引《中兴书目》书名相同，云：

> 杂叙诸国世系及律吕、谥法，末载卦变杂事。

和黄伯思所述相符，与苏洵采《师春》谥法之说也相呼应。

黄伯思指出《师春》所载宋景公名与金文一致，很值得注意。
这　点又见《东观余论》卷上《周宋公鼎说》，文中说出于《师
春》宋之世次，足知《师春》卜筮以外的部分也是有源据的。宋代
传流的本子，虽经增益，并非尽出杜撰。

细玩杜预所说《师春》"纯集疏《左氏传》卜筮事"等语，此
书不仅集录《左传》卜筮，而且加以疏解，不止有其"文"，也释
其"义"，绝不能认为是《左传》的简单抄撮。只是由于杜预有
《左传》之癖，特别注意书中同于《左传》的内涵罢了。其实周及

---

① 参看方诗铭：《〈竹书纪年〉古本散佚及今本源流考》,《纪念顾颉刚学术论
文集》下册，巴蜀书社，1990年。

诸国世系、十二公岁星所在等等，都是和《春秋》经传有关的。其记岁星、卜筮等事，说明此书有着数术的色彩。

1977年安徽阜阳双古堆1号墓出土的汉初竹简，内有一种，整理组定名为《年表》，"上起西周，下迄于汉。记周秦以来各国君王在位之年"①。察其内容，疑与《师春》记各国世系一样，带有数术的性质。

无论如何，《师春》集疏《左传》卜筮，说明当时人已觉得春秋卜筮有特殊的研究意义，这是很令人感到兴趣的。

最后，再谈一下《琐语》。此书《晋书·束晳传》云："诸国卜梦、妖怪、相书也。"有11篇，篇数仅次于《纪年》。《隋书·经籍志》著录《古文琐语》4卷，注云合11篇为4卷。唐代刘知幾《史通》称之为《汲冢琐语》，述其篇目有《夏殷春秋》《晋春秋》等，详见《汲冢书考》所引。

我曾指出《纪年》有纪异的倾向②，《琐语》更以纪异为主，不是一般的史籍。王隐《晋书·束晳传》说它"似《左传》"，《史通》说它"即《乘》之流"，都不确当。看清代学者所辑《琐语》遗文，说是"卜梦、妖怪、相书"是合适的。其中有涉及卜筮的，例如《太平御览》卷八十五、一百三十五所引：

（周）宣王元妃献后生子，不恒期月而生，后弗敢举。天子召群臣及元史，皆答曰："若男子也，身体有不全，诸骨节

---

① 文物局古文献研究室、安徽省阜阳地区博物馆阜阳汉简整理组：《阜阳汉简简介》，《文物》1983年第2期。

② 李学勤：《古本〈竹书纪年〉与夏代史》，《华夏文明》第1集，北京大学出版社，1987年。

有不备者，则可；身体全，骨节备，不利于天子，将必丧邦。"天子曰："若而不利予一人。"命弃之。仲山父曰："天子年长矣，而未有子。或者天将以是弃周，弃之何益？且卜筮之言何必从？"乃弗弃。①

这是讲周幽王诞生的故事。仲山父即《国语·周语上》的樊仲山父，所说"卜筮之言何必从"，正与《尚书·洪范》所论相反，反映了人们对卜筮看法的转变。

又如《太平御览》卷八百三十二、九百三十二所引：

> 范献子卜猎，占之曰："此其繇也：君子得鼋，小人遗冠。"献子猎无所得而遗其豹冠。

范献子见《左传》，晋臣，又称士鞅、范鞅、范叔。文中繇辞当出于卜法的占书。

《穆天子传》卷五有一条筮例：

> 天子筮猎苹泽，其卦遇《讼》，逢公占之曰："《讼》之繇：薮泽苍苍，其中□，宜其正公。戎事则从，祭祀则憙，畋猎则获。"□饮逢公酒，赐之骏马十六、缔绰三十箧。逢公再拜稽首，赐筮史狐□。②

---

① 马国翰：《玉函山房辑佚书》史编杂史类《古文琐语》，第2391页，上海古籍出版社，1990年。引文据《御览》两条互校。

② 《四部丛刊》影印明天一阁范氏刊本，上海书店出版社，1936年。

在"其卦遇《讼》"下还有卦画，郭璞注云："坎下乾上。"需要说明的是，传世《穆传》中的方框，是表示原简缺失的字，字数不定。因此上文里的繇辞"薮泽苍苍"等可能本有三或四句，与《周易·讼》卦的卦辞完全不同。这可能有两种解释：一种解释是《穆天子传》所引不是《周易》，而是三易中其他的易，李过《西溪易说》所载《归藏》卦名，正有《讼》；另一种解释是所引的不是《周易》经文，而是依托于《易》的某种简化的筮术，所以繇辞后面缀注戎事、祭祀、田猎的吉凶。我认为，后一种解释是合理的。

《穆天子传》不是《易》类书籍，其内容也不是实录，这条筮例只能看作战国时筮法的反映，特附论于此。

第二节　竹简卜辞与商周甲骨

殷墟甲骨的发现与鉴定，是考古学史上的一件大事，迄今已有100多年了。甲骨研究已经是一门羽毛丰满的学科，对探讨中国古代历史文化起着重要的作用。海内外许多学者研究甲骨，取得了很大的成绩，但必须承认还有一些带基本性质的问题仍未解决。前些年由几位海外学者率先提出的卜辞的命辞是否问句的问题，即其一例[①]。甲骨本来是占卜的遗物，卜辞是占卜的记录，而我们对古代占卜所知有限，无怪乎在卜辞的读法和理解上有种种分歧意见。

过去有不少学者，为了研究殷墟甲骨，对古代占卜做过探索，并有专篇论著[②]。但当时所见甲骨均属商代，同文献所记有时代差

---

① 参看裘锡圭：《关于殷墟卜辞的命辞是否问句的考察》，《中国语文》1988年第1期。

② 沈启无、朱耘庵：《龟卜通考》，《国立华北编译馆馆刊》一之三，1942年。

距，区别较大。50年代以来，陆续发现了若干西周甲骨，有些也有卜辞[①]，特别是对古代卜、筮间的关系提供了前所未知的依据。近年又在战国时期楚墓中出土几批竹简，内有卜辞记录，可与文献比较，也可与商周甲骨卜辞互相参照。现根据已发表的部分材料，试加讨论，与读者共析。

竹简卜辞的发现

卜法是使用龟甲兽骨占卜的一种方法，商代和西周把卜辞契刻在甲骨上，系为事后统计占卜是否灵验。契刻需要特殊技巧，很难普遍施行。事实上，商周时大量存在的是无字甲骨，有字的只在少数重要地点发现。卜用甲骨无字，不等于说当时没有卜辞记录，只是不曾契刻在甲骨上面。《周礼·占人》云："凡卜筮，既事，则系币以比其命，岁终则计其占之中否。"郑玄注："既卜筮，史必书其命龟之事及兆于策，系其礼神之币而合藏焉。"策即简册。郑玄还引《尚书·金縢》为证，《金縢》记周公卜龟，事毕"乃纳册于金縢之匮中"，册正指记录卜辞的简。将卜辞记在竹简之上，应该是古代通行的方式。

记有卜辞的竹简，近年已发现三次，都出自战国中期偏晚的楚墓，即1965年冬发掘的湖北江陵望山1号墓[②]、1978年发掘的湖北江陵天星观1号墓[③]和1986年至1987年发掘的湖北荆门包山2号

---

① 王宇信：《西周甲骨探论》，中国社会科学出版社，1984年。

② 湖北省文化局文物工作队：《湖北江陵三座楚墓出土大批重要文物》，《文物》1966年第5期。

③ 湖北省荆州地区博物馆：《江陵天星观1号楚墓》，《考古学报》1982年第1期。

墓①。三座墓年代、地点均相接近，简的内容也彼此类似。望山这一部分简多已残断，天星观简只公布了很少一点。最近包山简的整理小组发表了简的概述②，使大家能窥见竹简卜辞的大略，是值得感谢的。

据整理小组介绍，包山简中记卜辞的共有20余组，"其内容皆是为墓主贞问吉凶祸福。每组记一事，多则四五简，少则一简。各组简按贞问时间顺序排列。简文格式大致相同，一般包括前辞、命辞、占辞、祷辞和第二次占辞等部分"。概述中有一组简的全文，今尽量用通行字体写出如下：

> 东周之客许绖归胙于蔵郢之岁，夏栗之月，乙丑之日，苛嘉以长恻为左尹陀贞：出入侍王，自夏栗之月以就集岁之夏栗之月，尽集岁，躬身尚毋有咎。占之恒贞吉，少有忧于躬身，且间有不顺。以其故说之，举祷楚先老僮、祝融、鬻熊③各一牂，囟攻解于不辜。嘉占④之曰：吉。

下列望山简文，与包山简这条相对照，即可知是格式类似的卜辞：

---

① 湖北省荆沙铁路考古队包山墓地整理小组：《荆门市包山楚墓发掘简报》，《文物》1988年第5期。

② 包山墓地竹简整理小组：《包山2号墓竹简概述》，《文物》1988年第5期。

③ 李学勤：《论包山简中一楚先祖名》，《文物》1988年第8期。

④《包山2号墓竹简概述》（《文物》1988年第5期）作"贞"，依所言第二次占辞改。

……为悼固贞，出入侍［王］，以……

……贞，走趣事王、大夫，以其未有爵位，尚兼得事。占之吉，将得事，［少有］……

……夐月，丁巳之日，为悼固举祷简大王、声［王、悼王、东宅公各］……①

……辛未之日，埜斋以其故［说］之，无它。占之曰：吉。因以黄灵习之，同说。声王、悼王既赛祷，己未之日赛祷王孙巢。②

……归豹以宝箮为悼固贞：既心□以忧，善欠……

……以心□不能食，以骤欠，足骨疾，［尚毋死。占之恒贞吉，不］……③

天星观简也有近似内容，如：

秦客公孙鞅问王于菣郢之岁，十月，丙戌之日，酖丁以长宝为邸阳君番勒贞：侍王……

据称亦有"占之吉""占之恒贞吉"及向悼公、惠公等求祷的语

---

① 陈振裕：《望山一号墓的年代与墓主》，《中国考古学会第一次年会论文集1979》，文物出版社，1980年。

② 曾宪通：《楚月名初探》，《古文字研究》第5辑，中华书局，1981年。巢字据注①改。

③ 李家浩：《释"弁"》，《古文字研究》第1辑，中华书局，1979年。欠字原释从继从欠。

句①。

词语的解释

上述竹简的整理者已对简文不少地方做了说明，如以楚国大事纪年、楚月名以及左尹、邸阳君的身份等。这里专就简文里一些占卜专用或习用的词语，比照文献加以解说。

包山简该条的长侧，相当于望山、天星观简的黄灵、宝霋。据概述，包山简中还有长灵、骥（？）灵等名。曾宪通先生指出黄灵系龟名，是正确的②。《周礼·龟人》云："龟人掌六龟之属，各有名物，天龟曰灵属，地龟曰绎属，东龟曰果属，西龟曰雷属，南龟曰猎属，北龟曰若属，各以其方之色与其体辨之。"孙诒让《正义》："《礼器》孔疏引《尔雅》郭注有'卜龟黄灵、黑灵'之属，《唐六典》李注亦载《太卜令卜法》云：'春用青灵，夏用赤灵，秋用白灵，冬用黑灵，四季之月用黄灵。'《初学记·龟部》引柳隆《龟经》说略同，即方色之龟也。"③《尔雅·释鱼》云："龟俯者灵，仰者谢，前弇诸果，后弇诸猎，左倪不类，右倪不若。"郝懿行《义疏》："俯者天龟也。《卜师》注：'下俯者也。'《龟人》注：'天龟俯。'《书大传》云：'孟诸灵龟。'郑注：'龟俯首者灵。'《晋书·文帝纪》'魏咸熙二年，胊朌县献灵龟'，盖即此矣。"《释鱼》还有十龟之名，"二曰灵龟"，郭璞注："涪陵郡出大

---

① 湖北省荆州地区博物馆：《江陵天星观1号楚墓》，《考古学报》1982年第1期。

② 曾宪通：《楚月名初探》，《古文字研究》第5辑，中华书局，1987年。

③ 孙诒让：《周礼正义》卷四十八，第1950页，中华书局，1987年。

龟，甲可以卜，缘中又似玳瑁①，俗呼为灵龟，即今觜蠵龟，一名灵蠵，能鸣。"《义疏》："灵龟者，刘逵《蜀都赋》注引谯周《异物志》曰：'涪陵多大龟，其甲可以卜，其缘中又似玳瑁，俗名曰灵。'《华阳国志》亦云'其缘可作叉，世号灵叉'，叉与钗同，并郭所本。……《说苑·辨物》篇云：'灵龟文五色，似玉似金。'"由此可知灵是龟名，黄灵乃其一种，简文的长灵等也一定是龟。

称龟为灵，在殷墟甲骨中已经有了，其字写作从龟，灵省声，以致易被误认作从雨②。《甲骨续存》2，57辞云③：

……贞：光……来。王［占曰］：……惟来。五［日］……允至，以龟，灵八，鼃五百十。四月。

光所携来的龟有两种，灵的数量甚少，可能确如古书所说是一种南方出产的大龟。《殷虚书契续编》4，26，5有甲桥刻辞"……妇井乞灵自……"，是此种龟的实物。龟名为灵，一直传流后世，除郝懿行、孙诒让所引，《史记·龟策列传》号龟为玉灵，唐以后龟卜书有《玉灵照胆经》，也是显例。竹简中出现黄灵等名，说明是属于龟卜。"长恻"疑读为"长侧"，指龟的形状。

贞，在简文中有两义。为某某贞的贞，和殷墟甲骨卜辞常见的贞义同，《说文》："贞，卜问也。"《周礼·天府》郑玄注："问事之正曰贞。问岁之美恶，谓问于龟。……郑司农云：'贞，问也。'《易》曰'师贞丈人吉'，问于丈人。《国语》曰：'贞于阳

① "叉"原作"文"，据郝懿行《尔雅义疏》下之四改。
② 岛邦男编：《殷墟卜辞综类》，第171页，3458，汲古书院，1977年。
③ 亦见陈梦家：《殷虚卜辞综述》，图版贰壹：1，中华书局，1988年。

卜。'"" "占之恒贞吉"的"贞",则训为"正"、"当",与《尚书·洛诰》"来视予卜,休,恒吉,我二人共贞"可相参看。

尚,意思是庶几。文献所见古代卜筮辞,多有以"尚"冠首的语句。卜辞例如《左传》昭公十七年:

> 吴伐楚,阳丐为令尹,卜战不吉。司马子鱼曰:"我得上流,何故不吉?且楚故司马令(命)龟,我请改卜。"令(命)曰:"鲂也以其属死之,楚师继之,尚大克之。"吉。战于长岸,子鱼先死,楚师继之,大败吴师。

筮辞如《左传》昭公七年:

> 晋韩宣子为政聘于诸侯之岁,婤姶生子,名之曰元。孟絷之足不良能行。孔成子以《周易》筮之曰:"元尚享卫国,主其社稷。"遇《屯》。又曰:"余尚立絷,尚克嘉之。"遇《屯》之《比》。

可见当时命辞含有冠"尚"字之句乃是常例。

故,意思是事。《周礼·占人》有"八故",郑玄注释为"八事"。孙诒让《正义》云:"故、事义同。《公羊》昭公三十一年《传》云'习乎邾娄之故',何注云:'故,事也。'"

说、攻,均见《周礼·大祝》的"六祈","五曰攻,六曰说",郑注:"攻、说,则以辞责之。"孙诒让《正义》:"《论衡·顺鼓篇》云:'攻,责也,责让之也。'《广雅·释诂》云'说,论也',谓陈论其事以责之,其礼尤杀也。《淮南子·泰族训》云'零兑而请雨'，宋本许注云'兑，说也'，则请雨亦说矣。"按《尚书·金縢》载，武王有疾，周公愿以身代，告神占卜，后来成王"启金縢之书，乃得周公所自以为功代武王之说"，说是告神的祝词[1]，只"陈论其事"，没有责让的意思。郑玄把说和攻混为一谈，是不妥当的。攻则确是责让，《论衡·顺鼓篇》所述甚详。简文中说"攻解于不辜"，不辜即云梦睡虎地秦简《日书》所谓"不辜鬼"[2]，是作祟的冤鬼，故需加以攻解，即责让冤鬼，解除灾患。

与商周甲骨的比较

上面征引的简文既然是龟卜的卜辞，便有必要同商周甲骨卜辞做一比较。

熟悉西周甲骨卜辞的人一定会注意到，包山简那条卜辞末尾有"凶攻解于不辜"一句。"攻"字前边的这个字是西周甲骨常见的，我曾指出它不是惠、迺或西，而应读为思或斯[3]。现在在竹简上发现，证明它绝非惠、迺一类字，因为后者在战国楚文字里怎样写是很清楚的。西周甲骨，特别是周原凤雏出土的卜甲，其辞尾多用"斯……"这一形式[4]，体例和包山简都很近似。

我们还曾谈到，斯字在辞中意义同于尚。看包山简前云"尚母有咎"，后云"斯攻解于不辜"，此说可得证明。包山简此辞实际上是命辞中套着命辞。全辞从"东周之客"开始，到"贞"字，是

① 杨筠如：《尚书覈诂》卷三，陕西人民出版社，1959年。

②《云梦睡虎地秦墓》编写组：《云梦睡虎地秦墓》，图版一三二：860反面，文物出版社，1981年。

③ 参看本书第三章第二节。

④ 参看本书第三章第二节。

前辞，先详记年月日，然后记明卜人、所用龟名，以及为何人卜问。从"出入侍王"，到"斯攻解于不辜"，是龟卜命辞全文，又可细分为三小段：

（一）"出入侍王"至"尚毋有咎"，是筮占的命辞，所占为左尹当年到来年有无灾祸。

（二）"占之恒贞吉"至"间有不顺"，是筮占的结果，虽得贞吉，但预示仍有忧患。

（三）"以其故说之"至"斯攻解于不辜"，是卜问以此事祷告于神，期望免除忧患。

最后"嘉占之曰：吉"，是龟卜的命辞。

怎么知道（一）、（二）是指筮占呢？我们在研究西周甲骨时已经说明，古人常在卜兆以前揲筮，西周甲骨上有时把筮数刻记在卜兆旁边，就表明这种关系[①]。竹简卜辞，如天星观简，也有筮法的记录[②]。《周礼·占人》说："占人掌占龟，以八筮占八颂，以八卦占筮之八故，以视吉凶。"郑注云："谓将卜八事，先以筮筮之。"说明周人龟卜常先用筮占，甲骨和竹简卜辞都是如此。

《礼记·曲礼》云："卜筮不相袭。""袭"训为重，意思是说龟卜是龟卜，筮占是筮占，两者不能视为一事，这和龟卜之前先用筮占并不矛盾。从竹简卜辞看，苟嘉先用筮占，得出初步结果，再用龟卜问告祷攻解，内容实不相袭。

望山简前引"辛未之日"一条，先说"埜斋以其故说之，无它。占之曰：吉"。接着又说"因以黄灵习之，同说"，习就是古

---

① 参看本书第三章第一节。

② 张政烺：《易辨》，《中国哲学》第14辑，人民出版社，1988年。

书的袭。殷墟甲骨屡见习卜，有学者做过搜集研究①，其语如"习
一卜"到"习四卜"，是指对前一次卜的相袭；"习龟卜""习灵一
卜"，则是以骨卜袭龟卜，仍在卜法范围以内。简文记在一次占卜
之后，又以黄灵之龟重卜，祝告之词相同，故云"同说"。

从整个卜辞的格式来说，竹简卜辞与殷墟、周原卜辞的异同，
有以下几点：

（一）三者的前辞都记占卜时间，并有"贞"字。竹简记卜人
名，和殷墟卜辞相似，周原卜辞则罕见其例。殷墟卜辞、周原卜辞
前辞有记占卜地点的，简文未见。

（二）竹简卜辞的命辞以"斯……"收尾，和周原卜辞相
似，在命辞中套叙筮占，也与周原卜辞类同。简文"斯……"和
"尚……"不附疑问语气词，不是问句。

（三）简文占辞"嘉占之曰：吉"，和殷墟卜辞常见的"王占
曰：吉"，以及"由占曰：吉"之类相似②，周原卜辞未见。殷墟卜
辞晚期占辞变为"吉""引吉""大吉"等，不像早期那样有较多的
话，简文实沿其例。

（四）望山简"辛未之日"条，于占卜后记"声王、悼王既赛
祷"云云，与殷墟卜辞的验辞有相近之处。

这样看来，商周甲骨卜辞以至战国时期的竹简卜辞实际上是一
脉相承的，在细节上虽有出入，却属于同一卜法绪统。竹简卜辞现
已发现不少，在全部发表后，一定会对古代卜法的研究提供许多新

---

① 宋镇豪：《殷代"习卜"和有关占卜制度的研究》，《中国史研究》1987年第
4期。

② 李学勤：《关于自组卜辞的一些问题》，《古文字研究》第3辑，中华书局，
1980年。

的内涵。

第三节 出土筮数与三易研究

这里所讲的"筮数"，即很多学者近年讨论的"数字卦"，指在甲骨、青铜器、陶器、石器等文物上面看到的占筮所得数字。关于筮数的发现和研究经过，北京大学李零教授1993年出版的《中国方术考》有很详细的叙述[①]，在此无须重复。

吉林大学金景芳教授曾引据《仪礼·士冠礼》注疏，指出这类数字应是用以记爻，其存在不能说明当时没有卦画[②]，是非常正确的。因此，我觉得"筮数"一词要更恰当一些。

上引李零书的一项贡献，在于他以谨严的态度推定"现已发现的数字卦，尚未发现早于商代晚期的材料"[③]。这样，我们就避免了有关筮法和易学的若干猜测。由此可见，有关筮数等问题还有一些基本点尚待澄清。

以下想讨论三个问题，即（一）青铜器铭文中的所谓卦画，（二）战国楚简中的所谓筮数，（三）《归藏》简中的卦画。其间必有不妥，敬希指正。

一

北宋时编撰的《博古图录》卷九第十六至十七页著录"卦象卣"一件，定为商器。该卣盖器对铭，铭文看刊本作四条横线，最

---

① 李零：《中国方术考》，第235—255页，人民中国出版社，1993年。

② 金景芳：《学易四种》，第195—196页，吉林文史出版社，1987年。

③ 李零：《中国方术考》，第241页，人民中国出版社，1993年。

上最下两条是连通的直线（盖铭最上一线中断，或系除锈未尽所致），中间两条则由三短线构成。此卣铭文又见于《啸堂集古录》卷上第三十二页、《历代钟鼎彝器款识法帖》卷三第二十四页。清代《西清古鉴》卷十五第八页所载，乃是伪作①。

《博古图录》说："盖器二铭皆作卦象。观古人画卦，奇以象乎阳，偶以象乎阴，一奇一偶而阴阳之道全，一虚一实而消息之理备。然易始八卦而文王重之为六十四卦。夏曰《连山》，商曰《归藏》，周曰《易》。是卦也，上下爻皆阳，有乾之象；中二爻皆阴，有坤之象。虚其中，亦取象于器，所谓黄流在中者，义或在焉。虽不见于书，惟汉扬雄作《太玄》八十一首，拟《易》，曰方、州、部、家，今《争》首一方三州（三部）一家，与此卣卦象正同。雄于汉最号博闻，殆亦有自而作耶？"②《博古图录》的这种说法，近年得到一些学者的支持③。

和《博古图录》该卣铭文相同的，有一件罍，著录于《欧米蒐储支那古铜精华》47④。由之可以知道，卣铭实际上是误转了90度，应将横线改正为纵线，这大约是宋人好谈卦象的缘故。

与上述两器铭文相似的，有1927年陕西宝鸡戴家湾出土的一鼎、一甗⑤，陕西泾阳文化馆旧藏的甗⑥和山西翼城凤家坡发现的

---

① 刘雨编纂：《乾隆四鉴综理表》，第78页，中华书局，1989年。

② 薛尚功：《历代钟鼎彝器款识法帖》，第12页，中华书局，1986年。

③ 张亚初、刘雨：《从商周八卦数字符号谈筮法的几个问题》，《考古》1981年第2期。

④ 孙稚雏编：《金文著录简目》，5047，中华书局，1981年。

⑤ 王光永：《陕西宝鸡戴家湾出土商周青铜器调查报告》，《考古与文物》1991年第1期。

⑥ 段绍嘉：《介绍陕西省博物馆的几件青铜器》，《文物》1963年第3期。

甗①。这几器铭文都作五条纵线，即在上述两器铭文的中央再加一条连通的直线。器的年代，都在周初。

《殷周金文集成》第17册10765、10766两件商晚期的戈，足以作为解读上述铭文的钥匙。10765戈曾著录于《岩窟吉金图录》下32，传系1939年河南安阳出土，另一戈估计来源相同。戈铭作五条纵线，最外两条是连通的直线，中间三条由三短线构成。在右侧直线外面，与中间三线的两处断口相对，有一半环形曲笔。《殷周金文集成》正确地释此铭为"册"字②。原来，铭文纵线上的断口实象简册的编组，如由半环形笔向左延伸，正好成一"册"字。

现在我们把上面谈到的三种铭文排在一起，不难看出，它们其实都是"册"字。按照当时铭文体例，"册"应为作器者的族氏，和卦画没有任何关系。

二

70年代末筮数问题成为有关学者讨论的焦点，是受到两项发现的刺激，一是1977年陕西岐山凤雏出土的西周甲骨，另一则是1978年春湖北江陵天星观1号墓出土的战国楚简。后者所起的启发作用或许更大，但材料长期没有正式发表，多数人只能引用一些文章的叙述。这批简曾经荆州博物馆滕壬生、彭浩和北京大学王明钦等先生先后整理考释③，知道可分为卜筮记录与遣策两部分，在卜

---

① 李发旺：《山西翼城发现青铜器》，《考古》1963年第4期。

② 我过去读《岩窟吉金图录》，已悟出这一点，并与所谓卦象卣联系，70年代末为研究生讲课时曾经论及。

③ 王明钦：《湖北江陵天星观楚简的初步研究》，北京大学硕士研究生毕业论文，1989年。

筮记录中，有被认为筮数的八例，每例两条。

1987年初，在湖北荆门包山2号墓出土的战国楚简，也有类似的卜筮记录①，已全部发表。其中有被认为筮数的六例，亦系每例两条。由于其年代、性质均同于天星观简，可以一并研究。

这两批简的所谓筮数，学者以为包含着一、五、六、七、八、九等数字②。细察照片，除"一"以外，都与简中常见的数字形体不合。

所谓"五"，仅见包山简229，作两斜笔上部交叉，而包山简其他"五"字皆有上下两横③。

所谓"六"，作两斜笔上端相连，其他"六"字均有四笔④。

所谓"七"，仅见天星观简150，作两斜笔上部交叉，左一笔较右笔为短，其他"七"字为一横一竖两笔正交⑤。

所谓"八"，多系两斜笔上端略分，仅包山简245有一处和其他"八"字相似⑥。

所谓"九"，仅见天星观简45，谛视恐系"一"，同其他"九"字相异⑦。

值得注意的是，"五""六""七""八"实际上都是由两斜笔组成的。在这些之外，所谓筮数的这些例中，尚有很像楷书"人"字

① 湖北省荆沙铁路考古队：《包山楚简》，文物出版社，1991年。

② 李零：《中国方术考》，第254页，人民中国出版社，1993年。

③ 张守中：《包山楚简文字编》，第220页，文物出版社，1996年。

④ 张守中：《包山楚简文字编》，第220页，文物出版社，1996年。

⑤ 张守中：《包山楚简文字编》，第220页，文物出版社，1996年。

⑥ 张守中：《包山楚简文字编》，第13页，文物出版社，1996年。

⑦ 张守中：《包山楚简文字编》，第220页，文物出版社，1996年。

或"人"字的结构，也是由两斜笔组成，学者都释为"六"。

我认为，这些所谓筮数事实上只包括两种符号：一种是一横笔，有的稍长，有的稍短，还有的略歪；另一种是两斜笔，有的上连，有的交叉，有的分开。这并非数字，而是卦画。

卦画，如众所习知，有"—""--"两种，一阴一阳。竹简非常狭窄，又要骈书两行，所以把"--"改为两斜笔，以避免误连。至于是连是分，或者略有交叉，信笔所之，就无须细计了。

战国简上有卦画，历史上曾发现过，即西晋初年汲冢竹书的《穆天子传》。该书卷五记载：

> 天子筮猎苹泽，其卦遇《讼》，逢公占之曰："《讼》之
> 繇：薮泽苍苍，其中□，宜其正公。戎事则从，祭祀则憙，畋
> 猎则获。"

在"其卦遇《讼》"下有卦画，郭璞注云："坎下乾上。"①《穆天子传》出于战国，正可同上述卜筮记录参照。

三

1993年，湖北江陵王家台15号墓出有战国晚期秦简《归藏》，已经王明钦等几位学者论定②。

《周礼·大卜》云："掌三易之法，一曰《连山》，二曰《归藏》，三曰《周易》，其经卦皆八，其别皆六十有四。"贾公彦疏引

---

① 参看本书第四章第一节。

② 李零：《跳出〈周易〉看〈周易〉》，《传统文化与现代化》1997年第6期。

郑玄《易赞》云:"夏曰《连山》,殷曰《归藏》。"战国简《归藏》不可能是殷易,但应该是桓谭《新论》所载传流至汉的《归藏》的前身[①]。

《归藏》简各卦都冠以一条符号,学者也认为是数字,即筮数,其例见于王明钦先生的论文[②]。看王家台15号墓发掘简报所附简的照片[③],符号也由一横笔、两斜笔两种组成,两斜笔同样有上连、分开和作"人"字等形式,与天星观、包山简全无二致。

大家了解,三易的差别在于:《连山》《归藏》用七八,以不变为占;而《周易》用九六,以变为占。天星观、包山简的占筮,骈列二卦,表示卦变,合于《周易》;《归藏》简只有单卦,表示不变,均与文献相符。如果其符号确是筮数,《周易》当用九六,《归藏》当用七八,不管怎样,彼此一定不同。现在看到的却彼此无别,这说明都是卦画,不是筮数。

西汉早期长沙马王堆帛书《周易》的卦画,阴爻也作"八"字形,即沿自竹简而来。同时的阜阳双古堆竹简《周易》,阴爻上连或分开的两斜笔,也是战国卦画传统的继续。当时人为了方便,把"--"写成两斜笔,不能说是后人将两斜笔拉平才变成了"--"。

根据以上的讨论,我们可以看到,迄今已发现的筮数的时代限于商代晚期到西周中叶[④];卦画在出土文物中的出现,则只能追溯

---

① 参看本书第一章第三节。

② 王明钦:《试论〈归藏〉的几个问题》,《一剑集》,中国妇女出版社,1996年。

③ 荆州地区博物馆:《江陵王家台15号秦墓》,图一二,《文物》1995年第1期。

④ 四川理县西汉板岩墓出土陶罐上可能有筮数的孑遗,参看本书第三章第六节。

至战国中晚期，和筮数并不相接，也没有传袭的关系。这样说，当然不能否定卦画有更古远的起源，进一步的探讨有待于新的考古发现。

第四节　论战国简的卦画

1999年秋，北京清华大学中文系和台湾新竹清华大学中文系联合主办"纪念闻一多先生百年诞辰学术研讨会"，我曾提出论文《出土筮数与三易研究》①。小文的后面部分，根据1978年江陵天星观1号墓、1987年荆门包山2号墓出土的楚简和1993年江陵王家台15号墓发现的秦简《归藏》，说明这些简上通行观点以为是"数字卦"即筮数的，其实不是数字，而是卦画。"数字卦"说以为是"五""六""七""八"的，都与当时数字写法不同，实际上均由两斜笔组成。这是由于竹简狭窄，又要骈书两行，因而把阴爻卦画的"－－"改作两斜笔，以避免误连而同阳爻混淆。在个别情形，两斜笔略有交叉，以致被误认作数字。这一陋见，还没有得到多少注意和讨论②。

最近，有两批有关的材料发表。其一是1994年河南省文物考古研究所发掘的新蔡葛陵楚墓所出的简，见于2003年10月出版的报告《新蔡葛陵楚墓》③。这批简绝大多数为卜筮祭祷的记录，体例与天星观、包山简相似，而年代略早。据研究，葛陵墓的墓主卒

① 参看本书第四章第三节。

② 仍持筮数说的，如蔡运章《商周筮数易卦释例》(《考古学报》2004年第2期)。

③ 河南省文物考古研究所：《新蔡葛陵楚墓》，大象出版社，2003年。

于楚肃王四年（前377）①，天星观1号墓墓主卒于楚怀王十三年（前316），前后相距虽有60来年，但都属于战国中期，可以放在一起讨论。

葛陵简共有10组一般以为是"筮数"的符号，其间8组保存完整，都是骈书2行，符号每行6个，总共有96个符号。所有符号可分为两类：一类为一横笔，持"筮数"说者读之为"一"。另一类为两斜笔，大多数上端接连，呈"∧"形，或一斜笔稍出头，呈楷书"人"字或"入"字形，持"筮数"说者读之为"六"；另有一些上端分开，呈"八"形，读之为"八"；或上端交叉，呈"Ｘ"形，读之为"五"。以下姑依这种释读的方法，把葛陵简这8组符号写出来，前面所记是简的编号：

　　　　甲二：19、20　　　　　八一六六六六
　　　　　　　　　　　　　　　　一一一一六一
　　　　甲二：37　　　　　　　　六六六六一一
　　　　　　　　　　　　　　　　六六六六一六
　　　　甲三：112　　　　　　　一一六六六六
　　　　　　　　　　　　　　　　六六六一一一
　　　　甲三：184-2、185，222
　　　　　　　　　　　　　　　　五六五六六
　　　　　　　　　　　　　　　　六六六六一六
　　　　乙二：2　　　　　　　　六八六一六六
　　　　　　　　　　　　　　　　一六六六六一

---

① 李学勤：《论葛陵楚简的年代》，《文物》2004年第7期。

乙四：68 　　　　　　六六六六六一

　　　　　　　　　　一一六六六六

乙四：79 　　　　　　一一八一五六

　　　　　　　　　　一八一一六一

乙四：95 　　　　　　一一一一一六

　　　　　　　　　　六六六六六六

一望可知，这96个符号绝大多数是"一"和"六"，所谓"八"仅有四见，"五"更少，只有两见。要明白，如果这是用某种揲筮法产生的"筮数"，如此不平衡的现象是不可能出现的。附带说一下，葛陵简另两组残缺的符号，即乙四：102和零：506，能看到的全都是所谓"六"。

作为参照，让我们再看一看包山简的情况。包山简共有6组被认为"筮数"的符号，均保存完好，也是骈书两行，每行6个符号，总计72个符号。符号的样子和葛陵简全然相同，一类为一横笔，另一类为两斜笔，后者有几种形态，仍依"筮数"说写为"六""八""五"：

201 　　　　　　　　六六一六六六

　　　　　　　　　　六一一六一一

210 　　　　　　　　一六六八一一

　　　　　　　　　　六六六八一一

229 　　　　　　　　一六六一一六

　　　　　　　　　　一五五八六六

232 　　　　　　　　六一一六六一

	一六一一六一
239	一六六八六一
	一一一六六一
245	六六一一一八
	八一六一一一

这72个符号同样是以"一"与"六"占绝大多数，所谓"八"有六见，"五"有两见。这样不平衡的分布，仍是揲筮法难于产生的。

我在前述小文里已经说过，所谓"筮数"，除"一"以外，都和其他楚文字数字的写法不合。如"五"应作"𐅝"，不作"𐤅"；"六"应作"𐌍"，不作"𐤀"；"八"应作")("，不作"𐤀"[1]。简上这些符号，其实不过是把表示阴爻的符号"‐‐"写作两斜笔，又有时出现分离或者交叉而已。它们是卦画，不是数字。

最近发表的另一批材料，是1994年上海博物馆由香港购藏的楚简中的《周易》，见于2003年12月出版，2004年4月才发行的《上海博物馆藏战国楚竹书（三）》[2]。上博的《周易》只有经文，保存了三十四卦。

楚简《周易》，和今传本一样，于每卦之首都有卦画。著录的"说明"正确地称之为"卦画"，说："以一表示阳爻，𐤀表示阴爻"，没有说后者是数字"八"，是完全对的。经文明确称阳爻为"九"，阴爻为"六"，所以一定不能把它们与数字"一""八"联

① 李守奎:《楚文字编》，第832、833、51—52页，华东师范大学出版社，2003年。

② 马承源主编:《上海博物馆藏战国楚竹书（三）》，上海古籍出版社，2003年。

系起来，道理明显。

1993年，江陵王家台15号秦墓出土的竹简中有《归藏》[①]。该墓年代在战国晚期，秦白起拔郢之后，简用秦文字书写，但书可能是由楚人传流下来的。

《归藏》保存了五十余卦，每卦之首也都有卦画。简报云："其体例都均以易卦开头，随后是卦名及解说之辞。卦画都是以'一'表示阳爻，以'六'或'八'表示阴爻。"看所附图片可知，"一"即一横笔，"八"即或合或分的两斜笔。

以上面说的《周易》与《归藏》对比，不难看出，所谓"一""六""八"等，都是卦画。《归藏》卦画的现象，同天星观、包山、葛陵等简的符号非常相似，由此推论，所有这些都不是"筮数"，而就是卦画。

我曾经说过："三易的差别在于《连山》《归藏》用七八，以不变为占，而《周易》用九六，以变为占。……如果其符号确是筮数，《周易》当用九六，《归藏》当用七八，不管怎样，彼此一定不同。现在看到的却彼此无别，这说明都是卦画，不是筮数。"现在，战国竹简本的《周易》《归藏》即在大家面前，结论应该说业已清楚了。

补记：关于数字卦的观点，我后来已有改变，参看本书第四章第八节《清华简〈筮法〉与数字卦问题》。

---

① 荆州地区博物馆：《江陵王家台15号秦墓》，《文物》1995年第1期。王明钦：《试论〈归藏〉的几个问题》，《一剑集》，中国妇女出版社，1997年。

第五节 谈上博楚简《周易》

上海博物馆1994年入藏的楚简内有《周易》，最近已在《上海博物馆藏战国楚竹书（三）》书中发表①。简本虽有残缺，仍足与马王堆帛书《周易》的经文部分对比。由于帛书本也出于楚地，同简本合读会使大家了解战国至西汉间当地流传的《周易》的本子状况，而且和《老子》一样，把战国简本、汉初帛书本以及传世本联系起来，有利于深入揭示古书形成过程的规律和特点。《周易》的成书比《老子》早得多，对其本子流传的考察自然更会引起文献研究者的兴趣。

感谢上博濮茅左先生特意在书中辑印了"竹书《周易》、帛书《周易》、今本《周易》文字比较表"，方便了各本的对读，使其间关系一目了然。下面就从比较中择取一些例子，说明简本与帛书本、今本的同异，并着重阐述帛书本的地位。一般的古今字、通假字，都个举出。

首先应当指出，简本确有若干胜于帛书本的地方。帛书本有一些字，同简本比照，证明实系错误。例如《大畜》六五，今传本"豮豕之牙"，简本"豮"字作"芬"，是音近通假；帛书本则作"哭"，过去以为无法理解，现在有了简本，知道乃是"芬"字的形误。

《睽》上九，今本"匪寇婚媾"，"婚"字简本作"昏"。帛书

① 马承源主编：《上海博物馆藏战国楚竹书（三）》，上海古籍出版社，2003年。

本作从"门"从"梦",现可证明系"闅"字误写。

《井》卦辞,今本"羸其瓶",简本基本相同。帛书本作"累其刑垪",多一"刑"字。"刑"字从"井",故系因下"垪"字从"并"而衍。

简本还可纠正帛书本过去释文的误处。例如《讼》卦辞,今本"中吉",简本全同,而帛书本释为"克吉",已有学者指出"克为中之讹"[①]。细看原件照片,帛书这个字其实是"衷"。

《丰》上六,今本"闃其无人","闃"字帛书本过去释为从"明"从"犬",或说为"瞑"即"闃"字的异体[②],但难于解释。简本作从"豦"从"夬"声的字,字见《说文》,和"闃"的"昊"声并不同韵。揣想帛书本那个字上半的"明"系"门"字误写,而简本字的"夬"是"犬"字讹变。两者都是传讹,而帛书本更好一些,简本则是再三写错的结果。

有了简本,可以看出帛书本在不少地方胜于今传本。例如《随》上六,简本"从乃疇之",帛书本作"乃从藋之",是把"疇"字上半错写为从"藋",今传本"乃从维之",估计是"纆"字的残脱。

《睽》六五今传本"厥宗噬肤",第一字帛书本作"登",简本乃是"陞"字。"陞"即"升",古常与"登"通用。今本作"厥",则是因为"厥"在古文字中作"乎",形与"升"似而致误。

有些地方,帛书本还胜于简本。例如《颐》初九今传本"观我朵颐","朵"字帛书本作从"手""短"声,在古音上是对转,合

---

① 张立文:《帛书周易注译》,第46页,中州古籍出版社,1992年。

② 于豪亮:《帛书〈周易〉》,《文物》1984年第3期。

乎情理。简本作"敠"，就不合了。"敠"其实是一个错字，本来应从"耑"声，与"短"声是一致的。

又如《井》九三今传本"井渫不食"，第二字帛书本为"楪"，系通假字。简本则作"朻"，对照同卦上六，知即"收"字，文理不通，显然有误，可能即因上六的"井收"而来。另外，《夬》九四今传本"牵羊"，帛书本同，简本乃作"丧羊"，这可能是因《大壮》六五"丧羊于易"而误。

其实，简本的错字还有不少，试举几个例子：

《讼》九二今传本"归逋其邑人三百户"，简本作"厽（三）四户"，好像是疑似之辞。仔细考虑，"四"字不作重画而作"四"，实系"百"字形误。

《比》初六"有孚盈缶"，"盈"简本作"海"，是"满"字形误。"盈""满"同义，古书常常互用。

《豫》六三"盱豫悔"，"盱"帛书本为"杅"，简本却作"可"，后者系"吁"字形误。

《随》九四"贞凶"，简本为"贞工"，无疑是错字。

《遯》六二今传本"执之用黄牛之革"，帛书本"执"作"共"，简本则是"戏"字。猜想字本作"巩"，帛书本以音近写为"共"，简本应为"戏（攻）"而有形误。

又有些地方，不管是简本，还是帛书本，都不如今传本，也试举几个例子：

《师》上六今传本"大君有命，开国承家"，帛书本前句作"大人君有命"，简本作"大君子有命"，均有衍文，不能通顺。

《咸》九五今传本"咸其脢"，简本"咸其拇"，与同卦初六重复，帛书本"咸其股"，又与九三重复。

《井》九二"瓮敝漏","瓮"字简本作"佳",帛书本作"唯",应该都是残字致误,只有今本与《井》卦本义贴切。

总的说来,帛书本有自己的若干特点,值得注意。比如经文中的"孚"字,帛书本一律作"復"。"臣"字,则都作"仆",如《遯》九三"臣妾"作"仆妾",《蹇》六二"王臣"作"王仆"。

以上列举的种种现象,说明上博楚简本的《周易》和马王堆帛书本的《周易》,都是这一典籍传流过程中的重要链环。《周易》的出现早在西周①,当时已基本定型,从而简本、帛书本以至今传本没有根本的差别。简本与帛书本并不是直接承袭的,因而都有着非常珍贵的价值。帛书《周易》在经文外还有几篇《易传》,又有其特点,更需要深入研究。希望《马王堆汉墓帛书》的《周易》一卷,能够尽早出版,为大家提供完整的资料和依据。

第六节　王家台简《归藏》小记

本书第一章第三节曾提到《归藏》的流传,其书有清人马国翰《玉函山房辑佚书》辑本。按《汉书·艺文志》不见《归藏》,而桓谭《新论》则云"《归藏》藏于太卜",又说"《归藏》四千三百言"。马国翰云:"《汉书·艺文志》不著录,晋《中经簿》始有之。阮孝绪《七录》云:'《归藏》,杂卜筮之书,杂事。'《隋书·经籍志》有十三卷,晋太尉参军薛贞注。《唐书·艺文志》卷同。宋《中兴书目》载有《初经》《齐母》《本蓍》三篇。诸家论说多以后出,疑其伪作。"而宋郑樵、明杨慎以为真,马氏也认为"非汉

---

① 参看本书第一章第一节。

以后人所能作"①。1993年，湖北江陵王家台15号墓出土竹简，其中有一种筮占书，经学者整理研究，证明多与后世流传的《归藏》佚文一致，从而知道辑本《归藏》确有很早的渊源。

王家台15号墓发掘简报称为"秦墓"。据描述，墓内随葬陶器，有的具有秦器特征，又有一些保留楚器风格，"说明该墓的年代与江陵楚墓相去不远。另外，从出土的竹简内容来看，其年代均不晚于秦代。因此，该墓的相对年代上限不早于公元前278年'白起拔郢'，下限不晚于秦代"②。看来，墓属于战国末的秦人的可能性更大一些。由此，我们知道后世传本《归藏》至少有一部分在战国末已经存在了。

在《归藏》辑本中，可以找到其六十四卦的大多数卦名，于豪亮等先生曾指出这些卦名不少与长沙马王堆帛书《周易》的卦名有关③。考虑到帛书的书写年代是汉初，《归藏》简的年代是战国末，这种现象是不奇怪的。这只能表明《归藏》简卦名多同于《周易》，而这一点是过去论传本《归藏》者早已指出了的④，请参看饶宗颐先生综合各家说法编列的表⑤。

以王家台简《归藏》卦名⑥，结合辑本卦名，与今传本《周易》

---

① 马国翰：《玉函山房辑佚书》，第32页，上海古籍出版社，1990年。

② 荆州地区博物馆：《江陵王家台15号秦墓》，《文物》1995年第1期。

③ 参看本书第五章第三节。

④ 马国翰：《玉函山房辑佚书》，第34—35页，上海古籍出版社，1990年。

⑤ 饶宗颐：《殷代易卦及有关占卜诸问题》，《文史》第20辑，中华书局，1983年。又收入《饶宗颐史学论著选》，上海古籍出版社，1993年。

⑥ 王家台简《归藏》未全部发表，所引系据邴名：《江陵王家台秦简〈归藏〉筮书考》，《中国哲学史》2001年第3期；梁韦弦：《王家台秦简"易占"与殷易〈归藏〉》，《周易研究》2002年第3期。

对照，一部分是完全相同，另外有下面五种情况：

第一种是卦画相同，而卦名与《周易》不同。辑本中有少数是历代学者理解有误，如说《贲》《归藏》作《荧惑》，《大壮》《归藏》作《耆老》，《中孚》《归藏》作《大明》，现在从简文体例知道"荧惑"等都是占者名而并非卦名。还有如说《姤》《归藏》作《夜》，现在从简文知道《夜》实际上是《周易》的《蛊》卦。不过，据简文，《归藏》确有部分卦名不同于《周易》。例如《周易》之《谦》卦，《归藏》作《陵》；《周易》之《坎》卦，《归藏》作《劳》；《周易》之《家人》，《归藏》作《散》；等等。

《坎》卦《归藏》作《劳》，特别值得注意。《说卦》云："帝出乎震，齐乎巽，相见乎离，致役乎坤，说言乎兑，战乎乾，劳乎坎，成言乎艮。"又称："坎者，水也，正北方之卦也，劳卦也，万物之所归也，故曰劳乎坎。"所说的"劳"有特定含义，不会是由《归藏》而来，而《归藏》卦名用《劳》应该本于《说卦》。辑本《归藏》作《荦》，是通假字，李过《西溪易说》已指出："谓坎为荦，荦者劳也，以万物劳乎坎也。"由这一例，即可看出这种《归藏》的时代性。

《鼎》卦《归藏》作《鼏》，鼏依《诗·丝衣》毛传是一种小鼎，与鼎连类而及，又是特例。

第二种是文字形体不同。如《周易》的《坤》卦，《归藏》作《臾》，字见郭忠恕《汗简》[1]。按"坤"字实为从"土""申"声[2]，"臾"疑从"大""申"声。西周金文有此字，或释作"奄"[3]，恐未

---

① 参看黄锡全：《汗简注释》，第495页，武汉大学出版社，1990年。

② 朱骏声：《说文通训定声》，第826页，武汉市古籍书店，1983年。

③ 容庚：《金文编》，第696页，中华书局，1985年。

必是。又如《周易》的《明夷》，辑本《归藏》作《明㝏》，"㝏"即"夷"字古文。《周易》的《遯》卦，《归藏》作《㢟》，黄宗炎《周易象辞》已说明"形义本通，无有异义"①。

第三种是用通假字，在辑本所见，如《需》作《溽》，《剥》作《仆》，《亡妄》作《毋亡》，《损》作《员》，《升》作《称》，《艮》作《狠》，《涣》作《奂》等，均为通假。上述"坤"字的分析如果不错，也不妨视为通假。

简文卦名有些通假比较特殊，需要解释。例如《蛊》卦作《夜》，看似费解，实则"蛊"系见母鱼部，《后汉书·马融传》注云"与冶通"，"冶"是喻母鱼部字。"蛊"假为"冶"，也见于马王堆帛书《养生方》②。"夜"乃是喻母铎部字，与"冶"不过是韵部对转，故亦和"蛊"通假。

又如《夬》卦简文作《罭》，其实就是"𤉡"字，它与"夬"同音，均在见母月部，通假是很自然的。

第四种情形是有增字。如《恒》卦，简文作《恒我》，查同出《归妹》云"昔者恒我窃毋死之……"（简307），辑本作"昔常娥以不死之药奔月"，"恒我"就是"常（嫦）娥"，卦名《恒我》的"我"字，当如学者所论，是一处衍文。

《家人》卦，简文作《散》，辑本作《散家人》，这应该是由于《散》即《家人》，后人于卦名下注记，于是混进正文。同样地，《小畜》《大畜》二卦，辑本作《小毒畜》《大毒畜》，各多一字，按"畜""毒"古音均在觉部，一系透母，一系定母，又极相

---

① 马国翰：《玉函山房辑佚书》，第35页，上海古籍出版社，1990年。

② 马王堆汉墓帛书整理小组编：《马王堆汉墓帛书（肆）》，释文注释第115页，文物出版社，1985年。

近，故后人于"毒"字下注一"畜"字，以示本系假借，结果也混入正文，古书类似例子是很多的①。

最后还有一种情形，是有误字，比如《豫》卦，马王堆帛书《周易》作《馀》，王家台简《归藏》作《介》，辑本又作《分》。揣想字本作"余"，形误为"介"、为"分"。又如《暌》卦，简文作《瞿》，辑本则作《瞿》。按金文有《异》字，学者即释为"暌"②，《归藏》由此致误。

再如《中孚》卦，简作《中绝》，这是因为战国古文"色"字上端从"爪"形，与"孚"字颇为相似③，随后又传讹为"绝"。

《归藏》卦名还有一些疑难问题，如简文《既济》据称作《岑》，而辑本作《岑霁》。后者我曾疑为《既济》的坏字，并说《归藏》有《未济》，不会没有《既济》④。其间消息如何，有待进一步探讨。

关于王家台简《归藏》，以下几点也值得讨论。

一个是简的篇数问题。上面已经讲到，后世流传的《归藏》多达13卷，到宋代仍有《初经》等篇目留存。简文的《归藏》，看已发表的各卦都自成一条，卦名未见重复，似乎只是一篇，然而各卦之间，卦辞的文例却有所不同。

所有各卦开端都有卦画、卦名，其后有一"曰"字，下面就可分为两类。一类是直接写出繇辞，例如相当《周易·豫》卦

---

① 俞樾：《古书疑义举例》，五《以旁记字入正文例》，商务印书馆，1939年。

② 容庚：《金文编》，第235页，中华书局，1985年。

③ 汤馀惠主编：《战国文字编》，第617页（特别其第六字），福建人民出版社，2001年。

④ 参看本书第五章第三节相关内容。

的是：

> 介，曰：北北黄鸟，杂彼秀虚，有丛者□□有□□人
> 民……（简207）

又《兑》卦是：

> 兑，曰：兑兑黄衣，以生金，日月并出，兽□……（简
> 334）

《毋亡（无妄）》卦是：

> 毋亡：出入汤汤，室安处而坓（野）安藏，毋亡……（简
> 471）

只是脱去了"曰"字。

多数则为另一类，举出过去的卜例，一般都以"昔者"开始，下面说某人以某事卜问，占者曰如何如何，所说即为繇辞。例如相当《既济》的《蚤》卦：

> 蚤，曰：昔者殷王贞卜其邦尚毋有咎而支占巫咸，巫咸
> 占之曰：不吉，蚤（卷）其席，投之裕（䊮），蚤在北为牝
> □□……（简213）

这种所谓卜例，类同于《左传》僖公二十五年记载卜偃为晋文公卜

"遇黄帝战于阪泉之兆"，其占书一定是有黄帝战于阪泉的卜例，只不过那是龟卜不是筮占罢了。

所谓卜例，恐怕大都是虚拟的。所依托的卜问者有的是实有的历史人物，有的属于神话传说，据已知材料，把简文与辑本加在一起，计有：女过（女娲）、黄帝、蚩尤、丰隆、舜、鲧、夏后启、羿、恒我（嫦娥）、河伯、桀、殷王、［伊］小臣（伊尹）、武王、穆王天子或穆王子（穆天子）、赤乌[①]、宋君、平公、北敢（？）大夫等等。这里面的"平公"（简302），考虑到其他人物都是著名常见的，应该不是宋平公就是晋平公。看简文还有"宋君"，或许宋平公的可能更大。宋平公在位年是公元前575年至前532年，晋平公是公元前557年至前532年，所以无论"平公"何指，都是春秋晚期的人。由这一点也可知道，我们讨论的这种《归藏》是相当晚出的。

在这里还要谈一下简文卜例常见的一个词"支占"。其文例总是作某人"支占"某人，如相当《坎》卦的《劳》卦：

劳，曰：昔者蚩尤卜铸五兵，而支占赤□……（简536）

相当《鼎》卦的《𤊽》卦：

𤊽，曰：昔者宋君卜封□，而支占巫苍，巫苍占之曰：吉，𤊽之苍苍，𤊽之秩秩，初有吝，后果述（遂）。（简214）

---

① 赤乌，当即《穆天子传》卷二的赤乌氏。《归藏》辑本有"昔穆王天子筮西出于征，不吉，曰：龙降于天，而道里修远，飞而冲天，苍苍其羽"，也可与《穆天子传》，特别是其卷三西王母谣"道里悠远"云云参看。

辑本"攴占"均作"枚占",如：

> 明夷,曰：昔夏后启筮乘飞龙而登于天,而枚占于皋陶,陶曰：吉。

> 昔者桀筮伐唐（汤）,而枚占荧惑,曰：不吉,不利出征,惟利安处,彼为狸,我为鼠,勿用作事,恐伤其父。

诸如此类,说明简文之"攴"是"枚"字省作。这种破字省作,在古文字中曾出现过,叔多父盘铭省"般"为"攴"即其一例[①]。

"枚占"很难确解,我觉得当参照《左传》哀公十七年的"枚卜"。按传文说"王与叶公枚卜子良以为令尹",杜预注："枚卜,不斥言所卜以令龟。"其说应有所本[②]。传文讲的是龟卜,这里《归藏》的"枚占"大约就是不明说所问事项的筮占方式。

综上所论,王家台简《归藏》是流行于战国末的一种筮书,并在后世传流增广,直到宋朝还有篇章保存。目前无法论证的是这种《归藏》与《周礼》所记的《归藏》、孔子所见的《坤乾》等有多少关系,但其卜例繇辞文气不能与《周易》相比,不会很古是肯定的。

---

① 金文"般"多从"攴",参看李学勤：《叔多父盘与〈洪范〉》,《华学》第5辑,中山大学出版社,2001年。

② 《尚书·大禹谟》"枚卜功臣,惟吉之从",传："枚,谓历卜之而从其吉。"《大禹谟》系晚出古文,不足依据。

第七节　双古堆简《周易》的性质

1977年，在安徽阜阳双古堆1号墓中发现了一批竹简①。这座墓，经对所出器物及其铭文研究，确定为西汉汝阴侯夏侯灶所葬，其卒年据《史》《汉》为汉文帝前元十五年（前165），与出帛书的长沙马王堆3号墓的下葬年仅差三年。

双古堆简中有《周易》，开始报道"有三百多个破碎的简片，包括今本《易经》六十四卦中的四十多卦，其中有卦画、卦辞的九片，有爻辞的六十多片"②。通过长时间的整理，《周易》残简共有725号，照片、摹本已在韩自强先生的《阜阳汉简〈周易〉研究》书中发表③。

与马王堆帛书《周易》虽然是同时存在的，双古堆简《周易》却有与帛书显然不同的特点。帛书《周易》有经有传，传文内容虽与今传十翼多有差异，仍可看出是一派《易》学的传本。双古堆简只有经文，"每爻辞之间，用圆点隔断，辞后有卜事之辞"④。这些"卜事之辞"，韩自强先生已经说明，和褚少孙所补《史记·龟策列传》"取太卜杂占卦体及命兆之辞"所附系辞例相似⑤。近年在各地

---

① 安徽省文物工作队、阜阳地区博物馆、阜阳县文化局：《阜阳双古堆西汉汝阴侯墓发掘简报》，《文物》1978年第8期。

② 文物局古文献研究室、安徽省阜阳地区博物馆阜阳汉简整理组：《阜阳汉简简介》，《文物》1983年第2期。

③ 韩自强：《阜阳汉简〈周易〉研究》，上海古籍出版社，2004年。

④ 文物局古文献研究室、安徽省阜阳地区博物馆阜阳汉简整理组：《阜阳汉简简介》，《文物》1983年第2期。

⑤ 韩自强：《阜阳汉简〈周易〉研究》，第96页，上海古籍出版社，2004年。

发现的选择时日的《日书》，不少辞语也与此相类。整理双古堆简的学者将这种《周易》同《汉书·艺文志·数术略》所录《周易》三十八卷等相比，认为也应归入著龟一流数术①，是很正确的。

这种"卜事之辞"和后世抽籤摇钱一类占书差不多，内容十分简单。试看保存完整的两条，其一是《同人》卦九三，爻辞云：

> 伏戎于莽，升其高陵，三岁不兴。

简文下面说：

> 卜有罪者，兑；战斲（斗），适（敌）强，不得志；卜病者，不死乃瘥（癃）。

这对三种占卜者给出了结果。另一是《大过》卦九二，爻辞为：

> 枯杨生稊，老夫得其女妻，无不利。

简文于其下云：

> 卜病者，不死；战斲（斗），适（敌）强而有胜；有罪而迁徙。

---

① 文物局古文献研究室、安徽省阜阳地区博物馆阜阳汉简整理组：《阜阳汉简简介》，《文物》1983年第2期。

也是对三种占卜者给出结果。简中占卜事项当然不限于有罪、战斗、疾病三者，韩自强书已有概括统计，表明所卜问事物涉及当时社会的许多方面。

简文所设想的卜问者也很广泛，包括贵贱、贫富，以及所谓君子、小人，其有关事项均在考虑之列。值得注意的，是简中再三出现"人君"（简308）、"丰（封）君"（简481）、"邑君"（简291、478、479）、"有土之君"（简290、473、476）、"大臣"（简292）等称谓①，足知这种占卜可为汝阴侯那样的人物服务，简之出于其墓便不奇怪了。

如果把简中这些"卜事之辞"和所系的《周易》经文结合在一起考察②，不难看出辞内判断吉凶究竟有什么依据。

例如《蒙》卦辞云："亨，匪我求童蒙，童蒙求我，初筮告，再三渎，渎则不告，利贞。"帛书本"告"作"吉"。双古堆简所系"卜事之辞"为"卜雨，不……；有求者，得，不喜；罪人，不吉"，容易看出其有求者虽得不喜即自"童蒙求我，初筮吉，再三渎，渎则不吉"引申而来，罪人不吉也是从"渎则不吉"联想的结果。

《蒙》九二，爻辞云："苞蒙，吉，纳妇吉，子克家。"简文下即称"利嫁……"。

《否》六二："苞承，小人吉，大人否，亨。"下云"以卜大人不吉，……人吉"，直接搬用了经文。

《同人》九三，已见上引。爻辞有"伏戎于莽"云云，故下言

---

① 韩自强《阜阳汉简〈周易〉研究》第96页云有"人主"，按简736有"死人主益"四字，如何解释似待斟酌。

② 以下经文均用今传本，参看韩自强：《阜阳汉简〈周易〉研究》，第96—100页，上海古籍出版社，2004年。

"战斗，敌强，不得志"；有"三岁不兴"，可解为病废难起，故又云"病者，不死乃瘶"。

《同人》九四"乘其墉，弗克攻，吉"，下即称"有为不成"。

《随》九五"孚于嘉，吉"，故下面说"有患难者解"。

《噬嗑》初九"屦校灭趾，无咎"，"校"可理解为刑具，从而下言"系囚者桎梏，吉，不凶"，也可谓直接搬用。

《贲》九五，爻辞末有"终吉"，下面也有"后吉"。

《无妄》卦辞有"不利有攸往"，下称"不事君，不吉；田鱼（渔），不得"。初九有"往，吉"，下称"卜田鱼（渔），得而……"，都是前后呼应。

《大过》卦辞"栋桡，利有攸往，亨"，和上述《无妄》卦辞一样有"利有攸往"，故下云"病者，不死；妻夫不相去……不死"。

《大过》九二，已见前引。"枯杨生稊，老夫得其女妻"，于既衰的条件下反能得利，因而下面简文说病者虽已沉重而不死，战斗敌固强大而能胜，有罪者尽管受刑仍得迁徙。

《坎》九五"坎不盈，祗既平，无咎"，即使是不满的坎窞也能平满，没有灾咎，故云"卜百事尽吉"。

《离》初九"履错然，敬之无咎"，履乃足下之物，故引申为"卜臣者立（莅）众，敬其下乃吉"。

《井》九二"井谷射鲋，瓮敝漏"，瓮是破漏的，下简文即云："卜丰（封），及家破丰（封）……。"

当然，还有一些简文，作者本来是怎么想的，现在不很清楚，如《离》卦辞"利贞，亨，畜牝牛吉"，简文认为"居官及家，不吉；罪人，不解"，这或许是由于对"牝牛"有我们不知道的看法。但从上面举出的多数例子看，简文只是对《周易》卦爻辞做非常浅薄简单的理解和推论。

这样，双古堆简《周易》实际上完全不属于《系辞》讲的"设卦观象"的传统。本书前面各章已经证明，"观象"的传统渊源甚早，《左传》《国语》中的筮例都是以此判定吉凶的。双古堆简《周易》的"卜事之辞"，看其词语体例，恐难早于秦世，很可能就是汉初编制的，却脱离了"观象"，这并不是《周易》的早期形态，而是一种退化的产物。

在孔子及其弟子以后，易学已成体系，而且与数术分别开来。像双古堆简《周易》这类的占术，尽管仍用《周易》经文，和易学是没有什么关系的，只是一种简易的占书。为了区别起见，似乎称之为《易占》更符合其性质。

第八节　清华简《筮法》与数字卦问题

1978年冬，张政烺先生在吉林大学古文字学术讨论会上发表了题为"古代筮法与文王演周易"的讲话①，其中论及的所谓数字卦问题，在学术界热烈讨论已有30多年。近期有一些论作，对数字卦问题的若干基本概念做了比较深入的检讨，就如何认识数字卦从方法论角度进行反思②。这无疑是非常有益的，但是由于所依据

①《吉林大学古文字学术讨论会纪要》，《古文字研究》第1辑，中华书局，1979年。

② 例如邢文：《数字卦与〈周易〉形成的若干问题》，《台大中文学报》2007年第27期；王化平：《〈左传〉和〈国语〉之筮例与战国楚简数字卦画的比较》，《考古》2011年第10期。

的材料的限制，仍不能对数字卦做出正面的系统破解。

目前正在整理的清华大学藏战国竹简中，有一篇占筮方面的专书，我们试题之为"筮法"。简文详细记述了占筮的理论和方法，并且列举了许多数字卦作为占例。这些数字卦的结构，与天星观简、包山简、葛陵简等楚简所载实占的数字卦，形式基本一致。因此，《筮法》的出现，可能为数字卦的研究打开新的局面，也将给易学的进展带来新的契机。

《筮法》简保存良好，没有明显缺损。入藏时，简册的前半部分已经分离散乱，后面部分仍保留原来成卷的状态。简长35厘米，共63支，每支简尾正面有次序编号，所以在简的编排上没有疑难。简上的文字是分栏书写的，还插有图形，整篇看来很像是一幅帛书。整理时按照文字的内容、位置和行款，暂分之为30节。

简文有一段韵语说：

> 各当其卦，乃力（扐）占之，占之必力（扐），卦乃不试（忒）。

"扐"是用蓍草占筮过程中的一种程序。《周易·系辞上》云"大衍之数五十，其用四十有九，分而为二以象两，挂一以象三，揲之以四以象四时，归奇于扐以象闰。五岁再闰，故再扐而后挂"，是学易占的人都熟悉的。《说文》即释"扐"字为"易筮再扐而后卦（挂）"。《筮法》的具体占筮程序容或与《系辞》不同，但其间有"扐"，可知一定是用蓍草的占法。

《筮法》将所占问的事项分为十七类，称作"十七命"：

　　凡十七命：曰果，曰至，曰享，曰死生，曰得，曰见，曰
瘳，曰咎，曰男女，曰雨，曰取妻，曰战，曰成，曰行，曰雠
（售），曰旱，曰祟。

这可与《周礼·大卜》对比。《大卜》云："以邦事作龟之八命：一
曰征，二曰象，三曰与，四曰谋，五曰果，六曰至，七曰雨，八曰
瘳。以八命者赞三兆、三易、三梦之占。""八命"用于龟卜，也通
用于占筮，《筮法》的"十七命"不少与"八命"同名，可能即自
其扩充发展而来。

　　"十七命"在简文中都有对应的专节，只是次第和上引有异，
同时把"雨""旱"合作一节，另加"支（弁）"一节，合起来仍
为"十七命"。

　　简文"十七命"各节都列出数字卦作为占例，所有的数字卦，
都是并行的两组六画卦，也可看作四个三画卦。例如"死生"一
节，有两个数字卦的占例，一个是：

又一个是：

然而完全不出现六画卦即别卦的卦名，也不用任何卦爻辞，正与天
星观等楚简所见一样。

三画卦即经卦的卦名，在《筮法》简文中多见。艮、巽、兑与震（一部分）是楚文字相应写法，没有特异之处。乾，《说文》从乙倝声，简文只作"倝"，是假借字。离，简文作"罗"，同于马王堆帛书《周易》，也系通假。坤，简文作"臾"，是《归藏》特有的写法①，也见于碧落碑及《汗简》，推测都是来自《归藏》。坎，作"裟"，即"劳"字，同于王家台秦简《归藏》，辑本《归藏》作"犖"②，《周易·说卦》第五章称坎"劳卦也"。从这些，已可看出《筮法》经卦卦名近于《归藏》。

《筮法》卦名近于《归藏》，还表现在其震卦有时作"㐸（来）"。按辑本《归藏》震卦作"釐"，与"来"均为来母之部字。简文以震为来，和坤、坎的异作同样，是与《归藏》有关的明证。

在《筮法》简里，还发现了一幅把八经卦分配于八方的卦位图，乃是迄今所见最早的卦位图。读《周易》的读者都熟悉，《说卦》第五章叙说卦位，如依汉以前图例，以南方为上，就可绘出这样的卦位图：

<pre>
            离
     巽   坤

     震   兑

     艮   乾
            坎
</pre>

用宋以下易学的话讲，这便是后天卦位。《筮法》的卦位图，方向

---

① 马国翰：《玉函山房辑佚书》经编易类《归藏》，上海古籍出版社，1990年。

② 马国翰：《玉函山房辑佚书》经编易类《归藏》，上海古籍出版社，1990年，引李过说："犖者，劳也。"

是明确的，在其最外周中间标有：

东方也，木也，青色。

南方也，火也，赤色。

西方也，金也，白色。

北方也，水也，黑色。

最外周角隅上则记出四正卦：

奚故谓之震？司雷，是故谓之震。

奚故谓之劳？司树，是故谓之劳。

奚故谓之兑？司收，是故谓之兑。

奚故谓之罗？司藏，是故谓之罗。

这有着春生夏长、秋收冬藏的意味。再看该图次外圈的八卦，对比依《说卦》画的卦位，劳（坎）、罗（离）两卦的位置背反。

我最初看到这幅卦位图，猜测是把数字卦这两者画错了。后来细绎简文全篇，才知道许多地方都同卦位图息息相关，图上的卦位并无误绘之处。例如论四季八卦所应吉凶的一节，现用表的方式表示是：

	大 吉	小 吉	大 凶	小 凶
春	来 巽	劳	艮 罗	兑
夏	劳	来 巽	兑	艮 罗
秋	兑	艮 罗	劳	来 巽
冬	艮 罗	兑	来 巽	劳

很明显，劳（坎）对应南方的夏，罗（离）对应北方的冬。

在卦位图的中央，又套绘了一幅人形的图像，人体的不同部位标示有经卦，这是所谓"近取诸身"，现试称为人身图。查《说卦》第九章说："乾为首，坤为腹，震为足，巽为股，坎为耳，离为目，艮为手，兑为口。"和人身图比较，七卦都彼此相合，唯有离卦不在目而在腹下，差异又出在离卦，不知与卦位图的特点间有没有联系。

让我们再回到数字卦这个概念本身上来。

前些年，我曾一度猜想楚简所谓数字卦其实都只是卦画，如今见到《筮法》，知道想法是错误的。简文中有"爻象"一节，附十二支与数字爻的对应表：

子　午	九
丑　未	八
寅　申	一
卯　酉	六
辰　戌	五
巳　亥	四

表中"九""八"等都是爻，写法也同于数字卦（如"六"作∧，"五"作×），由此确证数字卦是以数字构成的卦。

从简文卦的结构看，一是阳爻，六是阴爻，都是多见的常态；而同样相当阳爻的五、九，相当阴爻的四、八，则比较少见。简文专述了后者的爻象：

八为风，为水，为言，为飞鸟，为肿胀，为鱼……

　　五象为天，为日，为贵人，为兵，为血，为车，为方，为忧、惧，为饥。

　　九象为大兽，为木，为备戒，为首，为足，为蛇，为曲，为玦，为弓、琥、璜。

　　四之象为地，为圆，为鼓，为珥，为环，为踵，为雪，为露，为霰。

这在文例上很像《说卦》的第十一章，不过《说卦》讲的是卦象，这里却是爻象。

　　上引简文以八、五、九、四为序，或许还有深意。看现已发现的楚简实占的数字卦，除常见的一、六外，八较多，五次之，九更少，四则尚未见到，这或者不是偶然的。

　　关于五、九是阳爻，四、八是阴爻，《筮法》简文有一系列实例。这里试从"得"节中择引一例：

其解说云：

　　叁男同女，乃得。

按《说卦》第十章称："乾，天也，故称乎父；坤，地也，故称乎母。震一索而得男，故谓之长男；巽一索而得女，故谓之长女。坎再索而得男，故谓之中男；离再索而得女，故谓之中女。艮三索而得男，故谓之少男；兑三索而得女，故谓之少女。"这被称作乾坤六子之说。上引数字卦用简文卦名转写，即是：

震劳

巽震

劳（坎）是中男，两震是长男，巽是长女，故云"三男同女"。乾坤六子说在简文中的运用，此外还有不少例子。

由"得"节"三男同女"这个占例，又可知道，其左下巽卦的第三爻九确是作为阳爻的，这只是类似情形的一例。五、九和一同样是阳爻，四、八和六同样是阴爻，在若干占例中得到证实。

从这一类占例还可说明，这种数字卦与《左传》《国语》所记占筮的"卦变"现象其实并不相干。这里没有本卦、之卦的区别，反而是将两组四个三画卦即经卦综合起来考察。简文把这四个经卦称为"四位"，是过去我们完全不了解的。

在以上的讨论中，大家肯定会发现，《筮法》与传世的《说卦》有非常密切的关系。熟悉有关学术史的人们应该记得，终身精研易学的金景芳先生，在他晚年的专著《〈周易·系辞传〉新编详解》一书里，指出《说卦》中有《连山》《归藏》的遗说[1]。现在我们看到《筮法》同《归藏》也存在相当密切的关系，应该叹服金景芳先生的卓见。

---

[1]　金景芳:《〈周易·系辞传〉新编详解》，第184—191页，辽海出版社，1998年。

第九节 《归藏》与清华简《筮法》《别卦》

清华大学所藏战国竹简中有两篇属于《易》类的书，整理时分别题为"筮法"和"别卦"，已经收入于2013年底出版的整理报告《清华大学藏战国竹简》第4辑①。我在介绍《筮法》的小文里②，曾指出其内容同《归藏》有密切关系。本文想就此做进一步讨论，说明《筮法》以及《别卦》两者确与《归藏》相关。

传世的《归藏》，长久以来被斥为伪书，到1993年江陵（今荆州）王家台秦简《归藏》出现之后，才受到学者的广泛注意。实际上，早在1978年所谓"数字卦"问题提出不久，饶宗颐先生便有文章引及传世《归藏》，做了比较详细的论述③。近年有关著作日益增多，然而关于《归藏》还是有不少问题需要探索。

《归藏》的传流，是有迹可寻的。众所周知，《归藏》乃"三易"之一，见于《周礼·大卜》，《礼记·礼运》篇郑注以为就是孔子所见的《坤乾》。汉代有《归藏》存在，只是未收录于《汉书·艺文志》。东汉桓谭《新论》云"《归藏》藏于太卜"，还说"《归藏》四千三百言"，可知当时该书的篇幅同《周易》经传相埒。由晋代到隋唐，《归藏》依然存世。《隋志》载《归藏》十三

---

① 清华大学出土文献研究与保护中心编：《清华大学藏战国竹简（肆）》，中西书局，2013年。

② 参看本书第四章第八节。

③ 饶宗颐：《殷代〈易〉卦及有关占卜诸问题》，《文史》第20辑，中华书局，1983年。

卷，有"晋太尉参军薛贞注"。新旧《唐志》也著录十三卷，而云"司马膺注"，当系不同注本。其后该书散佚，《宋志》只记"薛贞注《归藏》三卷"，应即薛注本的孑遗。不幸的是这三卷本也已亡失不存，今天所能依据的，只有清人的辑佚本。辑本以马国翰《玉函山房辑佚书》为好，也可参照朱彝尊《经义考》，后者我使用的是新问世的《经义考新校》本①。

《经义考》引《中兴书目》说："《归藏》隋世有十三篇，今但存《初经》《齐母》《本蓍》三篇，文多阙乱，不可训释。"又引郑樵说略同。对照上面引述的史志，知道晋至隋唐的十三卷卷各一篇，宋代的三卷也是一样。至于篇名，除《中兴书目》等说的三篇外，佚文里面还有《郑母经》和《启筮》，在此不能详论。

辑本引朱震《汉上易集传》云："《归藏》之书，其《初经》者，庖牺氏之本旨也。卦有初乾、初奭（坤）、初艮、初兑、初荦（坎）、初离、初釐（震）、初巽，卦皆六画。《周礼》三易'经卦皆八'，所谓经卦则《初经》之卦也。"以《初经》的这些内容与清华简《筮法》比对，可以看到下列几点：

第一，八经卦的卦名彼此一致。在前述我介绍《筮法》的小文中，已经说过其坤卦简文作"奭"，是《归藏》特有写法，也见于《汗简》等，推测也是来自《归藏》，朱震引作"奭"，乃是讹字。坎卦简文作"裚（劳）"，同于王家台简《归藏》，朱震云作"荦"。震卦简文有时作"来"，与《归藏》的"釐"是通假字。总之，《筮法》的八经卦名和《归藏》是极相近，甚至可以讲是

———

① 林庆彰等主编：《经义考新校》，上海古籍出版社，2010年。

相同的。

第二，朱震说《初经》八经卦"卦皆六画"，罗苹的《路史》注也说"《归藏·初经》卦皆六位"。《筮法》也是这样，简内虽有以三画卦组成的"卦位图"，全篇占筮之例却都是六画卦，与《归藏》相似。

第三，也是非常重要的一点，《初经》八经卦的次序不是像一般猜想的坤在乾前，而是依次为（用通行《周易》卦名）：乾、坤、艮、兑、坎、离、震、巽。这种次第是所谓"乾坤六子"说的体现。按《易传》里的《说卦》第十章："乾，天也，故称乎父；坤，地也，故称乎母。震一索而得男，故谓之长男；巽一索而得女，故谓之长女。坎再索而得男，故谓之中男；离再索而得女，故谓之中女。艮三索而得男，故谓之少男；兑三索而得女，故谓之少女。"这是"乾坤六子"说的依据，《归藏·初经》的卦名次序即依此说，只是六子按少、中、长排列而已。《筮法》筮例多处运用此说，我在介绍小文中已有举例。

《别卦》简文正是与"乾坤六子"说相关的卦名表，整理报告已做了扼要说明。《别卦》共简8支（缺失1支），以六画卦的上卦、下卦纵横交互，如两者相同则予省略，因此所形成的表内只有别卦56个，而没有同于经卦的8个。

《别卦》简没有编号，也未见其他可以推定简次的痕迹。整理报告采用的排列方式，可列表如下（用通行《周易》卦名，不见于简文的经卦加【 】表示），上面加的一行是上卦，右侧加的一行是下卦：

巽	离	兑	坤	震	坎	艮	乾	
小畜	大有	夬	泰	大壮	需	大畜	【乾】	乾
观	晋	萃	【坤】	豫	比	剥	否	坤
渐	旅	咸	谦	小过	蹇	【艮】	遯	艮
中孚	睽	【兑】	临	归妹	节	损	履	兑
涣	未济	困	师	解	【坎】	蒙	讼	坎
家人	【离】	革	明夷	丰	既济	贲	同人	离
益	噬嗑	随	复	【震】	屯	颐	无妄	震
【巽】	鼎	大过	升	恒	井	蛊	姤	巽

不难看出，其下卦的次序全同于《归藏·初经》，上卦的次序则系乾坤各率三子，而三子仍依少、中、长为次。这种排简方式的结果，是与1973年底发现的长沙马王堆汉墓帛书的《周易》经文的六十四卦次序相合①，从而为整理报告所接受。当然，如果调整简的排序，使其上卦也遵照《初经》那样的次第，也不是不可以考虑的。

上文已说到《筮法》经卦之名同《归藏》密合，其实《别卦》也有类似的特点，这里只举出几个特别明显的例子：

一个是辑本《归藏》的豫卦作"分"，见李过《西溪易说》。王家台简作"介"，其整理者以为系"余"字之误②，我也有同样的想法。现见《别卦》也作"介"，才知道这一猜想是不对的。

再一个是临卦，李过说《归藏》作"林祸"。《别卦》该卦名是一个字，左侧从"言"，右半上从"林"声，下与楚文字"骨"字所从形近，推测"林祸"之说即由该字而来。

① 张政烺：《帛书〈六十四卦〉跋》，《文物》1984年第3期。

② 王明钦：《王家台秦墓竹简概述》，《新出简帛研究》，文物出版社，2004年。

随卦，辑本作"规"，《别卦》简上卦名的字下部从"心"，上部左侧似"毛"，右旁从"见"，恐怕本来就是"规"字。

"介""林祸""规"等卦名，是《归藏》特有的，足以作为简文与《归藏》关系的证据。

第十节　关于清华简《筮法》的五点认识和五个问题

——在清华简与儒家经典专题国际学术研讨会上的演讲

各位领导，各位女士、先生：

今天很荣幸在这里给大家介绍清华简《筮法》。我自己深深知道，在座的许多学者对《筮法》都已经有了很深入的研究。在此，我想根据个人的认识，提出一些问题，请大家批评指正。

今天这里有不少同学，所以我想先用几分钟时间就清华简的基本情况做些介绍，同时也回答大家之前经常问我的一些问题。清华简是在2008年7月入藏清华大学的。这批简是盗掘出土的，所以很多人都问我一个问题，即这批简是什么地点出土的，是什么时候出土的。在什么地点出土的，我们没有办法回答，因为这是盗掘的简，他们不会告诉我们实际具体的地点，我们只能说综合各方面考虑，是从楚国地域内出土的。关于这批简是什么时候被盗掘出土的，经过反复调查，有一些线索，即这批简在2006年冬天已经出土了。因为当时在香港举行了一次学术会议，在此次会议上就流传着这批简的消息。这批简的内容是以经史为中心的，其数量经清理后详细点数、拍照，公布的数字是2388枚。之后，通过红外线等技术手段，我们又找到了一些小的碎片，加起来共有2500枚左右。折合完整的简大约在1700—1800支。关于简的书写时代，有两点要说明，一是写定这个简的时代，不是简中内容的成篇时代。从考古学和古文字学角度考察，一般认为简的写定年代应该是属于战国中期偏晚或者战国晚期偏早，大约就是战国中晚期之间。后来，我们用无字残简进行了碳十四测定，结果为公元前305±30年，大约为公元前300年左右。这与考古学和古文字学估计的年代基本相当。为了便于了解公元前300年的时代，我常常借用明朝觉浪道盛说过的一段话。他说战国时代有"三子会宗"。"三子"即孟子、庄子和屈原。他们同时在世，但未见过面，公元前300年，孟子已经老了，庄子正当年，屈原还是年轻人。今天的清华简中即载孟子引用过的《尚书》的话，恐怕孟子真的读到过此《尚书》的内容[①]。这是关于清华简的基本情况。

再谈谈关于《筮法》的问题。这里有一个图，我们称这个图为"摹本"。通过这个"摹本"，大家可以看到《筮法》简的大致原貌。这批简于2008年7月15号入藏清华大学后，我们立即着手清理和保护工作。在这个过程中，我们发现这批简虽然来的时候看着是带着泥土的一包完整的东西，但实际上已经散乱了。散乱有两种情形：一是在地下原来就有所散乱，盗墓人当时是否能完整地将所有竹简取出是很难说的；二是在流传过程中，也就是从2006年至2008年之间数年的时间内，也可能出现散乱。因此，要将这些简恢复到原状并非易事。我们进行了很长时间的排比、缀合等工作。其间，就看到了有一卷简，原来是卷成一卷，其中有一部分是散乱的，但仍保持着成卷的样子。这个情况是非常罕见，也非常宝贵的，这卷简

---

① 清华大学出土文献研究与保护中心编：《清华大学藏战国竹简（伍）》，中西书局，2015年；李学勤：《清华简〈厚父〉与〈孟子〉引〈书〉》，《深圳大学学报》（人文社会科学版）2015年第3期。

就是《筮法》。

现在看到的《筮法》简是非常完整的，虽然大家从整理报告的图片上可以看到每支竹简之间有一条缝隙，那是为了便于大家阅读和观看，如果排列太密就分不清楚了。所以说，《筮法》简基本保持了简书的原状，没有什么损坏；而且其次序也没有问题，因为每支简的下面有从第1支简到第63支简的编号，不存在排序的疑难问题，简的背面没有字。这是《筮法》简的基本情况。

当我们看到《筮法》简中有明显的数字卦的记载，内心是非常激动的。因为这涉及古文字学界多年来一直关切的数字卦问题。大家知道，用数字来表现的易卦，其为学界所见，最早可追溯到北宋年间。北宋徽宗重和元年（1118），在今湖北省孝感县（古称安州）出土了一批青铜器。通过研究，可以确定这批青铜器的时代为西周昭王时期。由于带铭文的青铜器共有六件，所以被称为"安州六器"。"安州六器"中有一件是中方鼎，其铭文中就有数字卦的记载。可是当时的人们对金文的研究和认识还是初步的，所以将其中的数字当作字来进行释读。即使到清代陆续有了一些新材料，也没有人进行整理和研究。真正对数字卦展开研究已是很晚的事情。20世纪50年代，由于西周甲骨文和其他一些材料的出现，才有更多的学者开始注意这一问题。真正将这一问题提到考古学界、古文字学界是1978年在长春召开的第一次全国古文字学会议。会上，张政烺先生做了一次讲话，题为"古代筮法与文王演周易"。他提出了上述材料应该是用数字表现的易卦。在这之前，唐兰先生在对这些材料进行整理研究时认为，这是数字，但只是一种佚失的文字。我本人在1956年曾写过一篇文章，认为这些材料应该跟《周易》的九六有关系，当时也只是一种猜测，没有进行细致的考证。而张政烺先生1978年则正式开始讨论这一问题。我个人一直猜想，张先生对这一问题的讨论与湖北天星观简的发现有关系。当时天星观的竹简上已经出现了数字卦。无论如何，张政烺先生从一开始就将甲骨文、金文、楚简中有关数字卦的材料放在一起来研究，而且指出奇数是阳爻，偶数是阴爻。从这点上讲，是张先生开启了数字卦的研究，并马上引起了学者们的注意。从那时起到现在30多年的时间里，对数字卦的讨论一直没有中断过。虽然各种材料不断被发现，但从没有出现过一种系统的材料能够完整地论述数字卦问题，而清华简《筮法》则是系统论述数字卦的典籍，这就是我们感觉特别兴奋的原因。之前只能根据一些零星材料，经过学者们竭尽心智综合出来一些数字卦理论。以上是讨论《筮法》简的背景。

在《筮法》简的整理过程中，清华大学的同仁们付出了很多努力，提出了很多想法。这些想法是否正确，希望大家指教。

下面，我从个人研究的角度，谈五点对《筮法》简的认识，同时也提出五点理论问题，向在座的各位学者请教。

（一）数字卦是一种用蓍草进行占卜的体系。《周易》传统的占卜方式就是用蓍草。在座的各位同学们可能没有见过蓍草。记得二十多年前我到河南淮阳的少昊陵，在少昊陵后有一大片植物绿地，有人说这几亩地种植的都是蓍草。每根蓍草采下来后，很长，又硬又直。我取了一些想带回家，但上不了飞机。有些人提出是不是存在其他方法进行占卜，比如掷色子，或者后来用金钱卦等类似带数字的方法。从《筮法》简的内容本身来看，应该不是这样的。因为《筮法》简的最后有一段概括全篇的话，提到："各当其卦，乃力（扐）占之，占之必力（扐），卦乃不忒。"就是说，要进行占筮，必定要有"扐"这样一个环节，否则，占卦就会出错。大家知道，"扐"的本义是手指之间，指代夹在手指之间。《易经·十翼·说卦》就对包括大衍筮法等都有详细解释。既然《筮法》中提到了"扐"，那就一定是用蓍草进行占卦，而不是其他的方法。尤其最后一段是用韵语写成，也显示出它贯穿全篇主旨的重要性。

（二）《筮法》的数字卦一定是表现成两个并列的六画卦，都是成对的。这一点是特别重要的。我们现在所有能看到的楚简的筮例，如天星观简等，都一定是并着写的一对。大家知道，楚简是很窄的，在这样窄的空间里还要并着写，它一定是有目的的，否则完全可以上下写，比如中方鼎就是上下写的，但楚简一定要并着写，即使是在非常窄的竹简面上也要并着写。我们通过对《筮法》的初步考察，认为这是与四位观念有关的。因为两个六画卦等于四个三画卦，四个三画卦分为四个位。六画卦这一点，与传世《归藏》是一致的。按照宋朱震写的《汉上易解》记载，传世《归藏》应是六画卦，卦皆六画。罗苹注《路史》："卦皆六位。"

（三）《筮法》占筮吉凶，解读卦象时，跟《周易》的卦、爻辞没有关系，而且连六十四别卦的名称都没有，只有八经卦的名称，当然作者肯定不是不知道别卦的名称，因为我们整理的简中还专门有一个别卦的表，而且此表也与《归藏》有关系。我们看《左传》《国语》中的一些筮例，通常要引《周易》中的卦辞或爻辞。那么如果说它与《周易》没有关系，那是否与《归藏》有关系呢？王家台秦简《归藏》内容与传世《归藏》的佚文也是有卦、爻辞的。

（四）《筮法》的八经卦名称与《归藏》是最一致的，有方位图。其中最具代表性的就是"坤"字，简文作"巽"，上面从申，下面从大，这是一种古文写法，见于《归藏》。郭忠恕《汗简》、山西《碧落碑》都见此字，可能都源于《归藏》。《归藏》的特有写法是"叟"①。"坎卦"与坤卦的写法不同，作"劳卦"，《周易·说卦》第五章称坎"劳卦也"，传世《归藏》写作"荦"。最有特点的是《归藏》震卦作"釐卦"，而简文作"柔（来）"。至于为什么离卦或称作"来"，还需要向在座各位请教。这些都说明，简文八经卦是最接近于《归藏》的。另外，《别卦》表中的卦名也与传世本《归藏》非常接近。这些都可以肯定《筮法》与传世《归藏》辑本有密切关系。有学者认为传世《归藏》辑本就是商代《归藏》，我个人不敢同意。

（五）关于《筮法》卦位图。很高兴在这次会议论文中看到有专家对《筮法》卦位图给予了高度评价。现在所能够看到的古代卦图中，《筮法》是年代最早的，是一种后天八卦，但又与后天八卦不太一样。卦图中间还有一个人形图，我们取名为"人身图"。无论如何，除了一点外，《筮法》卦位图基本同于《说卦》第五章；"人身图"也是除一点外，同于《说卦》第九章。另外，在筮卦中的讨论有一个很普遍的原则，就是所谓乾坤六子。这一点也与《周易·说卦》第十章所记相符。虽然不是按《说卦》的长、中、少，而是按少、中、长的顺序。这样看来，公元前300年这个《筮法》写本与《说卦》有关。大胆地推测，我认为《筮法》应晚于《说卦》，因为许多人总怀疑《说卦》晚出至汉宣帝时河内女子所得，看来还是可以讨论的。

以上就是我的五点认识，是否正确，在此向大家请教。下面，我想再谈五个问题。我最早看到《筮法》时，曾认为数字卦的问题

---

① 马国翰：《玉函山房辑佚书》经编易类《归藏》，上海古籍出版社，1990年。

应该可以解决了，可是读过之后，感觉不是问题减少了，而是问题增多了，不懂的东西更多了。昨天晚上拜读大家的论文，看到也提出了一些类似的问题。现在将自己的五个问题介绍一下。

第一个问题。数字卦自1978年古文字研究会上张政烺先生正式提出并受到学术界的注意之后，所有的人都有一个共同的观点，即商代和西周的数字卦与楚简上的数字卦是一脉相承的。现在我认为这一观点还需要讨论。如果确实是一脉相承，那么需要论证，毕竟还存在许多非常明显的不同之处。比如，北宋重和元年（1118）发现的中方鼎材料有2个，分别是786666和876666，这是一对。我们试着按张政烺先生讲的原则转换成易卦后，与《周易》的经文比较相符。前几年在陕西沣西西仁村出土的两个陶拍子，上面的卦序也多与今传本《周易》卦序一致，说明应该与《周易》相关。再明显的一个例子，北京大学董珊教授在这儿，他发表了有关鼎卦戈的文章[①]，鼎卦戈用的就是《周易》的经文。这样看起来，的确是与《周易》的卦爻辞有关，而在《筮法》中却找不到这样的相似性。那能不能说就是从商代和西周发展到战国呢？中间的春秋到战国前期这几百年又是什么状况呢？我们从未发现过任何材料。这个问题值得特别讨论。

第二个问题。传世《周易》的版本也有比较早的，比如上海博物馆藏《周易》简，稍晚点的有安徽阜阳双古堆《周易》，马王堆帛书《周易》。无论卦序怎样，这些出土文献都有卦名、卦爻辞，肯定是《周易》，应该与今传本卦画是一致的。所谓卦画就是阴阳

---

① 董珊：《论新见鼎卦戈》，复旦大学出土文献与古文字研究中心网站，2014年1月8日。

爻 "▬""▬▬"。当然，无论帛书还是简书，最下面那一笔总有点斜，有时搭上就像一个"六"，有时分开就是一个"八"。大家知道，《连山》《归藏》是用七、八的，《周易》是用九、六的，并不是完全一致，而这个是一样的，所以这是卦画而不应该是数字。那么它是不是从数字演变而来的呢？是不是从一、六或一、八变来的呢？这是一个关系重大的问题，关系到十三经之首的《周易》这部书是在何时定本的，什么时候才有今传本中的卦画。当然汉代已经有了，这是没有问题的。是不是真正到战国晚期才从数字八和六变成阴爻？如果真是这样，那么《易传·十翼》的说法都不能成立。因为《易传》从来不是这么讲的。相传伏羲氏画八卦，《易》的形成经历了漫长的时期，所谓"世历三古，人更三圣"。所以，这是一个关系重大的问题。

第三个问题。我看这次会上有些学者的论文中也都注意到了，《筮法》卦位图中"坎""离"反转的问题。所有人都认为，"坎"应该属于水，在北方；"离"应该属于火，在南方。而《筮法》卦图正好相反。我本人最早看到这个卦位图，当时就认为是画反了。后来，待《筮法》的整个文本整理完后发现，不是反了，就是这样。而且，"人身图"上也只有"离"卦的位置不对。马王堆帛书中记有"水火不相射"，变成"火水相射"，也是反的。为什么呢？有什么意义呢？这是一个需要特别讨论的问题。这一点也不同于《说卦》。

第四个问题。《筮法》中数字与地支的关系，引起了学者们的很多讨论。从十二支与数字爻的对应表来看，没有什么问题。从下向上读，数字是四、五、六、一、八、九。这其中的"一"应该是"七"。"七"为什么要改成"一"呢？我多年前曾写过一篇文章，认为商代和西周的数字卦分为两种占法，一种是有"七"的，一种是没有"七"的。这一观点是否正确可以再讨论。可是商代和西周时期有"七"和无"七"的都不会写成"一"。那么《筮法》数字卦是不是继承了商周数字卦中不用"七"的呢？可是又为什么不用"七"呢？这也是需要讨论和解释的。

子午	九
丑未	八
寅申	一
卯酉	六
辰戌	五
巳亥	四

第五个问题。关于《别卦》的卦序。《别卦》简共8支，缺"坎艮"那一支。大家知道，马王堆帛书出土已经40周年了，以裘锡圭先生为首的复旦大学出土文献与古文字研究中心已经将马王堆出土的所有材料重新整理出版（《长沙马王堆汉墓简帛集成》）。其中有张政烺先生称为《六十四卦》的表，当时只发表了一小部分。饶宗颐先生马上根据这一部分表推出了一整张表。《别卦》的表也是可以推出来的。一面按照八经卦的次序，一面按照"乾坤六子"的次序，排列出来的表与马王堆帛书的《六十四卦》表完全一样。也就是说，马王堆帛书卦序与《别卦》卦序一致。还有另一种排序方法，今天就不谈了。这个卦序到底有什么意义呢？为什么《别卦》要采用这样一种分宫的方法？大家有很多的讨论。如果把《筮法》和《别卦》结合起来可以给我们很多的暗示。

以上就是我的五点认识和五个问题，希望与大家一起讨论。

第五章　论帛书《周易》经传

第一节　马王堆帛书《周易》的卦序卦位

长沙马王堆帛书《周易》的发表，是大家期待已久的事。

帛书是1973年底出土的，发掘简报曾印有《周易》的一部分照片①，引起国内外学术界很大兴趣②。参加帛书整理的于豪亮先生，在1976年撰有《帛书〈周易〉》一文③，当时未能公布。香港饶宗颐先生根据照片，在1980年中国古文字研究会年会上提出过论文④。1984年，《文物》发表了帛书《周易》经文释文⑤，张政烺先生和上

---

① 湖南省博物馆、中国科学院考古研究所：《长沙马王堆二、三号汉墓发掘简报》，《文物》1974年第7期。

② 参看李学勤：《记在美国举行的马王堆帛书工作会议》，《文物》1979年第11期。

③ 于豪亮：《帛书〈周易〉》，《文物》1984年第3期。

④ 饶宗颐：《略论马王堆〈易经〉写本》，《古文字研究》第7辑，中华书局，1982年。

⑤ 马王堆汉墓帛书整理小组：《马王堆帛书〈六十四卦〉释文》，《文物》1984年第3期。

述于豪亮先生的论作同时问世[①]。马王堆帛书最重要的内容之一自此为众所知，相信《周易》的研究也将开一新局面。

帛书卦序

帛书《周易》有经有传。其经文除个别字残损外，六十四卦完备无缺。以帛书与传世各本对校，卦爻辞的异文大多属于文字通假，并没有根本的差别。帛书经文的特点，在于六十四卦的排列次第，也就是卦序。传世诸本都是始于《乾》，终于《未济》，而帛书本则始《乾》终《益》，卦序完全不同。

论述帛书《周易》的几篇论文，都指出帛书卦序具有明显的规律性。易卦由阴阳两爻构成，本来蕴含着阴阳说的哲理，故《系辞上》云"一阴一阳之谓道"。但传世本经文的卦序，却很难找出合于阴阳说的规律性。在体现阴阳规律这一点上，帛书本显然胜于传世本。

于文已指出，帛书经文卦序与传文相当《系辞》部分下列一段话相呼应，即："天地定立（位），［山泽通气］，火水相射，雷风相榑（薄）。"这四句见今《说卦》传，作"天地定位，山泽通气，雷风相薄，水火不相射"。帛书的"火水"大约是误倒，把它纠正过来，再改用卦名写出，便成为：

乾	艮	坎	震
|	|	|	|
坤	兑	离	巽

帛书六十四卦实分八组，每组以上卦相同为准。上卦的次第是乾、艮、坎、震、坤、兑、离、巽，即横读上图，先读上行，再读下

行。下卦的次第是先取与上卦同者，然后以乾、坤、艮、兑、坎、离、震、巽为序，这也是横读上图，不过是合读两行。

由帛书卦序，至少可以看到这样几点：

第一，帛书《周易》的经传是互相结合、密不可分的。

第二，帛书卦序已经包含了八卦取象的观念。

第三，帛书卦序充分贯穿了阴阳对立交错的观念。

卦象和阴阳交错的思想，也是今本《易传》即所谓十翼的中心内容。十翼只有《系辞》《说卦》两篇同帛书传文有共同文字，且有很大差异。十翼从各方面解释《周易》经文，也论及卦序，《序卦》一篇就是专门讲卦序的。可是《序卦》所讲的卦序，完全是传世本《周易》经文的卦序，和帛书本经文迥然不同，所依据的经文绝非帛书本。因此，帛书《周易》和《序卦》可以说是不相容的。

《序卦》没有企图用阴阳说的原理去说明经文卦序，而是从卦名的训诂出发，以求达到义理的通贯，这和帛书完全是两条路子。例如《序卦》开头说："有天地，然后万物生焉。盈天地之间者唯万物，故受之以《屯》。屯者，盈也。"这是讲经文最初三卦《乾》《坤》《屯》的次第。《屯》以下的卦是《蒙》，《序卦》说："屯者，物之始生也。物生必蒙，故受之以《蒙》。"前面训屯为盈，后又改言物之始生，已令人有牵强之感，训盈又何以知其指万物盈于天地之间？也有增字解经之嫌。后世学者对此提出怀疑诘难，是不可免的。

帛书卦序不会早于传世本卦序。理由很简单，如果《周易》经文本来就有像帛书这样有严整规律的卦序，谁也不会打乱它，再改编为传世本那样没有规律的次第，而《序卦》传也用不着撰写了。事实只能是，传世本是渊源久远的经文原貌，帛书本则是学者出于对规律性的爱好改编经文的结果。如本书第四章第一节所说，西晋时出土的汲冢竹书，内有《易经》两篇，与传世本同，其时代不迟于战国晚期之初，可为旁证。《序卦》的作者不敢触动经文次第，帛书本则另寻出路，为了贯彻阴阳说的哲理，竟大胆地把经文重排了。必须强调，这一重排是很有思想意义的。

《史记·孔子世家》："孔子晚而喜《易》，序《彖》《系》《象》《说卦》《文言》。"《汉书·艺文志》云："孔氏为之《彖》《象》《系辞》《文言》《序卦》之属十篇。"十翼为孔子本人所作的说法，近人多不相信。据文献考证，西汉中期宣帝本始元年（前73），有河内女子发老屋，得逸《易》《礼》《尚书》各一篇，上献朝廷，宣帝把书交给博士，博士集而读之，于是三经各增加一篇。这里说的逸《易》一篇是《说卦》，后分为《说卦》《序卦》《杂卦》三篇①。这说明，《序卦》在汉代是晚出的。

《序卦》得于宣帝时，而其著作年代要早。饶文已提到，《淮南子·缪称训》曾称引："《易》曰：剥之不可遂尽也，故受之以复。"即《序卦》中的一句，所以河内女子所得《说卦》，至少其中后来题为"序卦"的部分，《淮南子》的作者们是见过的。从《缪称训》称之为"《易》"看，带有尊崇如经的口吻，它的著成可能还要早一个时期。

《汉书·艺文志》有《淮南道训》二篇，云："淮南王安聘明《易》者九人，号九师说。"清代朱彝尊《经义考》对此书考订较详，引《别录》《七略》作十二篇，并引刘向云："《九师道训》者，淮南王安所造。王聘善为《易》者九人，从之采获，故中书著为《淮南九师书》。"朱氏认为《缪称训》引《易》，即《道训》之

---

① 参看刘汝霖：《汉晋学术编年》卷二，第99页，中华书局，1987年。

《序卦》传文（《经义考》卷五）。《淮南子》引用《序卦》，当即来自九师之学（详见第二章第六节）。

按淮南王刘安在汉武帝建元二年（前139）入朝，献所作《内篇》，即今传《淮南子》，这一年是刘安的二十六年。他聘请九师，当在其在位前期，即文帝、景帝之世。由年代推算，《序卦》至迟汉初业已存在。帛书《周易》是文帝初年写本，因而和《序卦》不妨说是并存的。长沙和淮南两地晚周时同为楚境，这又表明卦序不同的两本《周易》在当时都在这一地区流传。不能因为帛书在长沙发现，认为楚地的《周易》都是帛书这样的本子。

汉《易》与《说卦》的流传

《易》学的传流，古书记载最详，其汉初至昭、宣时一段，略如下表[1]。

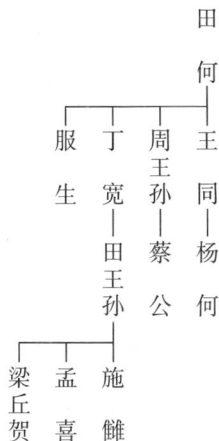

田何
├ 服生
├ 丁宽 — 田王孙 — 梁丘贺／孟喜／施雠
├ 周王孙 — 蔡公
└ 王同 — 杨何

---

① 参看刘汝霖：《汉晋学术编年》卷一，第6页，中华书局，1987年。铃木由次郎：《汉易研究》（增补改订版），第一部第二章，明德社，1963年。

田何本为齐国田氏，汉初被徙至长安附近杜陵。他这一系统的学者：王同系东武人，周王孙洛阳人，丁宽梁人，服生齐人，杨何淄川人，蔡公卫人，田王孙砀人，施雠沛人，孟喜兰陵人，梁丘贺琅邪诸人，都与长沙、淮南相远。他们的著作，据《汉书·艺文志》，王、周、丁、服、杨、蔡各有《易传》，丁氏八篇，其余各二篇；施、孟、梁丘《章句》各二篇。这些书到唐代已亡佚殆尽①。

武帝时立五经博士，《易》唯杨何。宣帝时立施、孟、梁丘三家《易》。元帝时又立京氏《易》，京房（字君明）系焦赣弟子，出于孟喜一派。田何一系《易》学在西汉势力之大，由此不难想见，所以《汉书·儒林传》说："要言《易》者，本之田何。"

施、孟、梁丘三家立于学官，事在河内女子得《说卦》之后，宣帝初读《说卦》的博士应为杨何一家。不过，杨与三家都源出田何，相差年代又不很远，杨氏之学没有《说卦》，看来田何一系学者都不传《说卦》，即今《说卦》以下三篇。如前所论，淮南九师和刘安曾见《说卦》，至少是今《序卦》，这可能说明《说卦》三篇汉初在南方流传，宣帝初年才为居正宗地位的田何系统学者所知。

田何一系《易》学基本上是在北方流传的，就地望而言，似乎不会与帛书《周易》有什么关系。但是，宣帝以前这一系学者的学说已难稽考，目前还无法做出确定的论断。关于孟喜的学说，清以来学者尽心探究，所知较多，从中可以看到《说卦》三篇的影响。

---

① 陈国庆编：《汉书艺文志注释汇编》，第12页，中华书局，1983年。

孟喜的《易》学以卦气说为中心，《汉书》本传已有明证[1]。《新唐书》载一行所引《孟氏章句》有论卦气文字，以坎、离和震、兑分配于四方，即所谓四正卦[2]，这种分配的根据正是《说卦》。

《说卦》有"帝出乎震"一章，详论八卦方位，以图表示即是：

离

巽　　　坤

震　　　　　　兑

艮　　　乾

坎

这个图，我们姑且借用宋儒的说法，叫作后天卦位。孟氏四正卦正与后天卦位符合，所以卦气说应该是在见到《说卦》之后形成的。

孟喜的卦气说在汉代《易》学中影响深远。在京氏《易》和现存各种《易》纬里，都可以找到这一学说的痕迹，例如《易纬·稽览图》称坎、震、离、兑为"四正卦"，又称为"四时卦"。这类《易》学内容异常繁复，各家彼此不同，但都以四正卦作为最基本的间架，究其本源，都可追溯到《说卦》的后天卦位。

在这里还应提到《内经·灵枢》中的《九宫八风》篇。篇里有一幅太一行九宫图，以周围"叶蛰之宫"等八宫分配八卦，其卦位也是后天卦位。这幅图是有根据的，1977年在安徽阜阳双古堆1号汉墓发现两件式盘，其中一件为太一九宫，宫名"叶蛰"等和

---

① 铃木由次郎：《汉易研究》（增补改订版），第二部第二章，明德社，1963年。

② 惠栋：《易汉学》卷一《孟长卿易上》，中华书局，1985年。

《九宫八风》完全一致①。这座墓的年代据研究是汉文帝十五年（前165）。不过式盘上虽有九宫，却未记八卦。《九宫八风》的卦位是离在上，坎在下，也就是上南下北，这和后世画图习惯相反。马王堆帛书里面的图，不管是地图还是数术性质的图，一律上南下北。后天卦位图采取上南下北的表示法，说明它的产生年代不会很晚，这一点和上述孟喜等人的时代是符合的②。

帛书卦位

帛书《周易》传文"天地定位"章的句次与传世《说卦》不同，是很重要的。看《周易集解》所引三国时虞翻注，所解《说卦》该章已同于今本，可知这个差异的出现很早。"天地定位"章前人多认为与卦位有关，帛书这一章的句次以及异文，对卦位的研究提供了前所未知的线索。

"天地定位"章讲的是八卦相错，即两两对立的关系。其中天地即乾坤二卦的位置，如《系辞上》所言"天尊地卑，乾坤定矣"，自为乾上坤下，转换为图例，就是乾南坤北，便涉及卦位的问题。

把乾坤的方位定下来，有可能按后天卦位的形式，也画一幅表示卦位的圆图。于豪亮的文章已画了这样的图，不过他的图八卦次序是左旋的。晚周到汉代的各种数术图，除二十八宿系左旋外，凡反映方位的都是右旋，后天卦位也是右旋。因此，根据帛书试画的圆图是：

---

① 严敦杰：《关于西汉初期的式盘和占盘》，《考古》1978年第5期。

② 王旭、徐昭玉：《〈灵枢·九宫八风篇〉的九宫图非其所固有》，《中华医史杂志》1992年第2期。所论恐可商榷。

$$乾$$

$$巽\qquad艮$$

$$离\qquad\qquad坎$$

$$兑\qquad震$$

$$坤$$

从阴阳说角度看，这幅图显然比后天卦位更能表现八卦交错、阴阳消长的规律性。

前已论及，孟喜以下汉《易》均以后天卦位为本，这大概是由于《说卦》"帝出乎震"章所言方位明确不可改易。近代已有学者提出，从《左传》《国语》书中《易》例以至汉代《易》学，都有宋儒所谓先天卦位的痕迹。他们所举例证，大多属于卦象方面，读者如有兴趣，请看尚秉和的《焦氏易诂》《周易尚氏学》及日本铃木由次郎《汉易研究》等书。

实际上，传世《说卦》传既有"帝出乎震"章，又有"天地定位"章，因而汉人也无法排除"天地定位"章的影响。下面举两个例子：

一个是《京氏易传》的八宫说。《京氏易传》分六十四卦为八宫，乾、坤、震、巽、坎、离、艮、兑八卦各主一宫。饶宗颐先生文已指出，这种方法和帛书有相近之处。八宫说显然考虑了"天地定位"章，但卦序与帛书有所不同。

另一个是《易纬·乾凿度》。此书以天在上地在下为不易之位，云："八卦成列，天地之道立，雷风、水火、山泽之象定矣。"至于"布散用事"，则依"帝出乎震"章所言方位。这也是兼顾了"天地定位"章。

到北周时，卫元嵩拟《易》作《元包》十卷（今本合为五卷）[1]。他继承京氏《易》而又模仿《归藏》，以坤先乾[2]。其八宫次序为坤、乾、兑、艮、离、坎、巽、震，这自然也是受"天地定位"章影响的结果。张政烺先生论文已有很好的讨论[3]。

上面这些例子，连同尚秉和等所考出的卦象证据，都没有把"天地定位"章作为完整的卦位系统来解释。真正做到这一点的，是北宋的邵雍。

邵雍学说的特点，在于他把《说卦》"天地定位"和"帝出乎震"两章作为平行的两种卦位系统，即先天、后天卦位。所谓先天卦位，画成圆图是：

乾

兑　　　　巽

离　　　　　　　　坎

震　　　　艮

坤

值得注意的是，先天卦位和依帛书画出的卦位相似。其乾、坤、坎、离即四正卦位，完全相同，而四隅卦则相错一位。至于邵氏为什么这样安排，主要是他坚持乾、兑、离、震、巽、坎、艮、坤的卦序，详见《周易本义》卷首图说，在此不必详述。

邵雍卦位说，是解决《说卦》两章并存这一矛盾的一种方式。他的先天卦位和依帛书画出的卦位都来自"天地定位"章，彼此近似是不奇怪的。邵雍所见的这一章，句次如今本，所以他不能画出

---

① 余嘉锡：《卫元嵩事迹考》，《余嘉锡论学杂著》上册，中华书局，1963年。
② 张行成：《元包数总义》卷二，《学津讨原》第9集，商务印书馆，1922年。
③ 张政烺：《帛书〈六十四卦〉跋》，《文物》1984年第3期。

和帛书相应的卦位。从这一点说，不能认为依帛书画出的卦位就是先天卦位。可是就思想而言，先天卦位也是阴阳说的贯彻，与帛书又有其相通之处。

余论

马王堆帛书《周易》的发现，揭示了一个历代《易》学家想象不到的事实，这一真相如为邵雍所知，他或许会把所谓后天卦位整个抛弃掉。

帛书的传文，周世荣[①]、于豪亮等已有扼要介绍。原来，帛书传文只包括传世《说卦》传的前三节，也就是有"天地定位"章而没有紧接在下面的"帝出乎震"章。多少《易》学家困惑不解的两种卦位的矛盾，在这里根本不存在。

近年若干批简帛古籍的发现，使人们更清楚地认识到，古书的形成和定型每每经过许多年代，有着分合增删的复杂过程。传世的《说卦》传的形成，肯定也有类似的历史。帛书证明，"天地定位"和"帝出乎震"两章有不同的来源。"天地定位"和它前面两章本来是和今《系辞》的大部分结合在一起的，很可能比其后面各章写成较早。

《系辞》各章充满了阴阳象数的理论，《说卦》前三章在思想上与之完全和谐。《说卦》的后面各章则侧重象而略于数，与《序卦》《杂卦》一致。这一点一经点破，相信大家都能分辨出来。有没有可能河内女子所得《说卦》只包括《说卦》后面各章和《序》

---

① 周世荣：《略谈马王堆出土的帛书竹简》，《马王堆医书研究专刊》第2辑，湖南中医学院，1981年。

《杂》，而不包括《说卦》的开头三章呢？

关于"帝出乎震"章的来源，至少有两条线索可寻。

《汉书·魏相传》云："又数表，采《易阴阳》及《明堂月令》表奏之，曰：……东方之神太昊，乘震，执规，司春；南方之神炎帝，乘离，执衡，司夏；西方之神少昊，乘兑，执矩，司秋；北方之神颛顼，乘坎，执权，司冬；中央之神黄帝，乘坤艮，执绳，司下土。"所述五方之神本于《月令》，而八卦方位与"帝出乎震"章相合，陈梦家先生考定此奏在汉宣帝元康年间①，距《说卦》的出现不过几年，所谓《易阴阳》可能是另一种《易》书。

另外，晋人干宝《周礼》注云"帝出乎震"至"成言乎艮"一段，"此《连山》之易也"。清代马国翰即据此以"帝出乎震"等语为《连山》文②。干宝时可能存在一种《连山》之易，其中含有这段文字，但其始源仍不清楚。

这样，我们对宋以来所谓先天卦位和后天卦位，都需要重新评价。清代汉学家多对先天卦位持否定态度，如胡渭的《易图明辨》、张惠言的《易图条辨》为其代表作。他们的理由主要有两点：第一，邵雍的图来自道家；第二，汉儒不知先天卦位。这些论证不少是对的，但如果从思想渊源去考察，邵雍的先天卦位本于"天地定位"章，反与汉初帛书《易传》多有暗合。忽视义理，使清代汉学家看不到宋学的某些观点比汉人更近于周汉之际的儒家，卦位问题仅仅是一个例子。不过，详细讨论这方面的问题，已经超出本书的范围了。

---

① 陈梦家：《汉简年历表叙》，《汉简缀述》，中华书局，1980年。

② 参看尚秉和：《周易尚氏学》卷二十，中华书局，1980年。

补记：本节关于《说卦》流传的观点，我后来已有改变，请参看第二章第七节。

第二节　帛书《周易》的几个问题（上）

海内外瞩目的马王堆帛书《周易》有经有传。经文部分的释文已在1984年公布[①]，传文部分（即帛书《易传》）释文也已陆续发表。1992年，在《马王堆汉墓文物》书中刊出了帛书《周易》经文与传文中《系辞》的照片和释文[②]。1993年，陈鼓应先生主编的《道家文化研究》第3辑《马王堆帛书专号》又有经过重订的传文《系辞》的释文，以及《二三子问》《易之义》《要》的释文[③]。《缪和》《昭力》两篇释文则见《道家文化研究》第6辑。

帛书《周易》的发现，是学术史上的一件大事，对当前盛行的《周易》研究关系甚大。自经文释文公开后，不少学者有所论述，专著便出版了好几种[④]。传文《系辞》等陆续发表以来，又出现大量论文。尽管有关材料还没有全部发表，在整理工作中仍存在一些

---

① 马王堆汉墓帛书整理小组：《马王堆帛书〈六十四卦〉释文》，《文物》1984年第3期。

② 傅举有、陈松长：《马王堆汉墓文物》，图版106—126，湖南出版社，1992年。

③ 陈松长：《帛书〈系辞〉释文》，《道家文化研究》第3辑，上海古籍出版社，1993年。陈松长、廖名春：《帛书〈二三子问〉〈易之义〉〈要〉释文》，《道家文化研究》第3辑，上海古籍出版社，1993年。

④ 如邓球柏：《帛书周易校释》，湖南人民出版社，1987年；韩仲民：《帛易说略》，北京师范大学出版社，1992年；张立文：《帛书周易注译》，中州古籍出版社，1992年。

问题，但涉及帛书《周易》全体的若干关键性的疑难，今天是可以进行讨论了。

一

首先是帛书《周易》的内容结构问题。

对帛书《周易》结构的认识，是伴随整理考释过程的进展不断深入的。回想最早介绍这项帛书的文章，如1974年晓菡的《长沙马王堆汉墓帛书概述》[①]，只讲到《周易》经文卷后有佚书，列举了原有篇题，未及详述。后来的各种论作，在这方面说法不一。其中流传最广的，是1984年发表的于豪亮《帛书〈周易〉》的见解[②]，其观点我也长期引用过。

于文把帛书《周易》划分作三部分。第一部分是他所称《六十四卦》，即经文；第二部分是《六十四卦》卷后佚书，分为五篇，前二篇是现在我们说的《二三子问》，后三篇是《要》《缪和》《昭力》；第三部分是《系辞》，分上下两篇。这就是说，帛书《周易》包括两件帛书，除经文外，有传文五种七篇。

1992年出版的韩仲民《帛易说略》收有《帛〈易〉概述》，对帛书《周易》的构成提出不同的看法。他认为帛书确是两件：第一件帛书是《六十四卦》和《二三子问》，但后者只是一篇；第二件帛书是《系辞》与卷后几篇佚书，包括以"子曰易之义"开始的一篇，即现在我们说的《易之义》，然后是《要》《缪和》《昭力》。这样，帛书《周易》除经文外，有传文六种六篇。

---

① 即韩仲民：《长沙马王堆汉墓帛书概述》，《马王堆汉墓研究》，湖南人民出版社，1981年。

② 于豪亮：《帛书〈周易〉》，《文物》1984年第3期。

同年印行的傅举有、陈松长《马王堆汉墓文物》所附《综述》，提出了第三种意见。根据其中描写，帛书《周易》只是一件，在经文后面的传文为《二三子问》、《系辞》、《子曰》（即我们说的《易之义》）、《要》、《缪和》与《昭力》，一共六种六篇。

这三种说法各有道理，其差异可以归纳为下面三点：

第一，帛书的拼接。帛书《周易》揭开后相当破碎，经过细心缀合，可看出有三大块：第一大块是经文和紧接的《二三子问》，第二大块是《系辞》与《易之义》，第三大块是《要》《缪和》《昭力》。于说以第一大块同第三大块连接，韩说以第二大块与第三大块连接，最后一说则将第一、二、三大块依次连接在一起。

《马王堆帛书专号》所载廖名春《帛书〈易之义〉简说》指出，第二大块《易之义》最后一行"有残缺，但仍可看出下一行有墨丁标志，说明紧接它的是帛书《要》篇"。这一点很重要，因为墨丁是篇首的记号，而传文各篇只有《要》未见篇首，这证明第二大块肯定是同第三大块连接的。

韩书正确地指出，在第二大块开头，《系辞》"正文前面有一行相当于'赘简'的空白"。帛书《周易》各篇之间没有留设空白的，所以这里只能是一件帛书的起首，第一大块和第二大块是不好连接的。

第二，《二三子问》的篇数。在经文之后，第一大块还有文字三十六行。在其第十六行的下端，"故曰夕沂（惕）若厉，无咎"句尾，留有三个字位置的空白，这很像是一篇的终了，所以于文认为此处有传文两篇。

不过，第十七行的上端有缺损，不能知道本来有没有墨丁记号。同时，第十六行以前一段和第十七行以后一段，所论都是

《乾》《坤》二卦，文意通贯。韩书以为此处传文只是一篇，当即出于此故。

按先秦到汉初的书籍，常有篇分上下的情形。例如《墨子》有《经上》《经下》，《经说上》《经说下》，《管子》有《君臣上》《君臣下》，《心术上》《心术下》，今传本《系辞》也分为上下，都是内容衔接而分作两篇，每篇字数也不很多。《二三子问》第十六行之末既有空白，看来仍以在此划分上下为好。

第三，《易之义》的命名。于文认为帛书有《系辞》上下两篇，是把现在叫作《易之义》的一篇传文作为《系辞》下篇。韩书则提出此篇"顶端也涂有长方形墨钉，以'子曰易之义'开始，显系另一篇易说佚书。佚书与《系辞》的编纂体例有所不同"[1]。

张立文《帛书周易注译》称此篇为《易之义》[2]，系取其首句中语，是妥当的。关于此篇与帛书前面的《系辞》以及今传本《系辞》的关系，下文还要讨论。

据上所述，帛书《周易》包括两件帛书，可称作上下卷：

上卷	经文
	《二三子问》上下篇
下卷	《系辞》
	《易之义》
	《要》
	《缪和》

---

① 韩仲民：《帛易说略》，第10页，北京师范大学出版社，1992年。

② 张立文：《帛书周易注译》卷首，《帛书周易浅说》第2—3页，中州古籍出版社，1992年。

《昭力》

传文共六种七篇。

帛书《周易》上下卷不仅系同一书手所写，内容也是密切联系的。比如很多论作已经指出，帛书经文的卦序与《易之义》第十五行"天地定位"一段一致。同时，我们也很容易看出，传文并非作于一时一手。这在各篇辞语和体例上都有好多证据，如《二三子问》述及孔子时称"孔子"，《系辞》和《易之义》称"子"，《要》则称之为"夫子"。还有六十四卦之名，各篇多用通假字，又各有差异，例如《讼》卦，帛书经文作"讼"，《易之义》作"容"；《姤》卦，经文作"狗"，《易之义》作"均"；《艮》卦，经文作"根"，而《易之义》作"谨"。这种种，都说明其来源不一。

虽然如此，帛书《周易》经传的编排还是经过精心考虑的。经文在最前面，随后《二三子问》到《要》均系孔子说《易》之语。《二三子问》分说经文，列于传文诸篇之首。《系辞》《易之义》通论大义，排在其次。《要》篇于论说外乂有记事，续于后面。最后的《缪和》《昭力》，乃是传《易》经师的言论。因此，帛书《周易》是一部有自己体系的完整书籍。

二

由于帛书的年代很早，大家自然希望能从中了解今传本《周易》经传的形成过程。本书前面已经论证，帛书经文要晚于今传本经文的出现，是根据阴阳学说重排卦序的一种别本[①]。帛书传文的

———————

① 参看本书第五章第一节。

情形要复杂一些，今传本十翼中能与帛书比较的，只有《系辞》和《说卦》的前三章。我曾对帛书传文中的《系辞》做过初步分析，指出帛书虽有不少优点，但也有许多脱文、衍文及讹误之处①。当时《易之义》《要》等尚未发表，不能详细讨论。下面就以今传本《系辞》为主，对帛书试做进一步的考察。

今传本《系辞》分上、下两篇，按照《十三经注疏》本的《周易正义》，上篇共12章，下篇共9章。帛书传文中的《系辞》，始于今传本上篇的首章，终于今传本下篇的末章，看来已经首尾完具。因此，很容易推想今传本《系辞》是在帛书《系辞》的基础上，采取帛书其他传文的内容，扩大而形成的，然而细心观察，情况并非如此。

先看今传本《系辞》上篇，从第一章到第十二章，绝大部分都见于帛书《系辞》，章的次第也没有颠倒错乱。不同的地方，只是个别通假、异文。唯一重大的出入，是帛书《系辞》没有今传本的第八章，即"大衍之数五十"章。

"大衍之数五十"一章，从内容和文笔看都不能是晚出的，它和下面帛书也有的第十章有着不可分的联系，我们将在本书第五章第四节中论证。查帛书《系辞》第十八行上，上端是"致寇至，盗之招也"，这是今传本《系辞》上篇第七章的末尾。"盗之招也"四字已损去大半，甚至只有残笔。再往下，看到"焉"字。其间的缺字只有七个位置，依今传本可补以"易有圣人之道四"。今传本《系辞》上篇第九章前面几句是："子曰：知变化之道者，其知神之

① 李学勤：《帛书〈系辞〉上篇析论》，《江汉考古》1993年第1期。收入本书第五章第五节。

所为乎？易有圣人之道四焉：以言者尚其辞，以动者尚其变，以制器者尚其象，以卜筮者尚其占。"可知帛书这里比今传本少了两句。

《系辞上》这两句，是不可少的。下文所论，"非天下之至精，其孰能与于此？""非天下之至变，其孰能与于此？""非天下之至神，其孰能与于此？"以至易之深、几、神，都紧紧扣住这两句。章末又以"子曰'易有圣人之道四焉'者，此之谓也"作结，因而连"子曰"两字也应该有。帛书此处一定是有脱文。"大衍之数五十"一章，应该是和第九章开头两句一起脱去了。

今传本《系辞》下篇，从第一章到第四章前半，至"《易》曰：'何校灭耳，凶'"均见于帛书《系辞》。其下只剩有"君子见几而作，不俟终日。《易》曰：'介于石，不终日，贞吉。'介如石焉，宁用终日？断可识矣。君子知微知彰，知柔知刚，万夫之望"一段。其余文字在《要》篇第九至十二行，只有个别异文。

在"君子见几而作"这一段之前，帛书《系辞》所没有的文字，共为三节，第一节是"子曰：危者，安其位者也"云云，第二节是"子曰：德薄而位尊"云云，第三节是"子曰：知几其神乎？君子上交不谄，下交不渎，其知几乎？几者，动之微，吉之先见者也"。显然，这和"君子见几而作"语意相连，是不应分开的。在"君子见几而作"这一段之后，帛书《系辞》所没有的文字，第一节是"子曰：颜氏之子，其殆庶几乎？有不善未尝不知，知之未尝复行也"云云，正和"君子知微知彰，知柔知刚"语意相承，也是很难分开的。因此，"君子见几而作"一段前后两大段现见于帛书《要》篇，只能是错简。

今传本《系辞》下篇的第五节到第七节前半，还有第八节的前半，都见于帛书《易之义》。这里面还有一些复杂的问题。

　　一个问题是，帛书《易之义》在今传本《系辞》下篇第五章中间，增多了一大段文字。今传本是这样的："子曰：乾坤，其易之门邪？乾，阳物也；坤，阴物也。阴阳合德而刚柔有体，以体天地之撰，以通神明之德……"帛书则作"子〔曰〕：易之要可得而知矣。键（乾）川（坤）也者，易之门户也。键（乾），阳物也；川（坤），阴物也。阴阳合德而刚柔有膤（体），以膤（体）天地之化"，下面有"又口能敛之"一大段，起于第三十五行，直到第三十七行，才有"而达神明之德也"。

　　"又口能敛之"一段是错简，属于《易之义》的"坤之详说"，应在第三十四行"不言于有罪之内"下面。移回原处，其开头几句是："君子言于无罪之外，不言于又（有）罪之内，又口能敛之，无舌罪，言不当其时则闭慎而观。……"

　　其次问题是，今传本《系辞》下篇第七章还有几句话留在帛书《系辞》之中。这几句话是："若夫杂物撰德，辨是与非，则非其中爻不备（帛书作'则下中教不备'，'下'系'非'字之讹，'教'则是'爻'的通假字）。"按"若夫杂物撰德"云云，无论从语法还是内容来说，都不是独立的。章文前面说："六爻相杂，唯其时物也。其初难知，其上易知，本末也。初辞拟之，卒成之终。"论及六爻里面的初爻、上爻，这里则续论中爻。下面第八章，又讨论六爻中的二与四、三与五。"若夫杂物撰德"这几句，在中间实起着承上启下的枢纽作用，怎么能够单独割裂出来呢？这只能说明，现在阑入《易之义》的这些章，本来是在《系辞》里面的。

　　再有一个问题是，今传本《系辞》下篇第八章，在《易之义》中只有前半，而且颇引误解。事实上，帛书这一部分残破已甚，只能据今传本试补缺文。从第四十四行起，是这样的："易曰二与四，

同 [功而异位，其善不同。二] 多誉，四多瞿（惧），近也。近也者，嗛之胃（谓）也。易曰：柔之 [为道，不利远者。其] 要无 [咎，其用] 柔若 [中也。易] 曰三与五，同功异立（位），元（其）过（？）□□ [三] 多凶，五多功，[贵贱] 之等……。"与今传本略有出入，一个明显差别是帛书有"易曰"三处，以致有学者认为是引文。按所谓"易曰二与四""易曰三与五"，是指经文中的爻位，而"易曰：柔之为道……"的"易曰"当为"子曰"之误，这从上文的体例是不难推知的。今传本没有这几处，文字就更觉简练明了。

《易之义》终于第四十五行。此行下半，第四十四行"二多誉，四多惧"的旁边，残片上有四个字，比较模糊，一时未能确辨。它正如廖名春先生所说，有可能是篇题和字数[①]。所以《易之义》并不包括今传本《系辞》下篇第八章"《易》之为书也，广大悉备"以下的部分。值得注意的是，今传本《系辞》下篇第九章留在帛书《系辞》之末。其开头是："键（乾），德行恒易以知险；夫川（坤），魋然天下 [之至] 顺也，德行恒閒（简）以知 [阻]。"对照今传本："夫乾，天下之至健也，德行恒易以知险；夫坤，天下之至顺也，德行恒简以知阻。"知道章首也有脱文。怀疑第八章的后半和第九章的开头都已脱去，帛书只是在相当第九章开头处补了一个"乾"字而已。

以上的分析表明，帛书所根据的《系辞》，其构成其实是和今传本基本一致的，不过有一部分脱失，一部分又散入他篇，于是成

---

① 廖名春：《帛书〈易之义〉简说》，《道家文化研究》第3辑，上海古籍出版社，1993年。

了帛书的面貌。

这种现象是怎么造成的呢?

最可能的原因就是秦火。有的学者见《汉书·艺文志》有"及秦燔书,而《易》为筮卜之事,传者不绝"的记载,认为《周易》经传没有受到秦火的影响[①]。实际上《周易》经文是卜筮之书,而《易传》十翼则是儒学著作,自应属于禁绝的范围。我在一篇小文中说到[②],楚地东部的荀子和淮南九师都通习十翼,帛书出自长沙,或许楚地西部的易学所传《易传》已不完全。这大约是由于秦昭王拔郢,占领了楚国西北部,而秦自商鞅以来即有排斥儒学的倾向,易学不能不受影响。猜想编纂帛书《周易》时,所能得到的只有一种竹简本《系辞》,其一部分又已脱烂散乱,当时的整理未能恢复原状,把散简若干章节和其他若干材料编到一起,成了《易之义》和《要》篇。

从这里,我们也认识到《系辞》是成篇很早的古籍,如我前面所论,其年代不会晚到战国中叶。至于帛书《周易》,其整体的形成是很迟的,有可能晚至秦亡以后。它应该是楚地易学一派整理的结果,而《缪和》《昭力》篇中所记诸人,便是这一派的经师。

补记:帛书《易之义》最后,廖名春教授补缀一残片,有"衷"字,当为原有篇题,见所著《帛书〈易传〉初探》,台湾文史哲出版社,1998年。此点待查原件核实,这里暂未采用。

---

① 顾实:《汉书艺文志讲疏》,二,第20页,上海古籍出版社,1987年。

② 李学勤:《帛书〈易传〉及〈系辞〉的年代》,《中国哲学》第16辑,岳麓书社,1993年。参看本书第五章第六节。

第三节　帛书《周易》的几个问题（下）

在上节中，我们已对长沙马王堆帛书《周易》的一部分问题做了讨论。这里再就目前力所能及的范围内的几点，谈一些初步的想法。至于帛书的全面研究，自当俟诸异日。

卦画与卦名

帛书《周易》经文，六十四卦之上均有卦画，体例与今传本相同。其间微有区别的地方是帛书卦画里面的阴爻都近于"八"字形，不像后世常见的那样作中间断开的直线。

可以与此比较的，有1977年安徽阜阳双古堆1号汉墓出土的《周易》竹简。该墓根据所出器物形制及铭文等方面，确定是西汉第二代汝阴侯夏侯灶的墓葬，夏侯灶卒于汉文帝十五年（前165），仅比出帛书的长沙马王堆3号墓晚三年，因此可认为是同时的。双古堆竹简有十余种书籍，多已散碎。其中的《周易》，整理者介绍说：

> 有三百多个破碎的简片，包括今本《易经》六十四卦中的四十多卦，其中有卦画、卦辞的九片，有爻辞的六十多片。每爻辞之间，用圆点隔断。辞后有卜事之辞。……其卜事之辞为固定的格式，指出各种天象和人事的吉凶，如晴雨、田渔（田猎和捕鱼）、征战、事君、求官、行旅、出亡、嫁娶、疾病等等。……《周易》的卦画留存下来的很少，仅见《临》《离》《大有》三卦，其阴爻作"八"形，与今本《易经》、马王堆帛

书《易经》等皆不同。①

金景芳先生指出马王堆帛书与双古堆竹简的这些"都是《易》的卦画，而不是用数目字记爻"②。其阴爻之所以作那样的形状，只是由于竹简或者帛书上的行栏很窄，如作中间断开的直线，易于模糊混淆，从而有所变通，和数字恐无联系。

帛书《周易》经文的卦名，不少与今传本有别；传文部分所见卦名，又有不同于经文部分。于豪亮《帛书〈周易〉》文中列有详表③，将帛书经、传和汉石经、通行本卦名一一排出，极便检索，读者可以查阅，这里便不征引了。关于卦名异文出现的原因，于氏说：

> 卦名不同，只是字形不同而已，字的读音都相同或相近，可以通假。

这是完全正确的。这一时期的简帛写体通假字极多，甚至在同一书中也有采用不同的通假字的情形。清代王引之作《经义述闻》，专立《经文假借》一条，说："……经典古字，声近而通……往往本字见存，而古本则不用本字而用同声之字。学者改本字读之，则怡然理顺；依借字解之，则以文害辞。"在释读简帛文字时尤其要注意这一原则。

---

① 文物局古文献研究室、安徽省阜阳地区博物馆阜阳汉简整理组：《阜阳汉简简介》，《文物》1983年第2期。

② 金景芳：《学易四种》，第196页，吉林文史出版社，1987年。

③ 于豪亮：《帛书〈周易〉》，《文物》1984年第3期。

由于帛书《周易》乃是我们现在所能看到的最早的原件《周易》本子，发现之后自然会有学者想到从帛书去找卦名的本字。如果确能如此，对《易》学的研究必有很大益处。可是仔细考察，事实却不像所推想的那样。试举几个例子，以做说明：

《履》卦辞云："履虎尾，不咥人，亨。"《象传》："履，柔履刚也。说而应乎乾，是以'履虎尾，不咥人，亨'。刚中正，履帝位而不疚，光明也。"《正义》解释卦辞说：

> 《履》卦之义，以六三为主。六三以阴柔履践九二之刚，履危者也。犹如履虎尾，为危之甚。"不咥人，亨"者，以六三在兑体，兑为和说，而应乾刚，虽履其危而不见害，故得亨通，犹若履虎尾，不见咥啮于人。此假物之象以喻人事。

即使单从卦辞本文看，也可判断"履"是动词，义为履践。《象传》"柔履刚""履帝位"，也是同样的意思。帛书"履"则作"礼"，"礼"如作动词，义为崇礼，"礼虎尾"实在难于理解。显然，"礼"乃是"履"的通假字，即王引之说的借字。

《坎》卦辞"习坎"，帛书作"习赣"。其初六、六三爻辞俱有"人于坎窞"之语，"坎"字帛书也作"赣"。按《说文》"坎，陷也"，与《序卦》说合；"赣"则训为"赐也"，故孔子门人子赣（贡）名赐。此处"坎窞（与'陷'通）"联为一词，足见"坎"是本字，"赣"不过是其通假字。

《革》卦，帛书作"勒"。查《说文》，"革"训为兽皮治去其毛者，"勒"却是马头络衔。"勒"字《说文》云从"革""力"

声，字或从"革"从"棘"①，而"革"与"棘"通假古书习见②，所以"勒""革"也相通假。临沂银雀山竹简《唐勒》作"唐革"，我们在前文曾讨论过。此卦初九爻辞："巩用黄牛之革。"《象传》："巩用黄牛，不可以有为也。"王弼注："牛之革坚韧，不可变也。""革"是本字。如以"勒"为本字，牛头不能加勒，殊不可通。

《艮》卦的卦辞、爻辞有"艮其背"等语，《彖传》《象传》都训"艮"为"止"，《说卦》同。后世《说文》学者因"艮"字从"目"，有释作一种视的，如《说文通训定声》云："艮者，很视也。仰目而视、倾目而视皆是。"帛书"艮"字作"根"，也显然是一个通假字。

《震》卦辞有"震惊百里，不丧匕鬯"等句，《彖传》称："震惊百里，惊远而惧迩也。"《象传》说："洊雷震，君子以恐惧修省。"《正义》："先儒皆云雷之发声，闻乎百里。"凡此都是把"震"理解为震雷，和《说文》训"震"为霹雳一致。帛书则把"震惊"写成"辰敬"，其为通假是明显的。

这一类例证说明，帛书《周易》卦名多用通假字，并不能为认识卦名的本义提供多少新的线索，而今传本则多为本字。

帛书卦序和重卦

帛书经文的卦序能说明有关《易》学的不少问题，前文已略作论述。这里再就帛书卦序与重卦的关系试加分析，供有兴趣的读者

---

① 朱骏声：《说文通训定声·颐部》，中华书局，1984年。

② 高亨：《古字通假会典》，第385页，齐鲁书社，1989年。

斟酌参考。

《周易》有八经卦、六十四别卦，早见于《周礼·大卜》。《左传》《国语》中若干筮例，也都是把别卦作为经卦之重来看待的。《系辞》屡言"八卦"，如说"八卦相荡"，"四象生八卦，八卦定吉凶"，"八卦成列"，皆指经卦；特别是"古者包牺氏之王天下也"章，先讲包牺氏"始作八卦"，然后历叙神农、黄帝、尧、舜，其创作取诸《离》《益》《噬嗑》等卦，则指别卦。依照《系辞》此说，是先有八卦，后有六十四卦，后者自前者衍变而出，这就是重卦说。

《汉书·艺文志》在引《系辞》之后说：

> 至于殷、周之际，纣在上位，逆天暴物，文王以诸侯顺命而行道，天人之占可得而效，于是重《易》六爻，作上下篇。

这是说文王重卦，其论点当系出自《史记·周本纪》所载：

> 西伯（文王）盖即位五十年。其囚羑里，盖益《易》之八卦为六十四卦。

《史记正义》云："按太史公言'盖'者，乃疑辞也。"已经不以此为定说，因为《史》《汉》的这个论点和《系辞》是相违背的。顾实《汉书艺文志讲疏》引宋代王应麟的话，然后加以裁断，他说：

> 伏羲作《易》，有卦无辞，文王增以卦辞、爻辞，故分上

下篇。王应麟曰："重卦之人，王辅嗣等以为伏羲；郑康成之徒以为神农；淳于俊云包羲因燧皇之图而制八卦，神农演之为六十四；孙盛以为夏禹；史迁等以为文王。《淮南子》'伏羲为之六十四变，周室增以六爻'。"王说备已，《淮南》之言为长。伏羲作网罟，取诸《离》；神农作耒耜，取诸《益》；黄帝、尧、舜垂衣裳，取诸《乾》《坤》。以是言之，则伏羲作八卦，因而重之，为六十四变，明矣。六十四变者，六十四卦也。周增以六爻，则六十四卦，卦复各有六爻之变，凡三百八十四变爻矣。[①]

《淮南子》语见其《要略》，与《系辞》相呼应，可见淮南九师之学本于《易传》。如果相信《系辞》，《淮南子》的说法自然是最合理的。把重卦讲在神农之后，都不合于《系辞》所说。问题是《系辞》认为网罟之作系取诸《离》，耒耜之作系取诸《益》，等等，从现代知识来看，都是不可取的，因而重卦始于何时也就无从征验了。

已发现的筮数材料，大部分是六爻的，但也有三爻的，而且时代上商周都有。因此，当时早已存在经卦、别卦两者，这证明文王始作六十四卦之说是不合史实的。

有学者提出六十四卦早于八卦，不是八卦重为六十四卦，而是由六十四卦提炼出八卦[②]。这是一种非常新颖的意见。这个看法是1984年在武汉召开的"中国《周易》学术讨论会"上首

---

① 顾实：《汉书艺文志讲疏》，二，上海古籍出版社，1987年。

② 韩仲民：《帛书〈系辞〉浅说》，《孔子研究》1988年第4期。

次发表的^①。后来有论文进行评驳^②，其中举出卦名"习坎"为证。按《坎》卦辞云："习坎，有孚，维心亨，行有尚。"《彖传》："习坎，重险也。水流而不盈，行险而不失其信。……天险，不可升也；地险，山川丘陵也。……"《象传》："水洊（或作'臻''荐'）至，习坎，君子以常德行，习教事。"《坎》卦上下皆坎，所以说是"重险"；坎象水，故又云"水洊至"（"洊"训为重）。由此可见，"习坎"已经包含了把六爻的卦分析为两个三爻的卦的意思，也就是说蕴含了重卦的观念。这个证据很重要，不过现在我们还没有办法证明"习坎"一语是在什么时候出现的。即使知道，也只是说明当时已有经卦、别卦之分，不能推知经卦、别卦产生的先后。正如有的学者所说，先有六十四卦的新观点，"就目前已知的材料来看，还不能说这一新说可以成立，但是它是有意义的。它作为一个问题提出来，至少证明旧说是可以挑战的"^③。

帛书经文的卦序，完全是立足于重卦，即经卦、别卦的区别与关系之上的。后世也有将六十四卦划分为八组，即分隶于八经卦的尝试，但都拘于先下后上的次第，以下卦为分组的标准；帛书经文则以上卦为分组的标准，是其特异之处。可以说，帛书卦序有两个理论的基础，一个是前面已论及的阴阳说，一个便是重卦说。

---

① 湖北省社会科学院哲学所、武汉大学哲学系、湖北省哲学史学会合编：《中国〈周易〉学术讨论会史料辑集》，第17页，1984年。

② 黄沛荣：《周易"重卦说"证辨》，《毛子水先生九五寿庆论文集》，第477—506页，台湾幼狮文化事业公司，1987年。

③ 吕绍纲：《周易阐微》，第七章，第294页，吉林大学出版社，1990年。

与《归藏》卦名的比较

于豪亮《帛书〈周易〉》一文有下列一段值得重视的论述：

> 需要指出的是，帛书的卦名有两个与《归藏》有关。一个是钦卦，帛书的钦卦，通行本是咸卦。《归藏》也有钦卦，朱彝尊《经义考》云："钦在恒之前，则咸也。"帛书《周易》同《归藏》的咸卦都名为钦卦，应该不是巧合。另一个是林卦，帛书的林卦是通行本的临卦。《归藏》有"林祸"，李过《西溪易说》云："临为林祸。"帛书《周易》与《归藏》同一林字，也显得两者有一定的渊源。……我们认为《归藏》不是伪书，因为咸卦又名钦卦，不见于已知的各家《周易》，只见于帛书和《归藏》。这说明《归藏》同帛书《周易》有一定的关系，而帛书《周易》汉初已不传，所以《归藏》成书，绝不晚于战国，并不是汉以后的人所能伪造的。①

于氏此文虽迟至1984年才刊出，写成却在8年以前。

饶宗颐先生也注意到同一问题，他1983年发表的《殷代易卦及有关占卜诸问题》，原系1982年在美国夏威夷"国际殷文化讨论会"提交的论文②。其中有《殷〈归藏〉六十四卦与马王堆本〈易经〉卦名比较》一节，讲道：

---

① 于豪亮：《帛书〈周易〉》，《文物》1984年第3期。

② 饶宗颐：《殷代易卦及有关占卜诸问题》，《文史》第20辑，中华书局，1983年。

……晋干宝，宋罗泌、罗苹（罗泌子）、李过，清黄宗炎辈，都记述《归藏》的卦名，朱彝尊《经义考》、马国翰等辑佚书复转载之。《归藏》六十四卦名，大部分和《周易》很有出入，向来没有人敢相信。可是从马王堆三号墓出土的汉初《周易》写本，卦名与今本亦大不相同，比勘之下，有的反和《归藏》卦名接近，令人觉得后人传述的《归藏》各卦，必有它的来历，并非完全没有根据。

该文还列表，以现知的《归藏》卦名58个逐一同今传本、帛书本《周易》对比。

从以上的分析看，流传的《归藏》卦名确乎有据，非同杜撰。《隋书·经籍志》云"《归藏》汉初已亡"，《汉书·艺文志》不曾著录①，然而桓谭《新论》却说："《连山》藏于兰台，《归藏》藏于太卜。"又称："《连山》八万言，《归藏》四千三百言。"《金楼子·立言》引杜子春云："今《归藏》先坤后乾，则知是殷明矣。"《礼记·礼运》郑玄注小有"其书存者有《归藏》"的话。由此知道东汉时实有一种《归藏》存在，汉初已亡之说未必可据。

《说卦》前三章的问题

上节曾谈到《说卦》前三章和其后各章不相一致的问题，未及多做发挥。这里要补充说明的是，以前已有学者觉察到这一点。

---

① 刘师培《连山归藏考》，以《汉志》《夏龟》二十六卷、《南龟书》二十八卷为《连山》《归藏》，说不足信。参看顾实：《汉书艺文志讲疏》，六，第225—226页，上海古籍出版社，1987年。

近年有论著讲到，宋代林栗、周燔曾有这方面的意见①。林氏之说见《周易经传集解》卷三十五，他认为《说卦》的前三章是前人把《文言》分系于《乾》《坤》两卦时的"遗简"，于是以《说卦》第一章置于《文言》"元者，善之长也"前面，第二章移到《文言》"天玄而地黄"后面，并以第三章"数往者顺，知来者逆，是故易逆数也"几句接于第二章之末。引者认为："林栗盖以为此《说卦》三段文字不尽是说'卦'之文，与同篇不类，而多说阴阳六位之理，与《文言》说乾坤六爻之道相近，故以为此三段非《说卦》之文，乃《文言》之文。"

周燔之说见旧题吕祖谦的《古周易》，他主张《说卦》前两章应分别移入《系辞》上下篇，不过，两章具体怎样插进《系辞》，则已失传，现在无法考知。周氏的见解，比林栗更近于帛书《易传》的实际。

外国研究《周易》的学者，也有人发现这个问题，就是苏联的舒茨基（Iulian K.Shchutskii）。他所著《易经研究》一书，有英译本出版②。在该书第二章里，他认为《说卦》实含有两部分完全不同的文字，开首一小部分形式和内容都近于《系辞》，其余的大部分则类似《杂卦》。所说与《系辞》接近的，即《说卦》的前三章③，这个说法和周燔是相像的。

《说卦》的前三章有自己的特点，乃是客观的事实，通过上述中外学者的看法更得到印证。帛书《易传》的出现，把这个问题最

---

① 叶国良：《宋人疑经改经考》，第一章，台湾大学《文史丛刊》，1980年。

② I.K.Shchutskii, *Researches on the I Ching*, Princeton University Press, 1979.

③ I.K.Shchutskii, *Researches on the I Ching*, Princeton University Press, 1979, P159–161.

后解决了。

补记：关于《归藏》卦名，由于江陵王家台简《归藏》的发现，过去的看法应做一些修改，见本书第四章第六节。

第四节　帛书《系辞》略论（上）

《周易》经传是长沙马王堆帛书的一项重要内容，对《周易》以及古代文化的研究极有意义。帛书《易传》中的《系辞》，其结构已有学者介绍，使得我们得知大略①，借以研究一些有关思想方面的问题已经够用了。当然，下面所要谈的只能说是试探，一切均应以将来正式公布的整理报告为准。

帛书与南方《易》学

据介绍，帛书《系辞》系用墨写在高约48厘米的帛上，字体为隶书，字数较今本为多，约6700余字。和今本一样，分为上、下两篇②，唯其内容构成颇有不同。与今本相同的章节，也有若干异文。

帛书《系辞》上篇，包含今本上篇的绝大部分，还有今本下篇的大部分。用《周易正义》的分章来说，帛书此篇包括：今本《系辞上》第一至七章，第九至十二章；今本《系辞下》第一至三章，

---

① 于豪亮：《帛书〈周易〉》，《文物》1984年第3期。韩仲民：《帛书〈系辞〉浅说》，《孔子研究》1988年第4期。

② 本节原作为论文发表时，还没有学者使用《易之义》一名。这里说的帛书《系辞》下篇就是《易之义》，请读者注意。

第四章第一至四节及第七节，第七章"若夫杂物撰德"以下，第九章。帛书《系辞》下篇，包含今本下篇一小部分，《说卦》开头部分，另有今本《易传》所无的佚文约2100字。仍用《周易正义》分章来说，帛书此篇包括：佚文，今本《说卦》第一至三章；今本《系辞下》第五至六章，第七章"若夫杂物撰德"以前，第八章。今本《系辞下》第四章的第五、六、八、九节，存在于帛书《易传》的另一篇《要》之中，所以今本《系辞》全然不见于帛书的，只有《系辞上》的第八章。

既然帛书《系辞》同今本有这么大的差别，它能否还叫作《系辞》？我认为是可以的。这种情形可用马王堆帛书和湖北江陵张家山竹简的《脉书》与今本《灵枢·经脉》的关系作为比较。帛书的这一内容，抄写在《五十二病方》卷前，原无标题，整理小组拟题为"阴阳十一脉灸经""脉法""阴阳脉死候"三种。后来发现了张家山竹简，这一篇原有标题"脉书"，与帛书对比，段落次序有异，有少数异文，并且增多了一些文字①。再参照《经脉》，知道《脉书》是其祖本。由此可见，当时书籍在流传中每有不同的本子，互相颇多差异，但不妨碍是同一种书。从"脉书""经脉"标题的因袭，也不难看出其间的关联。

帛书《脉书》和竹简《脉书》，抄写时间相去不远，是同时代的不同传本。简帛《脉书》和《灵枢·经脉》，内容有根本性的区别，如前者十一脉而后者十二脉，很可能后者晚于前者。同样地，帛书《系辞》和今本《系辞》只是编排有异，思想实相一致，这应该认为是不同传本，不好说是前后演变的关系。

① 张家山汉墓竹简整理小组：《江陵张家山汉简概述》，《文物》1985年第1期。

《系辞》的著作年代，前人有不少论证。汉高祖时的陆贾《新语·辨惑》："《易》曰：'二人同心，其义断金。'"又《明诚》："《易》曰：'天垂象，见吉凶，圣人则之。'"高亨先生说："所引均见于《系辞》上篇（今本义作利，则作象），足证《系辞》作于西汉以前，当时已称之为《易》矣。"他又举出《礼记·乐记》"天尊地卑"一段，孔颖达《正义》已指出与《系辞》文似，"彼此对勘，确是《乐记》作者抄袭《系辞》而略加改动"①。按《乐记》取自《公孙尼子》。公孙尼子，《汉书·艺文志》云为"七十子之弟子"，《隋书·经籍志》则说："似孔子弟子。"《论衡·本性篇》："宓子贱、漆雕开、公孙尼子之徒亦论情性，与世子相出入。"宓不齐、漆雕启是孔子弟子，世硕则是七十子之弟子，可知公孙尼子应为孔门再传弟子。《系辞》不会晚于《乐记》，也就是不迟于战国中期。这些，本书都已有详细讨论。

帛书《系辞》是哪一家的传本呢？这可以从帛书《易传》的其他几篇去推测。据介绍，除《系辞》以外，帛书《易传》还有五篇。第一、二篇为一组，有学者根据第一篇首句拟题为"二三子问"；第三篇自成一组，原题"要"；第四、五篇为一组，第四篇原题"缪和"，第五篇原题"昭力"。传文内容多系关于《易》的问答，如《二三子问》第一篇开首记孔子答二三子问，《要》篇记孔子答子贡问，都是孔子和及门弟子的谈话。《缪和》开头记"缪和问于先生"，《昭力》记"昭力问"，则是传《易》经师与其弟子的问答。弟子除缪和、昭力外，还有吕昌、吴孟、张射、李平等人。昭力的昭，如所周知是楚氏，楚同姓昭、屈、景三族之一。缪

---

① 高亨：《周易大传今注》卷首，第8页，齐鲁书社，1979年。

和的缪，即穆，也可能是楚氏，近出楚器燕客铜量铭文有"工尹穆丙"[①]。其余吕、吴、张、李，都是战国中期以下渐多的常见姓氏。两篇以缪和、昭力冠首命题，说明它们很可能是楚人作品。因此，我们所见到的帛书《易传》，包括《系辞》，当为楚人所传。这和帛书在长沙发现，正是相符合的。

孔门《易》学传于楚人，明见于史籍。《史记·仲尼弟子列传》云："孔子传《易》于瞿（商瞿），瞿传楚人馯臂子弘，弘传江东人矫子庸疵……"《汉书·儒林传》云："自鲁商瞿子木受《易》孔子，以授鲁桥庇子庸，子庸授江东馯臂子弓……"二说微有不同，但都有馯臂其人。如依《汉书》之说，他是孔子三传弟子，当在楚威王灭越之后，江东已归于楚。

西晋时发现的汲冢竹书，内有"公孙段与邵陟论《易》"两篇。楚氏之昭在古文字中作邵，邵陟也有可能是昭氏。

查《史记·仲尼弟子列传》，汉初田何是馯臂的四传弟子，而据《汉书·儒林传》是三传弟子。如果后者是对的，缪和、昭力等略早于田何，当为馯臂的弟子或再传弟子。他们所问的"先生"或许就是馯臂，也未可知。

帛书《系辞》的构成

上面说过，帛书《系辞》上篇包括有今本《系辞上》绝大部分，而且章次也相同，独缺第八章，即"大衍之数五十"一章。第七章的末句"盗之招（帛书作挠）也"，直接下面的"《易》有圣

---

① 周世荣：《楚邦客铜量铭文试释》，《江汉考古》1987年第2期。李零：《楚燕客铜量铭文补正》，《江汉考古》1988年第4期。

人之道四焉"①。这显示出，"大衍之数五十"一章的来源和年代需要考虑。

王充《论衡·卜筮篇》："案《易》之文，观揲蓍之法，二分以象天地，四揲以象四时，归奇于扐以象闰月。"由此可知，在公元1世纪即东汉前期，不仅《易》中有"大衍之数五十"章，而且筮法就是这样做的。《汉书·律历志》有下列文字：

> 其数以《易》"大衍之数五十，其用四十九"，成阳六爻，得"周流六虚"之象也。
>
> 以五乘十，"大衍之数"也，而道据其一，其余四十九，所当用也。故著以为数，以象两，两之又以象三，三之又以象四，四之又归奇象闰十九，及所据一加之，因以再扐两之，是为月法之实。
>
> 故《易》曰："天一，地二，天三，地四，天五，地六，天七，地八，天九，地十。天数五，地数五，五位相得而各有合。天数二十有五，地数三十，凡天地之数五十有五，此所以成变化而行鬼神也。"

足证当时《易》有"大衍之数五十"这一章，而且文字与今本相同（如"以五乘十"即"五十"）。《律历志》取于刘歆，所以至少西汉晚期"大衍之数五十"已在《系辞》篇中，与"天一，地二"一段并列了。

必须注意的是，这章中说："五岁再闰，故再扐而后挂。"而

---

① 张政烺：《试释周初青铜器铭文中的易卦》，《考古学报》1980年第4期。

《律历志》云"象闰十九",注引孟康云:"岁有闰分七分,满十九则为闰也。"五岁再闰,是二十年八闰,这比四分历十九年七闰的闰周显然要疏得多。按十九年七闰的闰周在公元前500年前后已有,一直沿用到公元5世纪初元始历之前,没有异议①。看来"大衍之数五十"章的起源不可能晚,应该在《系辞》形成的时期即已存在。

再看这章的文字,特别是此章的后部"引而伸之,触类而长之,天下之能事毕矣"云云,内容和形式都与《系辞》其他各章融合无间。《系辞》上下篇反复讲天下之某某如何,和这里的"天下之能事"口吻一致。我们实在没有理由说《系辞》其余部分和这章出于二手。

古书不同传本有章节的出入,例子是很多的。比如《孝经》有今古文之别,古文比今文就多一章。今传《系辞》比帛书多出一章,也可能是传流中造成的现象。

帛书与今本《系辞下》的关系,要复杂一些。如果把今本分成三段,那么头尾基本上在帛书的上篇,中段在帛书的下篇。试看这三大段各章的次第,帛书与今本是大体一致的,便可知它们实出于一源。有趣的是今本《系辞下》第四章的构成。这一章的前后文不同,专记孔子对《周易》一些卦爻辞的具体讨论。孔子议论《周易》卦爻辞的事例,在《论语·子路》章里也有:"子曰:'南人有言曰:'人而无恒,不可以作巫医。'善夫!'不恒其德,或承之羞。'"子曰:"不占而已矣。""不恒其德"两句,系《恒》卦九三爻辞。上文已述明,今本此章从"子曰:'危者安其位

---

① 陈遵妫:《中国天文学史》第3册,第1381—1382页,上海人民出版社,1984年。

者也，……'"到"吉之先见者也"，还有"子曰：'颜氏之子，其殆庶几乎？……'"到"立心勿恒，凶"，帛书均见于《要》篇①。《要》篇还有一些孔子的类似谈话。帛书与今本的这一差异，可能是传《易》者编排不同所致。

《要》篇孔子与子贡对话，与"颜氏之子"一节相参，可借以推知"子曰"都是孔子的话。今本以之与其他有"子曰"字样的文字组织在一起，又说明它们都是孔子言论。或疑"子"不指孔子，是不妥当的。

至于今本《说卦》的前三章在帛书中列入《系辞下》，我曾经说过："《系辞》各章充满了阴阳象数的理论，《说卦》前三章在思想上与之完全和谐。《说卦》的后面各章则侧重象而略于数，与《序卦》《杂卦》一致。这一点一经点破，相信大家都能分辨出来。"②这说明至少《说卦》的这三章和《系辞》同出一源。

《说卦》第二章："昔者圣人之作《易》也，将以顺性命之理，是以立天之道曰阴与阳，立地之道曰柔与刚，立人之道曰仁与义。兼二才而两之，故《易》六画而成卦。分阴分阳，迭用柔刚，故《易》六位而成章。"和《系辞下》第八章："《易》之为书也，广大悉备，有天道焉，有人道焉，有地道焉。兼三才而两之，故六。六者非它也，三才之道也。"思想、文字兼通。有学者主张这是《系辞》袭用《说卦》③，然而帛书两章同见一篇。《史记·孔子世家》："孔子晚而喜《易》，序《彖》《系》《象》《说卦》《文言》。"《系

① 韩仲民：《帛书〈系辞〉浅说》，《孔子研究》1988年第4期。

② 李学勤：《马王堆帛书〈周易〉的卦序卦位》，《中国哲学》第14辑，人民出版社，1988年。参看本书第五章第一节。

③ 刘大钧：《周易概论》，第21页，齐鲁书社，1988年。

辞》和《说卦》是不好分开的。

帛书《系辞》下篇所收见于今本《说卦》的这几章，还和帛书《周易》经文有密切关系。其中"天地定位"几句，次序文字都同今本有别，成为帛书经文卦序的基础，已有不少学者做了论述，此处不再赘言。《说卦》第二章说"故《易》六画而成卦"，这和帛书经文六十四卦上面画的卦是相合的。帛书阳爻作"一"，阴爻作"八"形，是因为行栏很窄，如阴爻作"--"，容易淆混。《系辞上》"蓍之德圆而神，卦之德方以知（智）"，蓍草的断面是圆形，卦面的叠积是方形，与此可相印证。《说卦》第一章又说："昔者圣人之作《易》也，幽赞于神明而生蓍，参天两地而倚数，观变于阴阳而立卦，发挥于刚柔而生爻。"提到蓍、数、卦、爻四者，这可能对近年认识的由数字构成的易卦与卦画的关系，给予有益的启示[1]。知道《说卦》此数章在帛书《系辞》内，使我们在研究时能够放心征引。

最后还要说一下，前面引及《论语·子路》的一章，已足代表孔子研究《周易》的方法路数。孔子引用《周易》之辞，是体会其中蕴含的哲理。帛书《要》篇记孔子答子贡之问说，《周易》"有古之遗言焉，予非安其用而乐其辞"[2]。关于《恒》卦九三爻辞的讨论，是一个实例（取自《子思子》的《礼记·缁衣》记此事，正说南人之言为"古之遗言"）。如有的学者所说："不把《周易》用于占卜而着重于从义理上引申发挥，是孔子的读《易》法。……后来儒家都是用孔子的这个方法来读《易》，荀子就说过：'善为《易》

---

① 参看金景芳：《说〈易〉》，《学易四种》，吉林文史出版社，1987年。

② 李学勤：《从帛书〈易传〉看孔子与〈易〉》，《中原文物》1989年第2期。

者不占.'"①《系辞》全篇，其实都贯穿着这种方法。这个问题，以后有机会还想深入讨论，使孔子与《易传》的关系得以澄清。

第五节　帛书《系辞》略论（下）

著名的马王堆帛书《周易》，早已为学术界所瞩目。帛书《周易》包括经、传两部分。经的部分，释文已由马王堆汉墓帛书整理小组于1984年春发表②。传的部分，参加整理小组的一些学者曾有绍介③，可参看本书前面各节④。其释文发表情况，本书前面也已有说明。

湖南省博物馆傅举有、陈松长两先生最近撰成《马王堆汉墓文物》一书，其中有帛书《周易》经文及《系辞》的全部照片⑤，并附后者释文。这为研究者提供了很大的方便，是大家应当衷心感谢的。

由于帛书《系辞》的内容没有今传本以外的佚文，对这部分帛书的研究首先是校雠的问题。傅、陈的释文做了很好的工作，清华

---

① 任继愈主编：《中国哲学发展史·先秦》，第656—657页，人民出版社，1983年。

② 马王堆汉墓帛书整理小组：《马王堆帛书〈六十四卦〉释文》，《文物》1984年第3期。

③ 于豪亮：《帛书〈周易〉》，《文物》1984年第3期。周世荣：《略谈马王堆出土的帛书竹简》，《马王堆医书研究专刊》第2辑，湖南中医学院，1981年。韩仲民：《帛书〈系辞〉浅说》，《孔子研究》1988年第4期。

④ 本书第五章第一至四节。

⑤ 傅举有、陈松长：《马王堆汉墓文物》，图版106—126，湖南出版社，1992年。

大学廖名春先生在长沙举行的马王堆汉墓国际学术讨论会上，又有论文进行校补①。全面的校勘，已经有学者在从事，现在只选取若干个例子，说明有关帛书性质和价值的一些方面。

帛书与今本的异同，大别之有（一）文字的差异、（二）语句的差异、（三）章次的差异三者。

先看文字的差异。这方面有的是同样的字而写法不同，有的是错字，有的是脱字或衍字。

所谓同样的字，写法不同，首先是古今体的问题。帛书抄写于汉初，时当秦火之后，旧籍复出，抄时所用祖本可能原是六国古文；同时长沙本系楚地，虽在统一文字以后，书写习俗也会保留古文的痕迹。因此，帛书《系辞》与共出的其他帛书一样，仍留有少数古体，也就是先秦习惯的写法。例如今本上一章②"贵贱位矣"，帛书"位"作"立"，是商周习见的本字。上九章"遂知来物"，帛书"遂"作"述"，同于三体石经古文，也是两周文字常有的。下三章"吉凶生而悔吝著也"，"吝"作"㤜"，同于中山王鼎"邻"字③，而《汗简》"邻"作"厸"（即"㤜"字上部所从），"吝"作"遴"，其中寓有通假。

通假字在帛书中非常普遍，与《周易》经文不相上下。有的与经文相同，如"乾"之作"键"，即其显例。总的说来，今传本多为本字，帛书本则系通假，这我在讨论帛书经文的卦名时已经指出

① 廖名春：《〈帛书系辞释文〉校补》，马王堆汉墓国际学术讨论会论文，1992年。

② 帛书连抄，不分章，为便检索比对，一律用《周易正义》分章，如此处"上一章"即指其《系辞上》第一章。

③ 张守中：《中山王譽器文字编》，第48页，中华书局，1981年。

过了①。试在帛书《系辞》中随意选取两个例子。

今本上二章"六爻之动"，帛书"爻"作"肴"。按《说文》："爻，交也，象《易》六爻头交也。"字见于商代文字，确有作六画者，或以为象蓍草相交叠，无疑与卦爻有关，而"肴"字义为"熟馈可啖之肉"②，在此为通假字。

今本上十二章"默而成之"，帛书"默"作"谋"。"默""谋"都是明母之部字③。"谋而成之"似乎合理，但联系下文"不言而信，存乎德行"来看，"默"自然是本字。

又今本上十一章"探赜索隐"，帛书"索隐"作"错根"。"索"为心母铎部，"错"为清母铎部；"隐"系影母文部，"根"为见母文部：均是音近通假。"索隐"与"探赜"相配，故《正义》云："探谓窥探求取，赜谓幽深难见，卜筮则能窥探幽昧之理，故云探赜也。索谓求索，隐谓隐藏，卜筮能求索隐藏之处，故云索隐也。""错根"如不做通假解，就完全不通了。

错讹的例子，在帛书《系辞》中也有许多。最突出的是"象"字都抄成"马"，绝无道理可言。类似的形近致误，如今本上一章"天尊地卑"，帛书"尊"误作"奠"。上五章"其静也翕"，"翕"作"敛"，乃因"翕"可作"歙"而误。上六章"荣辱之主也"，竟作"营辰之斗也"，连误三字。同章"同人先号咷而后笑"，帛书"笑"作"哭"。按既已号咷，怎么能说"后哭"呢？这其实只是形近致误的又一实例。在这句后面，还有"同心之言"，帛书作"同人之言"，则是由于上面曾有"同人"而造成的。同时，

① 参看本书第五章第三节。

② 段玉裁：《说文解字注》第四下，第173页，上海古籍出版社，1981年。

③ 高亨：《古字通假会典》，第443—444页，齐鲁书社，1989年。

"心""人"二字写法亦有相近之处。有的字之所以讹误，一时不易索解。比如今本上十二章"然则圣人之意其不可见乎"，帛书此句后半作"其义可见已乎"。前已言"圣人之意"，这里又讲"其义"，殊难解释。按"义"字古常作上"羊"下"弗"之形，此疑本作"其弗可见已乎"，致误作"义"，是增了半字。

今本下一章"吉凶者贞胜者也，天地之道贞观者也，日月之道贞明者也，天下之动贞夫一者也"，帛书"贞"均作"上"，是缺了半字。这一段帛书讹误特多，如"贞夫一"变成了"上观天"，"观"字由上"贞观"而来，"天"字则自"夫"字而误，同时又可能受下面下二章"观象于天"的影响。下一章还有不少错字，如"德"误为"思"，"宝"误为"费"。最糟的是"禁民为非"变成了"爱民家行"，仔细思索，无非是形近致误而已，并无奥义可寻。

上十一章"是故易有太极"，帛书"极"作"恒"，关系尤大。我曾说明，此处"极"可写作"亟"，故与当时所写的"恒"形近。

与今本对校，还可以发现帛书《系辞》有若干脱字。例如上一章"乾以易知，坤以简能"，帛书无"知"字。按此章下一句为"易则易知，简则易从"，帛书也是如此，充分证明此句脱了"知"字。

上四章"范围天地之化而不过，曲成万物而不遗"，帛书缺"成"字。马王堆帛书《黄帝书》中的《经法·大分》云："唯王者能兼覆载天下，物曲成焉。"即引《系辞》语①。

---

① 李学勤：《马王堆帛书〈经法·大分〉及其他》，《道家文化研究》第3辑，上海古籍出版社，1993年。

上六章"子曰：君子居其室，……"，帛书没有"子"字。此语之前，引经文《中孚》九二，与下引《同人》九五后记"子曰"同例，不能缺掉"子"字，显然也是脱文。

上十二章"化而裁之谓之变，推而行之谓之通，举而错之天下之民谓之事业"，帛书作"为而施之谓之变，谁而□诸天下之民谓之事业"，问题比较复杂。"化"与"为"系通假，"裁"和"施"则为同义。"推"之作"谁"，在秦至汉初简帛中是习见的[①]。需要注意的是，"化而裁之""推而行之"本是相配的，"推而□诸天下"云云就不相当了。看来这里只是由于句型相似而讹脱。

与脱文相对，帛书《系辞》又有若干衍文。例如上十二章"易不可见，则乾坤或几乎息矣"，帛书作"易不可（有一'则'字，圈去）见，则乾坤不可见，乾坤不可见，则乾坤或几乎息矣"语意复沓，实系抄写时误衍"乾坤不可见乾坤不可见则"11字所致。

指出帛书这样一些毛病，绝不是说帛书没有多少校勘上的意义。实际上，帛书作为现今所见《系辞》的最古本，有价值的异同是很多的，这里也只能列举一些例子。

先谈关系不太大的虚字的异同。和帛书《老子》一样，《系辞》上篇的虚字与今传本颇多出入，因而诵读起来味道有些差别。比如今本上一章末"易简而天下之理得矣，天下之理得而成位乎其中矣"，归结上文，念来殊感从容，帛书则无二"矣"字，显得直截了当。

上七章"子曰：乱之所生也，则言语以为阶"，帛书没有"也

[①]《释名·释言语》："谁，推也。"参看睡虎地秦墓竹简整理小组编：《睡虎地秦墓竹简》，第11页注㊴，文物出版社，1978年。

则"两字，句型亦甚简单。上九章"唯深也，故能通天下之志；唯几也，故能成天下之务；唯神也，故不疾而速，不行而至"，帛书一律没有"也"字，与上两例相似。

也有比今本增多虚字的。上二章"是故吉凶者失得之象也，悔吝者忧虞之象也，变化者进退之象也，刚柔者昼夜之象也"，帛书于第二字下都有"也"字。又如上四章"知周乎万物而道济天下"，帛书"济"下有"乎"字，似较今本更觉规整。

还有所用虚字不同的，如上三章"彖者言乎象者也，爻者言乎变者也，吉凶者言乎其失得也，悔吝者言乎其小疵也"云云，帛书"乎"多作"如"。按"如"的用法犹"乎"，《经传释词》曾有讨论①，这是一些最好的实例，说明王引之的意见是正确的。

"乎""如"同义，与此类似的同义异字的情形不少。上六章"或出或处"，帛书"处"作"居"；上九章"非天下之至变，其孰能与于此"，帛书"孰"作"谁"；上十章"如斯而已者也"，帛书"斯"作"此"；同章"民咸用之"，帛书"咸"作"一"；下四章"故恶积而不可掩"，帛书"掩"作"盖"。诸如此类，不一而足。

有个别词文字相倒，如上二章"失得"，帛书为"得失"（但上三章并不如此）；上三章"小大"，帛书为"大小"。按古代语言习惯，"大小"每云"小大"，"多少"每作"少多"，帛书的说法恐更晚出。

帛书与今本的异文，有些明显是帛书较好，非常宝贵。于豪亮先生曾举出上十章"圣人以此洗心"，帛书作"佚心"为例，不过《书》言"无逸（与'佚'通）"，儒家是否主张"佚心"，尚可

---

① 裴学海：《古书虚字集释》卷七，第554页，中华书局，1954年。

商榷。

上三章"无咎者善补过也"，帛书作"无咎也者言补过也"，与其上面的"象者言乎象者也"等四句同用"言"字，较"善"为好。

上十一章"是故易有太极，是生两仪，两仪生四象，四象生八卦，八卦定吉凶，吉凶生大业"，帛书"定"亦作"生"，就文例观之，也似较胜。

再有上十二章"乾坤其易之缊邪"，《周易集解》引虞翻云："缊，藏也。"帛书则作"经"。按"经"犹云纲领，乾坤乃易之纲领，故下面说"乾坤成列而易立乎其中矣"。这不能不说是胜义。

也有一些是帛书反不如今传本的。上三章"仰以观于天文，俯以察于地理，是故知幽明之故；原始反终，故知死生之说"，是极富哲学气息的语言。帛书"察""原"二字均作"观"，连用三"观"字，文理大为逊色。

上十一章"莫大乎蓍龟"，与上文"莫大乎天地""四时""日月""富贵""圣人"相呼应，而帛书"大"作"善"。

下二章"古之葬者，厚衣之以薪，葬之中野，不封不树，丧期无数"，"丧期"帛书作"葬期"。葬期如何叙在既葬之后？殊属费解，不如今本之合理。

同章"上古结绳而治，后世圣人易之以书契，百官以治，万民以察，盖取诸《夬》"，帛书末句作"盖取诸《大有》也"，所取之卦截然不同，令人诧异。韩康伯注云："夬，决也。书契所以决断万事也。"或以卦象说之，如高亨先生云："古代当有'兑为小木，为竹'之说，前文曰：'弦木为弧，剡木为矢，盖取诸《睽》。'同此。《说卦》曰：'乾为金。'刀者金属之物也，此乾卦乃指刀。然则夬之卦象是竹与刀也。"①故有书契之象。《大有》系乾下离上，从卦象也无法解说。揣想在抄写过程中见原本"夬"字不清，误以为"大"，且上已有"大壮""大过"，连类而及，就写成"大有"了。

上五章开首，今传本云："显诸仁，藏诸用，鼓万物而不与圣人同忧，盛德大业，至矣哉！"系论易道之辞，故下文谓"夫易广矣大矣"，又说"易其至矣乎！夫易，圣人所以崇德而广业也"，也是以易道、圣人并称，前后密合无间。帛书本则云："圣者仁勇，鼓万物而不与众人同忧。""者"相当今本的"诸"，"仁勇"相当今本的"仁""用"，尚有形迹可寻，而含意大变。圣人固然"仁勇"，但怎样能"鼓万物"？显然是个疑问。

上七章"上慢下暴，盗思伐之矣。慢藏诲盗，冶容诲淫"，帛书颇有差异，作"上曼下暴，盗思伐之；曼暴谋盗，盗思夺之"。第三句"暴"疑涉上而误，"谋"则是"诲"的通假字。无"冶容诲淫"一句，与今本比较是优是劣，一时不易决断。

还有上十章"夫易，开物成务，冒天下之道"，帛书则是"夫易，古物定命，乐天下之道"。"古"字不知系什么字的通假。两者文字有很大差别，思想迥然不同，也难简单地加以抉择。这样的例子又是一种情形。

最后，我们谈一下帛书《系辞》的结构问题。此篇加上《易之义》已包含今本《系辞》首尾，前后次序并无凌乱。今本不见于帛书的，唯有上八章即"大衍之数五十"一章。我曾经指出，这一章的出现不晚，内容、形式都和其他各章如出一手②。细看帛书，上

① 高亨：《周易大传今注》卷五，第567页，齐鲁书社，1979年。

② 参看本书第五章第四节。

九章从一"焉"字起始，很明白的是有脱文。查上九章今本开首云："子曰：知变化之道者，其知神之所为乎？易有圣人之道四焉。"章末又有："子曰：易有圣人之道四焉者，此之谓也。"这句帛书是有的，所以章首几句话不可缺少，"焉"正是"易有圣人之道四焉"的末一个字。由此知道，帛书上七章、上九章间有成段缺脱，故而上八章之失去很可能是脱文的缘故，不必做过深的推求了。

第六节　帛书《易传》及《系辞》的年代

最近湖南省博物馆的学者所编著的《马王堆汉墓文物》一书，公布了马王堆3号墓帛书《周易》经文和《系辞》的照片[1]，这对于学术界无疑是一个值得欢迎的消息。虽然帛书《周易》的材料尚未全部发表，有关的一些问题我们已经可以试做讨论了。

帛书《周易》实际上包括两件帛书，但系一人手抄。帛书开首是《周易》经文，马王堆汉墓帛书整理小组于1984年春已将其释文刊布[2]。在经文后面有传文五篇[3]，其中《系辞》内容与今传本颇有不同。

大家知道，汉代人讲《易》，经常把十翼也称为经。如《汉书·艺文志》所载："《易经》十二篇，施、孟、梁丘三家。"颜注："上下经及十翼，故十二篇。"其所以如此，前人已指出是因为十翼出于孔子，"文王二篇为经，孔子十翼本称传而非经。(《史记·自

---

① 傅举有、陈松长：《马王堆汉墓文物》，湖南出版社，1992年。

② 马王堆汉墓帛书整理小组：《马王堆帛书〈六十四卦〉释文》，《文物》1984年第3期。

③ 于豪亮：《帛书〈周易〉》，《文物》1984年第3期。

序》引‘《易大传》曰’可证。）顾总称之曰‘《易经》十二篇’，是传附经而亦称经也"[1]。依照《汉志》体例，帛书《系辞》也应在经之列。我们区别帛书《周易》经传，是以十翼为传，这是需要说明的。

《汉志》所云《易传》，是指十翼之外，传《易》经师所撰传注，如"《易传》周氏二篇、服氏二篇、杨氏二篇、蔡公二篇、韩氏二篇、王氏二篇、丁氏八篇"等，分别为周王孙、服光（一作先）、杨何、蔡公（佚名）、韩婴、王同、丁宽等人所著。帛书《易传》除《系辞》外的诸篇，《二三子问》和《要》"大部分篇幅是孔子和他的门徒们讨论卦、爻辞含义的问答记录"[2]。《二三子问》为孔子答其弟子，未记问者之名；《要》篇则有记问者名的，如子贡问，孔子答。观其体例，两者撰人辈分不会早于七十子弟子。《缪和》《昭力》的内容，是称为"先生"的传《易》经师和其门人的问答，年代应该更晚[3]。

按《史记·仲尼弟子列传》记有传《易》的统系，可图示为：

孔子—商瞿—馯臂—矫疵—周竖—光羽—田何

《汉书·儒林传》略有不同，前人均以《史记》为准。据此，馯臂（子弓）乃七十子弟子，其年代当在战国早中期之间，矫疵、周竖约当战国中期，光羽、田何约当战国晚期以至汉初。以此作为标尺，《二三子问》和《要》的形成估计相当馯臂、矫疵之世，而

---

① 顾实：《汉书艺文志讲疏》，二，第13页，上海古籍出版社，1987年。

② 于豪亮：《帛书〈周易〉》，《文物》1984年第3期。

③ 参看本书第二章第四节。

《缪和》《昭力》就要迟到战国晚期，甚至更后。

《史记》的传《易》统系是田何继承的一派。此派商瞿是鲁人，其学尚未远传。馯臂是楚人，《易》学之入楚，应以他为关键人物①。其弟子矫疵江东人，仍在南方。至战国晚年，此派《易》学传回北方，周竖是燕人，光羽是淳于人，田何是齐人，随诸田被迁关中。而帛书所代表的一派，在当时传流于楚。《二三子问》所述历史故事，多与楚有关，如楚灵王（原误为晋厉公）出田，民反诸云梦；吴王夫差攻楚，袭郢；等等。《缪和》也有楚庄王欲伐陈的记事。再考虑到缪、昭都是楚氏，帛书又出于长沙，这一派《易》学属于楚人，是很明白的。

帛书《系辞》虽不在第一件帛书之中，但与之仍有密切关系。学者已经发现，第一件帛书《周易》经文的卦序十分特殊，其排列完全是以帛书《易之义》的"天地定位"章（今传本在《说卦》）为基础的②。这说明帛书这一派学者通习《系辞》。不过，帛书于十翼只有《系辞》一种，全无其他，他们所传十翼恐怕是残缺不全的。

说帛书一派未能尽传十翼，不是只由于帛书仅见《系辞》。例如已有论文说明，"《缪和》的后半部分虽然不是问答记录，却把一些历史事件生搬硬套地同卦、爻辞联系在一起"③。这种做法与十翼的基本观点不合，甚至连《左传》《国语》春秋筮例的精彩处都失掉了。从这一派经文的卦序也知道，他们不可能同时传承《序卦》，而《说卦》《序卦》《杂卦》本系一体，可能均非这一派所

---

① 参看本书第二章第四节。

② 参看本书第五章第一节。

③ 于豪亮：《帛书〈周易〉》，《文物》1984年第3期。

传。由此足见，帛书这一派《易》学走了偏锋，只能说是在楚地的一种别传。

我在前面已讲过，楚国是有正宗的《易》学流传的。如久居于楚的荀子本以善为《易》著称。《荀子·大略篇》所论"《易》之《咸》见夫妇"，便引用了十翼的《象传》《说卦》《序卦》三篇[1]。汉初的淮南九师，著《淮南道训》十二篇，兼解十翼。《淮南子》内篇所引，也有《彖》《象》《文言》《序卦》[2]。这证明楚地实有十翼传流。

值得注意的是，荀子所居兰陵，九师所处淮南，均在楚地东部。这使我们揣想，帛书一派未能通习十翼，或许和当时的形势有关。按公元前278年，即楚顷襄王二十一年、秦昭襄王二十九年，秦军拔郢，焚夷陵，建南郡，向南直攻到洞庭五渚。随后，又攻取巫郡、黔中。长沙以西虽到后来才为楚献秦，早已非安定之地。原楚国西北部在秦人占领下，受秦法统治甚久。《商君书》已经表明，秦自商鞅时就有排斥儒学的倾向，《易》本身固属卜筮，《易传》却是儒学重要著作，难免遭受压力。楚地西部的《易》学十翼不全，也是意料中事。在这种情况之下，帛书《系辞》特别值得重视。

十翼传统上都认为是孔子所作，《史记》《汉书》且有明文。最先怀疑这方面的是北宋欧阳修的《易童子问》，其理由主要是《系辞》《文言》中有"子曰"，认为既称"子曰"，不能是孔子自作。这个理由相当有力，很多学者欲驳不能，有很大的影响。

能提出论证反驳欧阳氏说的，首推朱子。他说："欧阳公所以

---

① 参看本书第二章第四节。

② 参看本书第二章第六节。

疑十翼非孔子所作者，他《童子问》中说道，'仰以观于天文，俯以察于地理'；又说'河出图，洛出书，圣人则之'，只是说作《易》一事，如何有许多般样？又疑后面有许多'子曰'。既言'子曰'，则非圣人自作。这个自是它晓那前面道理不得了，却只去这上面疑。他所谓'子曰'者，往往是弟子后来旋添入，亦不可知。近来胡五峰（名宏）将周子《通书》尽除去了篇名，却去上面各添一个'周子曰'，此亦可见其比。"①

帛书《系辞》和今传本有许多差异，可是同样有"子曰"，而且"子曰"的位置基本一致。这表明楚地的传本也早有这些"子曰"，和田何一系所传并无二致。这说明，如果朱子所说"子曰"系后人添入是对的，那么添入的时间一定很早。

关于这个问题，近代作《汉书艺文志讲疏》的顾实先生另有一种见解。他说："孔子作十翼称'子曰'者，犹司马迁作《史记》亦自称'太史公曰'也。（此是古人著书通例，有因此而疑十翼非孔了作者，不思之过也。）"②这个意见也是很值得我们推敲的。

现在帛书《系辞》出现，仔细考察，还可以发现篇中有"子曰"的一个重要原因。

帛书《系辞》的特点，是充满了通假字。不仅《系辞》如此，帛书《周易》全体其实都是这样。古书本来多用通假，但通假之多罕有像帛书《周易》的。我在前面曾讨论过，以卦名为例，帛书多用通假，而今传本则为本字。如《履》卦，帛书作"礼"。卦辞云："履虎尾，不咥人，亨。"审其文意，"履"是动词，义为履践，

① 黎靖德编：《朱子语类》卷六十七，第1675页，中华书局，1986年。
② 顾实：《汉书艺文志讲疏》，二，第13页，上海古籍出版社，1987年。

而"礼"如作动词用，义为崇礼，"礼虎尾"是不通的，足证"礼"是假借，"履"是本字。又如《革》卦，帛书作"勒"。"革"训为兽皮治去其毛者，"勒"则是马头络衔。该卦初九爻辞云："巩用黄牛之革。"可知"革"是本字，"勒"是通假。如此之类，可谓不胜枚举。

为什么帛书有大量通假字呢？我认为这是和古代的口传有密切关系的。原来当时书籍的传流，常常要依靠口传。举大家熟知的《公羊传》一书为例，戴宏序云："子夏传与公羊高，高传与其子平，平传与其子地，地传与其子敢，敢传与其子寿。至汉景帝时，寿乃共弟子齐人胡母子都著于竹帛，与董仲舒皆见于图谶。"《公羊传》历世都是口传，到公羊寿才与胡母子都一起写录下来。还有汉初伏胜所传《尚书》，也是"口以传授"，经晁错笔录成书。音近通假，正是口传中难免的现象，特别是流传不广，没有别本校对的条件下，更是如此。

在弟子代代传承，尤其是口传的时候，加上"子曰"之类字样，是十分自然的。这里可以举出和孔子的年代比较接近的《墨子》为证。《墨子》一书，各篇年代有先后之别，其间一般认为墨子自著者，首先是《尚贤》《尚同》《兼爱》《非攻》《节用》《节葬》《天志》《明鬼》《非乐》《非命》等篇，各有上中下，系三墨分别所传。这些篇开首都作"子墨子言曰"，篇内也常有"是故子墨子言曰"一类语句，这些地方都是传承墨学者的口吻。十翼的"子曰"，情形也类似于此。

细读《系辞》，还可以发现，篇首并无"子曰"，而多数"子曰"都在引述《周易》经文之后。如今本《系辞上》的第六章，引用《中孚》卦九二："鸣鹤在阴，其子和之。我有好爵，吾与尔靡之。"下面是"子曰：君子居其室，出其言善，则千里之外应之"云云。同章又引《同人》卦九五："同人先号咷而后笑。"下面是"子曰：君子之道，或出或处，或默或语"云云。这些文字，如果不插入"子曰"，人们就可能把下面的话和《周易》经文混淆在一起（诵读时尤其如此）。

今本《系辞下》第三章，引用《咸》卦九四："《易》曰：憧憧往来，朋从尔思。"加上"《易》曰"二字，更为显豁。其下面是"子曰：天下何思何虑"云云，冠有"子曰"，与"《易》曰"对称，两者清楚地划分开来。类似的例子，篇中还有许多。

实际上，"子曰"也不一定是后世传流中才添入的。以《孟子》一书为证，《史记·孟子荀卿列传》已说孟子之道与时不合，不得已"退而与万章之徒序《诗》《书》，述仲尼之意，作《孟子》七篇"。赵岐《孟子题辞》也说孟子"退而论集所与高第弟子公孙丑、万章之徒难疑答问，又自撰其法度之言，著书七篇，二百六十一章，三万四千六百八十五字"。书中始终均称"孟子"，用弟子的口吻。孔子作十翼，也有可能这样。

因此，把朱子、顾实两说结合起来，或许能够不失十翼的真相。欧阳修的怀疑，缺点是不了解古书形成的体例[①]。在纸和印刷术普及之后，人们总是用后世的眼光去观察古代，对于当时学术传流的困难缺少体会，于是产生种种误解。汉宋学者的隔阂，这也是原因之一。看到帛书《周易》，我们应该认识汉代学者在秦火之后掇拾整理的艰辛，充分估价他们在学术史上的重大功绩。

---

① 参看李学勤：《对古书的反思》，《李学勤集》，黑龙江教育出版社，1989年。

第七节 帛书《易传》《易之义》研究

马王堆汉墓帛书《周易》的《易传》部分，已有释文陆续发表[1]。由于缀合等方面的原因，这些释文尚有未臻理想之处，但传文基本面貌业已清楚，可供讨论研究。帛书《易传》大部异于传世"十翼"，彼此都有的主要是《系辞》。过去，整理帛书的学者认为帛书有《系辞》上下两篇。最近经深入探讨，多以为应以一篇为《系辞》，另一篇改称作《易之义》[2]。

1994年初，我在《帛书〈周易〉的几点研究》文中提出，帛书《易传》可能是秦火之后楚地学者辑集故籍的一种尝试。当时所得到的大约是以竹简书写的《系辞》，其一部分脱烂散乱，未能恢复原状，以致把散简若干章节和其他材料编在一起，成了《易之义》和《要》两篇[3]。传世十翼的《系辞》，形成更早，不会晚到战国中叶。那篇小文，是以帛书《系辞》作为中心来写的，对于曾被叫作《系辞》下篇的《易之义》，未能详加分析。本文想仔细考察一下《易之义》，特别要讨论其构成及与十翼的关系，敬希读者指教。

---

① 陈松长：《帛书〈系辞〉释文》，《道家文化研究》第3辑，上海古籍出版社，1993年。陈松长、廖名春：《帛书〈二三子问〉〈易之义〉〈要〉释文》，《道家文化研究》第3辑，上海古籍出版社，1993年。

② 张立文：《帛书周易注译》卷首，《帛书周易浅说》第2—3页，中州古籍出版社，1992年。

③ 李学勤：《帛书〈周易〉的几点研究》，《文物》1994年第1期。参看本书第五章第二节。

《易之义》现存45行。第十三行以前缺损较甚，无法准确划分段落。只是从文例来看，由第一行开端"子曰：易之义谁（唯）阴与阳"起，到第八行中间止，应为一段；从第八行下面"……忠身无量，故曰慎而待也"，到第十三行"子曰：五行……"，应为另一段。我们称这两段为《易之义》的第一段、第二段。

第十三行下端，应该有"昔者圣人之作易也"等语，业已残去，仅剩"圣"字还有少数笔画。自此至第十六行"故易达（'逆'字之误）数也"，为《易之义》的第三段。

第十六行"子曰：万物之义，不刚则不能僮（动）"，到第十九行"……之屯（纯）于文武也。此易赞也"，为《易之义》的第四段，"易赞"可视为此段的标题。

第十九行下端"子曰：键（乾）六刚能方"，到第二十三行上面"刚而能让。此键（乾）川（坤）之厽（参）说也"，为《易之义》的第五段，标题即"乾坤之参说"。

第二十三行"子曰：易之用也"云云，至第二十九行"无阶而登，……此键（乾）之羊（详）说也"，是《易之义》的第六段，标题为"乾之详说"。

第二十九行下端"子曰：易又（有）名曰川（坤），雌道也"以下，以至第三十四行"此川（坤）之羊（详）说也"，为《易之义》的第七段，标题为"坤之详说"。此段有错简，现在第三十五至三十七行，我在《帛书〈周易〉的几点研究》里已经指出。将错简移回，仍有缺脱字句，足见帛书所据原本确甚断烂。

由第三十四行"子曰：易之要可得而知矣"，到第四十五行篇末，为《易之义》的第八段。

帛书《易之义》的第三段，相当于十翼《说卦》的前三章；第八段，相当于《系辞下》六至八章①。

根据以上的叙述，《易之义》共分八段，情形如下：

第一段

第二段

第三段　　《说卦》第一至三章

第四段　　《易赞》

第五段　　《乾坤之参说》

第六段　　《乾之详说》

第七段　　《坤之详说》

第八段　　《系辞下》第六至八章前半

下面对这八段略做论析：

第一段"易之义唯阴与阳，六画而成章"，与《说卦》第二章"六画而成卦"同义；从阴阳讲到刚柔，也和《说卦》该章"分阴分阳，迭用柔刚"相类。帛书接着说乾卦"六刚无柔"，为天之义；坤卦"六柔无刚"，为地之义。"天地相率，气味相取，阴阳流刑（形），刚柔成□"，"会心者而以作易"，其思想尤与《系辞》《说卦》契合。

帛书由这样的观点出发，对乾、坤以及其他各卦分别做了评述。所述及各卦的次第，始于键（乾）……容（讼）、师、比、小蓄（畜）、履、益（"泰"字之误）、妇（否）等，如有的论作所指出，这表明作者所据经文的卦序和传世本是一致的②。所云"键（乾）者得（德）……畏也；容（讼）者得（德）之疑也；师者得

---

① 分章依开明书店版《十三经经文》。

② 廖名春：《帛书〈易之义〉简说》，《道家文化研究》第3辑，上海古籍出版社，1993年。

（德）之栽也；比者得（德）[之] 鲜也；小蓄（畜）者 [德] 之未
□也"等语，显然类似《系辞下》第六章的"履，德之基也；谦，
德之柄也"等一节，而后者也见于《易之义》的末一段。这可以看
出，《易之义》实系编缀旧文而成。

第二段与第一段不同之处，在于不是对每卦下一评语，而是对
一些卦繇辞的意义做出讨论。这一段破损特甚，能辨出的繇辞，有
《晋》卦六二之"晋如愁如"（帛书作"□如秋如"），《噬嗑》卦上
九之"何校"、初九之"屦校"，等等。

这一段最后云："子曰：五行……用不可学者也，唯其人而已
矣。"论及五行，十分重要，可惜中有缺文，有待补缀。

中外学者都曾觉察《说卦》前三章和后面各章文例不相一
致[①]。看《易之义》，相当这三章的第三段，同其前后也不一致。这
一段论说易的普遍道理，深邃精要，非第二段分论繇辞所能比。第
四段专讲文武，亦与此不合。因此，我们不能认为传世《说卦》系
采自《易之义》。很可能《易之义》是来自《说卦》的原型，或两
者有共同的来源。

细读第四段《易赞》，其中论及"天之义刚建（健）僮（动）
发而不息，其吉保功也，无柔救之，不死必亡"；"地之义柔弱沉
静 [而] 不僮（动），其吉保安也，无刚□之，则穷贱遗亡"。这
和第一段的"天之义""地之义"恰相呼应。所以我怀疑所谓《易
赞》或许包括了第一、二、四段，而相当《说卦》前三章的第三段
是插编进去的。

第四段所谈"刚之失"五繇、"阴之失"五繇，很值得注意。

---

① 参看本书第五章第三节。

前者，"键之炕龙"指《乾》卦上九"亢龙，有悔"；"壮之触蕃"指《大壮》九三"羝羊触藩"；"句之离角"指《姤》卦上九"姤其角"；"鼎之折足"指《鼎》卦九四"鼎折足"。唯有"鄷之虚盈"，本于《丰》卦《彖传》"天地盈虚"。这是作者曾见《彖传》并以之为"经"的证据。

后者，"川之牝马"指《坤》卦"利牝马之贞"；"小蓄之密云"指《小畜》"密云不雨"；"句之适属"指《姤》卦初六"蹢躅"；"肫之泣血"指《屯》卦上六"泣血涟如"。和"刚之失"多是阳爻一样，这里所说多为阴爻，只是"渐之绳妇"应联系《渐》卦九三"妇孕不育"，乃是阳爻之辞。是否作者所用经文有异，尚待研讨，或许其间还有更深奥的道理。

《乾坤之参说》，"参"当据《方言》《广雅》训为"分"。段中对《乾》《坤》二卦繇辞逐次论述，有些像"十翼"的《文言》。段末云："易曰'何校'，刚而折也"，指《噬嗑》上九"何校灭耳，凶"，《象传》："何校灭耳，聪不明也。"故说刚而折。"'鸣嗛（谦）'也者，柔而［枉也］"，指《谦》上六"鸣谦"，《象传》："鸣谦，志未得也。"故说柔而枉。"［革之］'黄牛'，文而知胜矣"，指《革》初九"巩用黄牛之革"，该卦《彖传》云"文明以说"，"汤武革命"，故言文而知胜。"涣之缘（彖）辞，武而知安矣"，指《涣》卦辞"亨，王假有庙，利涉大川，利贞"，《彖传》："亨，刚来而不穷，柔得位乎外而上同。王假有庙，王乃在中也。利涉大川，乘木有功也。"故言武而知安。凡此均可证作者本于《彖传》和《象传》。

段中引《坤》卦辞云："'东北丧崩（朋），西南得崩（朋）'，求贤也。"这与传世经文"西南得朋，东北丧朋"，帛书经文"西南得朋，东北亡朋"，都显然不同。《坤之详说》引作"东北丧崩（朋），西南得崩（朋），吉"，与《乾坤之参说》相合。句尾作"吉"，又和传世本及帛书经文作"安贞吉"有异。《坤之详说》据此发挥，联系到"岁始于东北，成于西南"，如有的学者所指出，这乃是卦气说的滥觞①。汉代的卦气说，立春正月节值东北之艮，立秋七月节值西南之坤②，故一岁始于东北，成于西南。这种学说的产生，当然不会太早。

上面引《坤》卦的例子还说明，《乾之详说》、《坤之详说》和《乾坤之参说》出于一源。实际上，从《易赞》到《坤之详说》，有着一贯的论点和主题。比如各段都反复论述文武，是其他文献罕见的。插在中间的《说卦》前三章与接在后面的《系辞下》六至八章，均不涉及文武。

《易之义》第八段最后，即《系辞下》第八章，现存文字止于"［贵贱］之等"。下面还有残笔，推测为"其柔危，其刚胜邪"，与传世本全同。再下见于传世本《系辞下》的"易之为书也"到"此之谓易之道也"，不见于帛书，《系辞下》第九章则见于帛书《系辞》。

引人注意的是，《乾之详说》开头说："子曰：《易》之用也，段（'殷'字之误）之无道，周之盛德也。"和《系辞下》第八章后半"《易》之兴也，其当殷之末世、周之盛德邪"相似。这一点可能是传闻异辞，更可能是作者因袭了《系辞下》，他是知道不见于帛书的这段文字的。

① 邢文：《帛书周易研究》，第八章，人民出版社，1997年。

② 朱伯崑：《易学哲学史》上册，第134—137页，北京大学出版社，1986年。

根据以上讨论，似乎可以提出下面几点看法：

第一，《易之义》是由不同来源的材料混编而成。具体来说，即在《易赞》《乾坤之参说》《乾之详说》《坤之详说》这一系列作品中，缀以《说卦》前三章和《系辞下》第六至八章。

第二，《易赞》到《坤之详说》等，内容呼应，思想通贯，当出自一源，甚至是一手所作。

第三，《易赞》等的作者，曾引据十翼的《彖》《象》《系辞》，可能还有《说卦》。看其文字中有卦气说萌芽，时代应该较晚。

第四，帛书《周易》抄写在汉文帝初年，这是《易之义》成书的下限。但就其辑集艰难等现象而言，其编成当为时更早一些，推想当在秦亡之后不久。

第五，《易赞》等所据经文，与帛书所录经文，其卦序和文字均有差别，来源显然不同。只有插入的《说卦》前三章中"天地定位"等语，同帛书经文卦序相应①。究竟是帛书经文和这几章来自一家，还是辑成《易之义》者加以改窜，尚须探讨。不过，看《易之义》以及帛书其他部分，彼此都不统一，前一种可能性似乎更大。

第八节　帛书《要》篇及其学术史意义

长沙马王堆3号汉墓出土帛书中的《周易》经传，内容极为珍异，是前此难于想象的惊人秘籍，自开始发表以来，早已脍炙人口。现在释文均已陆续刊布，在学术界引起了相当强烈的反响。但

---

① 参看本书第五章第一节。

帛书非常古奥特异，与今传本《周易》经传差别甚巨，不是在短时期内所能通解。尤其是传文，各篇来源不一，需要逐次做深入切实的研究才能对其性质和价值有较多的认识。

传文共为六种七篇①。《要》篇的完整释文，是1993年在《道家文化研究》第3辑上公布的②。在这以前，1989年，我曾写过《从帛书〈易传〉看孔子与〈易〉》一文③，根据韩仲民先生一篇文章里引及的《要》篇片段④，就孔子和《周易》的关系谈过几点看法。当时无法援据《要》篇全文，所论自有不能周全之处。在《要》篇释文发表后，我有《帛书〈要〉篇的〈损〉〈益〉说》一文⑤，又只述及《要》篇的末尾部分。本文先对《要》篇全文进行概观，然后讨论其间几个重要的学术问题，切望方家指正。

一

我们首先看一下《要》篇的通体结构。

如前文所说，《要》篇是抄写在我们称之为帛书《周易》下卷的中部的，介于《易之义》和《缪和》之间。篇末有篇题及字数："《要》千六百卅（四十）八"，依此推算，全篇应共24行，第一至三行全缺，第四、五行仅余个别文字，第六至八行也颇残烂，第九行以下才连续可读。由于篇首缺少了这么多，所以全篇原有几章

① 参看本书第五章第二节。

② 陈松长、廖名春：《帛书〈二三子问〉〈易之义〉〈要〉释文》，《道家文化研究》第3辑，上海古籍出版社，1993年。

③ 李学勤：《从帛书〈易传〉看孔子与〈易〉》，《中原文物》1989年第2期。

④ 韩仲民：《帛书〈系辞〉浅说》，《孔子研究》1988年第4期。

⑤ 参看本书第五章第九节。

很难确定。目前能做的，是把全篇粗略地划分为这样四个部分：

（一）从开端到第九行前半"安得益吾年乎？吾……"；

（二）从第九行后半"……危者安其立者也"到第十二行"此之谓也"；

（三）从第十二行后半"夫子老而好《易》"到第十八行"祝巫卜筮其后乎"；

（四）从第十八行末"孔子籀《易》"到篇末。

下面便依序予以论说。

第（一）部分的难题是不知道本来的章数。细味残余文字，至少第七行下端开始"……易矣。若夫祝巫卜筮，龟……巫之师……无德则不能知《易》，故君子尊之。……"一段，读来很像是一章。在这一章之下的"〔夫〕子曰：吾好学而才闻要，安得益吾年乎？吾……"则是另一章。

第（二）部分相当于今传本《系辞下》第四章的中后段落，可互相比照：

今传本《系辞下》："子曰：危者安其位者也，亡者保其存者也，乱者有其治者也。是故君子安而不忘危，存而不忘亡，治而不忘乱，是以身安而国家可保也。《易》曰：'其亡其亡，系于苞桑。'"据此可补帛书缺字为："〔夫子曰：〕危者安其位者也，亡者保〔其存者也。故〕君子安不忘危，存不忘亡，治不〔忘乱，是以身安而国〕家可保也。《易》曰：'其亡其亡，系于枹桑。'"除个别虚字外，大致相同，唯脱去"乱者有其治者也"一句。

今传本《系辞下》："子曰：德薄而位尊，知小而谋大，力小而任重，鲜不及矣。《易》曰：'鼎折足，覆公𫗧，其形渥，凶。'言不胜其任也。"帛书残去"知""力"两句，无"矣"字及"不胜其任"的"其"字，同时"铼"作"芷"，"形"作"刑"。

下面今传本有："子曰：知几其神乎？君子上交不谄，下交不渎，其知几乎？几者，动之微，吉之先见者也。"不见于帛书，而接着这些话的"君子见几而作，不俟终日"到"万夫之望"一段，则见于帛书《系辞》。我曾指出，"几者，动之微"云云"和'君子见几而作'语意相连，是不应分开的"，而今传本《系辞下》随后"子曰：颜氏之子其庶几乎？"云云，又与"君子知微知彰，知柔知刚，万夫之望"语意相承，足见帛书《系辞》《要》篇均为错简[①]。

自此以下，帛书《要》篇与今传本《系辞下》基本一致，但仍有若干异文。比较重要的，如今传本"天地细缊，万物化醇；男女构精，万物化生"这样富于哲理的语句，帛书作"天地困，万物润；男女购请而万物成"。"困"字不辞，推测系"因"字之误。原文当为"天地细缊而万物润"，与下"男女购请（构精）而万物成"对偶，"细"字作"因"，从而致讹。

今传本"子曰：君子安其身而后动，易其心而后语，定其交而后求。君子修此三者，故全也。危以动则民不与也，惧以语则民不应也，无交而求则民不与也。莫之与，则伤之者至矣。《易》曰：'莫益之，或击之，立心勿恒，凶。'"《要》篇无"子曰"，下云："君子安其身而后动，易其心而后評，定位而后求。君子修于此三者，故存也。危以动则人弗与也，无立（位）而求则人弗予也。莫之予，则伤之者必至矣。《易》曰：'莫益［之］，或系之，立心勿恒，凶。'此之胃（谓）也。"除脱去"惧以语"一句外，颇有胜处。

[①] 参看本书第五章第二节。

如今传本重复"民不与",不若帛书一句作"人弗予"。"无交而求"似乎也不如帛书"无位而求"。"交"有可能是由"立（位）"字形近而误。

二

《要》篇的第（三）部分包括"夫子老而好《易》"和"子曰：易，我后其祝卜矣"两章，两章的思想又彼此联系。

"夫子老而好《易》"章，是孔子与其弟子子赣（贡）的问答。我在1989年小文中已经谈过，孔子晚而喜《易》一事，见于《史记·孔子世家》和《田敬仲完世家》。《孔子世家》把这件事置于鲁哀公十一年（前484）孔子归鲁以后，而据《左传》，子贡当时正好在鲁。到哀公十五年（前480），子贡为子服景伯之介赴齐。第二年（前479）四月，孔子逝世，子贡批评哀公的诔辞，并为孔子庐墓六年。孔子好《易》之时，子贡致问，是合于那时情事的[①]。

孔子与子贡问答，共有往复三段，含义殊为深远。

章首说："夫子老而好《易》，居则在席，行则在橐。"我曾说明，这证实孔子当时爱好读《周易》经文，与《孔子世家》所云"韦编三绝"呼应。子贡所发问题即因此而生。

子贡开始问道："夫子它日教此弟子曰：'德行亡者，神灵之趋；知（智）谋远者，卜筮之蔡（察）'，赐以此为然矣。以此言取之，赐□行之为也。夫子何以老而好之乎？"这里子贡引述孔子以往说过的话，所谓"德行亡者""智谋远者"，即亡德行者、远智谋者，两"之"字用法同"是"。孔子认为没有德行的人才趋于

---

① 李学勤：《从帛书〈易传〉看孔子与〈易〉》，《中原文物》1989年第2期。

神灵，缺乏智谋的人才察于卜筮，与其敬鬼神而远之的精神一贯。《周易》乃卜筮之书，而孔子暮年爱读，故引起子贡的不解。

孔子回答说："君子言以榘（矩）方也。"这是讲君子之言如画方以矩，不能言行不一，故"察其要者，不诡其德"。接着又说："《尚书》多於矣，《周易》未失也，且又（有）古之遗言焉，予非安其用也。""於"读为"阏"，系"阙"字之误（详见下文），孔子是讲《尚书》已多残缺，而《周易》传流于世，中有古之遗言，孔子之爱读全以此故，并非乐于《周易》的应用，也就是卜筮。

子贡进一步询问："［赐］闻于夫［子曰］：'必于……如是则君子已重过矣。'赐闻诸夫子曰：'孙正而行义，则人不惑矣。'夫子今不安其用而乐其辞，则是用倚（奇）于人也，而可乎？"这仍然是引孔子过去的言论来质疑孔子。孔子说的前一段话，缺字较多，不能确解；后一段话"孙"读为"循"，音近通假。循正行义，则人不惑。孔子不乐《周易》之用而专乐其辞，在子贡看来似乎不是"循止"而是"用奇"。"奇""正"是对立的词，见于《老子》等书。

孔子听了子贡的话，有些不高兴了，便说："校哉，赐！吾告汝，《易》之道……而不……百姓之……《易》也。故《易》刚者使知瞿（惧），柔者使知刚，愚人为而不忘（妄），惭人为而去诈。""校"疑读为"狡"，狡狯，是责备子贡的话。孔子在此申述了《周易》在德方面的作用。"惭"从"斩"声，读为"谗"。

孔子随后说："文王仁，不得其志以成其虑，纣乃无道，文王作讳而辞（避）咎，然后《易》始兴也。"这与今传本《系辞下》"《易》之兴也，其于中古乎？作《易》者，其有忧患乎？""《易》之兴也，其当殷之末世、周之盛德邪？当文王与纣之事邪？"彼此完全一致。由此足知，孔子所讲《周易》有古之遗言，正是指文王之教。

子贡听了孔子所讲文王之事，便又问道："夫子亦信其筮乎？"子贡所指是文王之筮。

孔子答道："吾百占而七十当，唯（雖）周梁山之占也，亦必从其多者而已矣。"占筮100次就会有70次是占中的，周梁山之占也不过是从其结果的多数。所谓梁山之占，应该是文王的一项重大占筮。梁山在周，《史记·周本纪》载古公"去豳，度漆、沮，逾梁山，止于岐下"。这次占筮的详情，史缺有间，目前已难推考，但由孔子的口气看，他认为占筮只是从其多数，对于这种数术实际上是不相信的，至少是不承认其神秘的性质。

《要》篇下面的一章，直接承续了上章的观点。孔子说："《易》，我后其祝卜矣，我观其德义耳也。"《周易》本系祝巫卜筮所用，从这一点说，孔子后于祝卜，但孔子于《易》，唯观其德义，这又从根本上超越了祝巫卜筮。

孔子说："幽赞而达乎数，明数而达乎德，□仁□者而义行之耳。赞而不达于数，则其为之巫；数而不达于德，则其为之史。史巫之筮，鄉（向）之而未也，好之而非也。"这段话应与《说卦》第一章对照："昔者圣人之作《易》也，幽赞于神明而生蓍，参天两地而倚数，观变于阴阳而立卦，发挥于刚柔而生爻，和顺于道德而理于义，穷理尽性以至于命。"幽赞于神明而不达于数，是巫之事；明数观卦爻而不达于德，是史（如《国语·晋语》的筮史，即筮人）之事。至于德，详言之即顺于道德而理于义，穷理尽性以至于命，则不是史巫所能达到的。

必须注意的是，《要》篇第（三）部分这两章不仅彼此贯通，

而且和第（一）部分存在着不可分的联系。第（一）部分提到的
"若夫祝巫卜筮，龟……"，"无德则不能知《易》"云云，都与第
（三）部分这两章相通。这样我们不难看出，第（一）、（三）两个
部分本来是连接的，而第（二）部分其实是阑入的错简。关于这个
问题，下文还有进一步的证明。

三

《要》篇的第（四）部分是很长的一章，记孔子论《损》《益》
二卦，其文字风格又与前三部分不同，显系另有来源。

章的开端说："孔子籀《易》至于《损》《益》一（'二'字之
误）卦，未尚（尝）不废书而叹。"语句同《淮南子·人间训》"孔
子读《易》至《损》《益》，未尝不喟（从王念孙说）然而叹"十
分近似，但其后的内容颇多差异。《说苑·敬慎》及《孔子家语·六
本》也有一章开首作："孔子读《易》至于《损》《益》，则喟然而
叹。"其内容又不一样。

《要》篇这章的特点，在于把《损》《益》和四时的流转结合
起来："《益》之为卦也，春以授夏之时也，万勿（物）之所出
也，长日之所至也，产（生）之室也，故曰《益》。《损》者，秋
以授冬之时也，万勿（物）之所老衰也，长［夕之］所至也，故曰
［《损》］。"按《象传》论《损》《益》之道，有"与时偕行"之
说，《杂卦》也说："《损》《益》，盛衰之始也。"皆可和本章参看。
章文认为"《损》《益》之道足以观天地之变，而君者之事已"。明
君顺于天地之变，即能预知吉凶，《易》道便在于此。这种观点，
可以说是后世流行的卦气说的滥觞。

章文列举的范畴有：

天道	阴阳
地道	柔刚
人道	上下
四时之变	八卦

可参照《说卦》："是以立天之道曰阴与阳，立地之道曰柔与刚，立人之道曰仁与义。兼三才而两之，故《易》六画而成卦；分阴分阳，迭用柔刚，故《易》六位而成章。"其间关系是相当明显的。

以此与《淮南子》《说苑》相当的章节对比，不难看出其间思想的异同。《淮南子·人间训》只记孔子论《损》《益》的话，说："《益》《损》者，其王者之事与？"这和《要》篇以《损》《益》之道为"君者之事"一致。又说："事或欲以利之，适足以害之；或欲害之，乃反以利之。利害之反，祸福之门户，不可不察也。"同《要》篇的"[《益》之] 始也吉，其冬（终）也凶；《损》之始凶，其冬（终）也吉"有共通之处。《说苑·敬慎》则述孔子和子夏问答，所讲如："天之道，成者未尝得久也"，"日中则昃，月盈则食，天地盈虚，与时消息"。凡此都和《要》篇相通。只是《要》篇章文以八卦与四时之变相配，强调《损》《益》象征春夏和秋冬，是《淮南子》《说苑》所没有的。

关于《要》篇这章，还有一些值得讨论的问题，我已有专文①，这里就不多谈了。

---

① 参看下段。

四

《要》篇为学术史上几大公案提供了非常重要的线索。

第一，是孔子与《周易》的关系。

《孔子世家》云："孔子晚而喜《易》，序《彖》《系》《象》《说卦》《文言》①。读《易》，韦编三绝，曰：'假我数年，若是，我于《易》则彬彬矣。'"前人不知"孔子晚而喜《易》"之说所本，《要》篇发现后，为这点找到了根源。但过去我们只注意了这一句，没有想到《世家》该段的后半也同《要》篇有关。

问题的关键在于大家以前不曾看出《要》篇第（一）部分和第（三）部分原来是相连的，中间的第（二）部分乃是《系辞》的错简。现在把第（二）部分剔出，就马上见到在"夫子老而好《易》"章的前面，是第（一）部分末尾一章："［夫］子曰：吾好学而才闻要，安得益吾年乎？吾□焉而产（生）道，□焉益之，□而贵之，难……"所谓"好学"，自指学《易》，而"益吾年"即"假我数年"。

这段话，如果参看《论语·述而》的"加我数年"章，就更明白了。该章云："子曰：'加我数年，五十以学《易》，可以无大过矣。'"对照《要》篇，知道这里讲的确是学《易》，不能像《释文》所引《鲁论》读"易"为"亦"。我曾谈到《鲁论》误说实系后起②，在此又得一有力证据。

---

① 本书前面已说到，这句很难加以现代标点，揣想司马迁此处语意双关，既标出了《序卦》《象传》《系辞》《象传》《说卦》《文言》等名，又可把"序""系""说""文"等字读为动词。

② 参看本书第一章第五节。

《要》篇的记载有一点不同于《述而》。《述而》讲"五十以学《易》",语气是孔子年不及半百,故皇侃《论语义疏》称"当孔子尔时,年已四十五六";而《要》篇的口吻,则似孔子垂暮时语。从这里我们始能理解司马迁为什么把"假我数年"等语放在老而好《易》的时间。看来司马迁确曾读到没有错简的《要》篇。

在《要》篇现存文字中,没有孔子作《序卦》等《易传》的明文,不过孔子有所撰作这一点,实际已暗示到了。《要》篇记孔子说:"后世之士疑丘者,或以《易》乎?"这种怀疑,当然不会是像亲侍身旁的弟子子贡一样,是由于看到孔子晚年喜《易》。我在1989年小文中已指出,孔子这段话和《孟子·滕文公下》所记孔子说的"知我者,其惟《春秋》乎?罪我者,其惟《春秋》乎?"意味十分相似。孔子不仅是《易》的读者,也是一定意义上的作者,这正是因为他作了《易传》。

第二,是古代经籍的情况。

《要》篇"孔子籀《易》"章云:"又(有)君道焉,五官六府不足尽称之,五正之事不足以至之;而诗书礼乐,不□百篇,难以致之。"残去的字有学者补为"读"。这段话表明,《诗》《书》《礼》《乐》都是有文成篇的,《乐经》经秦火而亡的说法实属可信。

特别有兴趣的是"夫子老而好《易》"章讲到《尚书》《周易》的段落。孔子说:"《尚书》多於矣,《周易》未失也。"上面已推测"於"字原为"闕",讹作"阙",再省作"於"。"阙"和下句的"失",正好互相呼应。《孔子世家》云:"孔子之时,周室微而礼乐废,诗书缺,追迹三代之礼,序书传,上纪唐虞之际,下至秦缪,编次其事。"所记《诗》《书》缺,可印证此处"《尚书》多阙(即缺)矣"的话。

"尚书"一词的出现，很引人注目。按《尚书》的取义，前人议论纷纭，但"都认为'尚'和'上'是同义通用字，《尚书》就等于《上书》。可是，对于这个'上'字却有许多不同的解释，其中比较重要的有三种说法：一种说法认为'上'是'上古'的意思，《尚书》就是'上古的书'；另一种说法认为'上'是'尊崇'的意思，《尚书》就是'人们所尊崇的书'；还有一种说法认为'上'是代表'君上（即君王）'的意思，因为这部书的内容大多是臣下对于'君上'的言论的记载，所以叫作《尚书》"①。

《尚书》作为书名，学者主张是汉代的事②。按《墨子·明鬼下》历引夏、商、周之《书》，以证鬼神的存在，接着说："故尚书《夏书》，其次商周之《书》，语数鬼神之有也，重有（又）重之。""尚书"可解为上古之书③，在此虽非专用书名，却也表明了称《尚书》的缘由。

《尚书序》："汉室龙兴，开设学校，旁求儒雅，以阐大猷。济南伏生，年过九十，失其本经，口以传授，裁二十余篇，以其上古之书，谓之《尚书》。"这是说《尚书》一名为伏生所加，按伏生教于齐鲁之间，文帝因天下无治《尚书》者，诏太常使人受之，太常遣掌故晁错。伏生老，不能正言，使其女教错。错还，上书称说，诏以为太子舍人、门大夫，迁博士。其事在文帝前元时期，与帛书的抄写大致同时，而《要》篇的撰成显然早于伏生，可见《尚书》之名并非伏生所创。

---

① 马雍：《〈尚书〉史话》，第1页，中华书局，1982年。

② 刘起釪：《尚书学史》，第7页，中华书局，1989年。

③ "书"字，王念孙改为"者"，孙诒让《墨子间诂》从之，但不改亦通，参看刘起釪：《尚书学史》，第7页，中华书局，1989年。

《尚书正义》云："郑玄依《书》纬，以'尚'字是孔子所加，故《书赞》曰：'孔子乃尊而命之曰《尚书》。《璇玑钤》云：因而谓之书，加尚以尊之。'又曰：'书务以天言之。'郑玄溺于《书》纬之说，何有人言而须系之于天乎？且孔君亲见伏生，不容不悉，自云伏生'以其上古之书，谓之《尚书》'，何云孔子加也？"《要》篇中正是孔子称《尚书》，所以《书》纬和郑玄之说不为无本。这是以前我们不知道的。

第三，是五行说的问题。

《要》篇"孔子籀《易》"章云："又（有）地道焉，不可以水、火、金、土、木尽称也，故律之以柔刚。"水、火、金、土、木即五行。帛书《易传》另一篇《易之义》也有"子曰：五行……"一段，可惜已经残缺，不能据以讨论。

《要》篇叙说五行的次序，既非相生，也非相克。我曾指出，如将五行按方位配置，成为这样的图形：

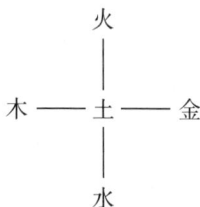

$$
\begin{array}{c}
火 \\
| \\
木 \ — \ 土 \ — \ 金 \\
| \\
水
\end{array}
$$

较早的文献都是交叉数，如《尚书·洪范》为水、火、木、金、土，《国语·郑语》载史伯语为"以土与金、木、水、火杂"。只是到了《左传》昭公二十九年记蔡墨语，作木、火、金、水，才是循环数。《要》篇的五行次序仍保存早期的形式，值得注意①。

————————

① 参看本书第一章第二节。

第九节　帛书《要》篇的《损》《益》说

《道家文化研究》马王堆帛书专号发表了帛书《易传》《二三子问》《系辞》《易之义》《要》等篇的释文①，这无疑将对易学研究产生重大的影响。关于帛书与传世十翼关系的一些问题，我已在前面论述②。我认为帛书编集者所见《系辞》，本子业已散乱，以致把部分章节辑入《易之义》和《要》篇，并非两篇早于传世《系辞》。至于两篇中不见传世十翼的章节，则另有其来源。

《要》篇早已引起学者的注意。此篇前半有由《系辞》散入的部分，后半有文字较长的两章：一章是"夫子老而好《易》"，当系《史记·孔子世家》"孔子晚而喜《易》"所本③。另一章记述孔子论《损》《益》二卦，对探讨易学演变殊有价值，需要专门研究。本文试就这最后一章提出几点意见，与读者共相商榷。

《道家文化研究》该章释文还有个别可修正处。日前读到清华大学廖名春、日本东京大学池田知久两位研究《要》篇的文稿，对这一章的释定句读各有胜义。这里兼采众说，加上个人见解，重写释文，然后逐段讨论。

　　　　孔子繇《易》至于《损》《益》一（二）卦，未尚（尝）

---

① 陈松长：《帛书〈系辞〉释文》，《道家文化研究》第3辑，上海古籍出版社，1993年。陈松长、廖名春：《帛书〈二三子问〉〈易之义〉〈要〉释文》，《道家文化研究》第3辑，上海古籍出版社，1993年。

② 参看本书第五章第二节。

③ 参看本书第一章第五节。

不废书而叹，戒门弟子曰：二厽（叁）子，夫《损》《益》之道不可不审察也，吉凶之□也。

"繇"读为"籀"，意思是读。"一"乃"二"字之误。或以为"之"字残笔，但从帛书上字的位置看，似少可能。

"厽"即"叁"，读为"三"，见于战国金文，如梁上官鼎[1]。"二三子"是春秋时人习语[2]，在《论语》中屡见，如《述而》："子曰：二三子以我为隐乎？吾无隐乎尔。吾无行而不与二三子者，是丘也。"《集解》："包曰：二三子谓诸弟子。"[3]与帛书一致。

帛书此章开首类于《淮南子·人间训》："孔子读《易》至《损》《益》，未尝不喟然而叹。"[4]这方面问题，下面还将谈到。

《益》之为卦也，春以授夏之时也，万勿（物）之所出也，长日之所至也，产之室也，故曰《益》。《损》者，秋以授冬之时也，万勿（物）之所老衰也，长［夕之］所至也，故曰［《损》］。

"产"义同"生"，秦至汉初简帛文字，凡"生"多改作"产"。"夕"据残笔补。末"损"字原脱，由文例推定。

《损》《益》二卦与"时"的观念有关，见于《象传》。传文于

---

① 汤馀惠：《战国铭文选》，第8—9页，吉林大学出版社，1993年。

② 参看洪业等：《春秋经传引得》，第133—134页，上海古籍出版社，1983年。

③ 程树德：《论语集释》卷十四，第420页，国立华北编译馆，1943年。

④ "喟"字从王念孙说。参看刘文典：《淮南鸿烈集解》卷十八，第591页，中华书局，1989年。

《损》卦下云："损刚益柔有时，损益盈虚，与时偕行。"于《益》卦下云："益动而巽，日进无疆，天施地生，其益无方。凡益之道，与时偕行。"但以《损》《益》分属于四时，则为十翼所未见。帛书云《益》为"万物之所出"，《损》为"万物之所老衰"，可能同《杂卦》"《损》《益》，盛衰之始也"有关。《益》为盛之始，万物所出，由春到夏，夏至为其极点，故言"长日之所至"；《损》为衰之始，万物所老衰，由秋到冬，冬至为其极点，故云"长夕之所至"。《系辞》称"天地之大德曰生"，四时是万物生成的过程，而《益》表示生的起始，故为"产（生）之室"。

> 产道穷焉，而产道□焉。《益》之始也吉，其冬（终）也凶；《损》之始凶，其冬（终）也吉。《损》《益》之道足以观天地之变，而君者之事已。

《道家文化研究》所刊释文，由于有一残片没有准确缀合，此段及下段有成串缺字，廖文、池田文均做了纠正。

"产（生）道"即万物生成之道，随四时而循环。自春至夏，万物长盛，终于转入老衰；自秋而冬，万物收藏，又重新回到起点。此所谓"生道穷焉，而生道□（缺字当义为开始）焉"。《益》始吉终凶，《损》始凶终吉，就是这个道理，廖文于此已有明确阐述。

《损》《益》的吉凶变化合乎四时万物的规律，"足以观天地之变"，这是为君者必须知道的。

> 是以察于《损》《益》之变者，不可动以忧患，故明君

不时不宿，不日不月，不卜不筮，而知吉与凶，顺于天地之
[□]也，此胃（谓）《易》道。

"天地之"下一字原脱。

"时"指时节，"宿"指星宿，池田文已做说明。时、宿、日、
月、卜、筮，都是趋吉避凶的数术。廖文引《管子·白心》"不日
不月，而事以从；不卜不筮，而谨知吉凶"，是正确的。由《损》
《益》之变而明易道，顺乎天地的自然法则，可不求于数术。这和
《要》篇"夫子老而好《易》"章的思想是一致的。

故《易》又（有）天道焉，而不可以日月生（星）辰尽
称也，故为之以阴阳；又（有）地道焉，不可以水火金土木
尽称也，故律之以柔刚；又（有）人道焉，不可以父子君臣
夫妇先后尽称也，故要之以上下；又（有）四时之变焉，不
可以万勿（物）尽称也，故为之以八卦。故《易》之为书也，
一类不足以亟（极）之，变以备其请（情）者也，故胃（谓）
之《易》。

水火金土木，即五行。帛书叙说五行，不依相生或相克的次
序[①]。我曾在一篇小文中讲到，这和数说方向的习惯有关。如把五
行依五方分配，成为：

---

① 参看廖名春：《帛书〈要〉简说》，《道家文化研究》第3辑，上海古籍出版
社，1993年。

```
                    南

                    火
                    │
    东    木 ── 土 ── 金    西
                    │
                    水

                    北
```

较早的周人数方向可交叉数，数五行也是一样，如《尚书·洪范》
五行次第是水火木金土，《国语·郑语》史伯也说"以土与金木水
火杂"①。帛书此处先数水火，继以金土木，也是交叉数。

　　"先后"，《史记·孝武本纪》索隐："即今妯娌也。"

　　"阴阳"、"柔刚"、"上下"和"八卦"，都是易学名词。《说
卦》："是以立天之道曰阴与阳，立地之道曰柔与刚，立人之道曰
仁与义。兼三才而两之，故《易》六画而成卦；分阴分阳，迭用柔
刚，故《易》六位而成章。"足与帛书参照。帛书所说"上下"系
指爻位，见《系辞下》："《易》之为书也不可远，为道也屡迁，变
动不居，周流六虚，上下无常，刚柔相易，不可为典要。"有关文
字均见帛书《易之义》。

　　　又（有）君道焉，五官六府不足尽称之，五正之事不足以
　　至之；而诗书礼乐，不□百扁（篇），难以致之。不问于古法，
　　不可顺以辞令，不可求以志善，能者繇（由）一求之。所胃
　　（谓）得一而君（群）毕者，此之胃（谓）也。《损》《益》之道，

---

① 李学勤：《帛书〈五行〉与〈尚书·洪范〉》，《李学勤集》，黑龙江教育出
版社，1989年。

足以观得失矣。

《墨子·节葬下》："使王公大夫行此，则必不能蚤朝晏退，治五官六府。"[1]《鹖冠子·泰鸿》："五官六府，分之有道。""五官"和"六府"还见于多种汉以前典籍，常用以泛指官府，如《急就篇》颜注云："古言五官者，总举众职，以配五行，无所不苞，若今言百官也。"[2]"五正"也见于好多古书[3]，此处的意义近于《管子·四时》(作"五政")和《禁藏》，泛指各种政令。

"诗书礼乐，不□百篇"，池田文引《墨子·贵义》"昔者周公旦朝读书百篇"，试补缺字为"读"，其说当是。古有《乐经》，经秦火而亡[4]，由此可知《乐》确是有篇章的。

"问"读为"闻"。"顺以辞令""求以志善"的"以"，用法同"于"[5]。《礼记·冠义》："礼义之始，在于正容体，齐颜色，顺辞令。"

关于帛书《要》篇的这一章，有以下几个问题值得讨论。

首先是《要》篇的《损》《益》说与《淮南子》等书所载的关系。如前所述，《淮南子·人间训》有这样一节：

---

① "治"字从吴毓江《墨子校注》。参看吴毓江：《墨子校注》卷六，第228页，西南师范大学出版社，1992年。

② 吴毓江：《墨子校注》卷六，第229页，西南师范大学出版社，1992年。

③ 李学勤：《〈鹖冠子〉与两种帛书》，《道家文化研究》第1辑，上海古籍出版社，1992年。

④ 参看吴承仕：《经典释文序录疏证》，第12页，中华书局，1984年。

⑤ 杨树达：《词诠》卷七，第352页，中华书局，1954年。

　　孔子读《易》至《损》《益》，未尝不喟然而叹，曰：《益》《损》者，其王者之事与？事或欲以利之，适足以害之；或欲害之，乃反以利之。利害之反，祸福之门户，不可不察也。

《说苑·敬慎》也有下列一节：

　　孔子读《易》至于《损》《益》，则喟然而叹。子夏避席而问曰："夫子何为叹？"孔子曰："夫自损者益，自益者决①，吾是以叹也。"子夏曰："然则学者不可以益乎？"孔子曰："否。天之道，成者未尝得久也。夫学者以虚受之，故曰得。苟接知持满，则天下之善言不得入其耳矣。昔尧履天子之位，犹允恭以持之②，虚静以待下，故百载以逾盛，迄今而益章；昆吾自臧而满意，穷高而不衰，故当时而亏败，迄今而愈恶。是非损益之征与？吾故曰：谦也者，致恭以存其位者也。夫丰明而动，故能大，苟大则亏矣。吾戒之，故曰：日中则昃，月盈则食，天地盈虚，与时消息。是以圣人不敢当盛，升舆而遇三人则下，二人则轼。调其盈虚，故能长久也。"子夏曰："善！请终身诵之。"③

《孔子家语·六本》与之略同。与《淮南子》比较，《说苑》《家语》

————————

　　①《周易》经文卦序，《损》之下为《益》，《益》之下为《夬》，帛书经文卦序与此不同。

　　②《尚书·尧典》有"允恭克让"。

　　③ 赵善诒：《说苑疏证》，第272页，华东师范大学出版社，1985年。

文字较详，立意也有差异。两者都讲王者之事，《淮南子》是论利害祸福的转变，《说苑》等则是谈谦德的修养。至于帛书《要》篇所说"君者之事"，就更不相同。由此可见，三者虽都是记孔子论《损》《益》，来源却不一样。

其次，《要》篇此章把八卦与四时之变相结合，与《说卦》"帝出乎震"章相呼应。至于以《益》指春夏，《损》指秋冬，不过体现生长收藏的周期，以二卦为盛衰之始。西汉易学的卦气说，《益》卦在寅，值夏正正月；《损》卦在申，值夏正七月[①]，可能即受帛书这种观点的影响，廖文于此已有论述。

此章最后所说"得一而群毕"，也是当时人的习语。《庄子·天地》云"记曰：通于一而万事毕"，语意与此相似。所引的"记"，《经典释文》卷二十七云："书名也，云老子所作。"《庄子》成玄英疏以为"语在《西升经》"。《西升经》的产生自然不会在《庄子·天地》以前，《天地》作者当另有所本。《要》篇这里讲的"得一"，是指《易》道，与《老子》"昔之得一者"章也不相同，恐怕不会有直接的关系，我们不能由此得出帛书受道家影响的推论。

第十节　帛书《易传》与《易经》的作者

《周易》的经文为何时何人所作，传统的说法是所谓"人更三圣，世历三古"，见于《汉书·艺文志》：

> 《易》曰：宓戏氏仰观象于天，俯观法于地，观鸟兽之文

---

①《易纬·稽览图》，《古经解汇函》本。

与地之宜，近取诸身，远取诸物，于是始作八卦，以通神明之德，以类万物之情；至于殷周之际，纣在上位，逆天暴物，文王以诸侯顺命而行道，天人之占可得而效，于是重《易》六爻，作上下篇。孔氏为之《彖》《象》《系辞》《文言》《序卦》之属十篇，故曰《易》道深矣，人更三圣，世历三古。

据此，今传《易经》的卦爻辞系周文王所作，故云上下篇。

《汉志》的这种说法本于汉初学者的著作。如陆贾《新语》首篇《道基》已有先圣、中圣、后圣之说。所言先圣"仰观天文，俯察地理，图画乾坤，以定人道"，是宓戏（伏牺）；中圣"设辟雍庠序之教，以正上下之仪，明父子之礼、君臣之义"，是文王；后圣"定五经，明六艺"，是孔子①。其中没有明说文王和《易》的关系。

《淮南子·要略》："今《易》之《乾》《坤》足以穷道通意也，八卦可以识吉凶，知祸福矣，然而伏羲为之六十四变，周室增以六爻，所以原测淑清之道，而捃逐万物之祖也。"所称"周室增以六爻"，与《汉志》文王"重《易》六爻"相应，但未讲明文王，许慎注则说："周室，谓文王也。"

明指文王的，是司马迁《史记》。《太史公自序》云："昔西伯拘羑里，演《周易》。"对照《周本纪》所载："崇侯虎谮西伯于殷纣，……帝纣乃囚西伯于羑里。"可知同《汉志》"文王以诸侯顺命而行道"云云一致。

由此足见，《汉志》的论点即由这些旧说综合而成，可谓言而

---

① 参看本书第二章第四节。

有据，其传流久远不是没有缘故的。

《汉志》之说的缺陷，是《易经》有些语句显然要晚于文王。这个问题早为学者察觉，孔颖达《周易正义》即有详细讨论，云："验爻辞，多是文王后事。案《升》卦六四'王用亨于岐山'，武王克殷之后，始追号文王为王，若爻辞是文王所制，不应云'王用亨于岐山'。又《明夷》六五'箕子之明夷'，武王观兵之后，箕子始被囚奴，文王不宜豫言'箕子之明夷'。又《既济》九五'东邻杀牛，不如西邻之禴祭'，说者皆云'西邻'谓文王，'东邻'谓纣；文王之时，纣尚南面，岂容自言己德受福胜殷，又欲抗君之国，遂言东西相邻而已？又《左传》韩宣子适鲁，见《易象》，云：'吾乃知周公之德。'……验此诸说，以为卦辞文王，爻辞周公，马融、陆绩等并同此说，今依而用之。所以只言'三圣'，不数周公者，以父统子业故也。"细看《淮南子·要略》，只说"周室"，不实指文王，可能也有类似的考虑。

《新语》等书的叙述，也是有所本的，大家知道，就是《易传》中的《系辞下》。篇内除"古者包羲氏之王天下也"一章外，还有这样两段：

> 《易》之兴也，其于中古乎？作《易》者，其有忧患乎？……
> 《易》之兴也，其当殷之末世、周之盛德邪？当文王与纣之事邪？是故其辞危，危者使平，易者使倾……

从章文本身，不难得出几点推论：

第一，《易》之兴，是在"中古"，而"中古"即"殷之末世、周之盛德"，也就是殷周之际。

第二，《易》之兴，即作《易》之时。

第三，作《易》"当文王与纣之事"，"周之盛德"是指文王之德。

第四，作《易》者"有忧患"，故"其辞危"，这有关"文王与纣之事"。

再参考《明夷》的《象传》："内文明而外柔顺，以蒙大难，文王以之。"当文王与纣之事，蒙大难、有忧患者，正是文王，所以文王作《易》，《系辞》已经说明了。

怀疑这一传统说法的，可以清代崔述的《丰镐考信录》为代表。他在该书卷五中说：

> 近世说《周易》者皆以彖辞为文王作，爻辞为周公作，朱子《本义》亦然。余按，《传》前章云："《易》之兴也，其于中古乎？作《易》者其有忧患乎？"初未言"中古"为何时而"忧患"为何事也。至此章（按指"《易》之兴也，其当殷之末世、周之盛德邪"一章）始言其作于文王时，然未尝言为文王所作也。且曰"其当"，曰"其有"，曰"邪"，曰"乎"，皆为疑词而不敢决。则是作《传》者但就其文推度之，尚不敢决言其时世，况能决知其为何人之书乎！ ①

崔述的意见，把《系辞》传文割裂开来，是不可取的。

马王堆帛书《易传》的出现，为讨论这个问题提供了新的

① 顾颉刚编订：《崔东壁遗书》，第221页，上海古籍出版社，1983年。

依据。

帛书《易传》中与上引《系辞下》有关的部分，见于《易之义》①。我个人看法是："帛书所根据的《系辞》，其构成其实是和今传本基本一致的，不过有一部分脱失，一部分又散入他篇。"②《易之义》里的这些章节，就是这样，同时又有异文，足资探讨。

对应于《系辞下》"《易》之兴也，其于中古乎"章，文字大体相同，开首作：

> ［《易》之］兴也，于中故（古）乎？作《易》者，其有患忧与？……

前一句没有"其"字，由文例看，大约是脱掉了。

《系辞下》"《易》之兴也，其当殷之末世"一节，由于《易之义》终于该章的前半，应当是佚去了。但篇中有另外一段，与之有相似之处：

> 子曰：《易》之用也，段（"殷"字之误）之无道，周之盛德也。恐以守功，敬以承事，知（智）以辟（避）患，……文王之危，知史记（？）之数书，孰能辩（辨）焉？

按"書"字从"者"声，此处即读为"者"。推测原句可能类似"非处文王之危，知史记之数者，孰能辨焉"。以孔子这段话和《系

---

① 陈松长、廖名春：《帛书〈二三子问〉〈易之义〉〈要〉释文》，《道家文化研究》第3辑，上海古籍出版社，1993年。

② 参看本书第五章第二节。

辞下》对比，便知道两者出于一源。所言"恐以守功，敬以承事，智以避患"，乃是文王对《易》之原理的运用，正好同其作《易》"其辞危，危者使平，易者使倾"呼应。

在帛书《易传》的《要》篇中，孔子还有这样的话：

> ……文王仁，不得其志以成其虑。纣乃无道，文王作讳而辟（避）咎，然后《易》始兴也。予乐其知（智）之……之……予何曰（？）事纣乎？

"讳"也有"避"的意思。文王处危避祸，而"《易》始兴"，也说明了作《易》的背景和动机。

《易之义》和《要》篇，编成可能较晚，而所采用的内容应该都是较早的。这里引的各段，和《系辞》一样，都被认为是孔子的言论。因此，文王作《易》之说有着相当古的起源。

《周易》经文的最后形成虽迟于文王，但仍可能在周初，自顾颉刚先生作《周易卦爻辞中的故事》以来，已大体论定。其后尽管有不同见解，未能改变这一观点①。古书总有其较长而曲折的演变过程，才能定形，看来《周易》经文与文王有关系确实是可能的。

---

① 参看本书第一章第一节。

第六章 《易纬》试说

第一节 《汉书·李寻传》与纬学的兴起

最近读到山东大学牟世金先生的遗著《文心雕龙研究》[1]，深有获益，如论《正纬》《辨骚》何以列入五篇"文之枢纽"以内，殊为详尽。《正纬》历来较少受人注意，于此得到阐扬，尤其重要。所说："《正纬》篇谶纬并论，而谓'通儒讨核，谓（伪）起哀平'。实际上谶、纬有别，产生的时间也先后不一。"[2]更与当时实际符合。唯引王先谦《汉书补注》，以驳范文澜注所据徐养原《纬候不起于哀平辨》，似尚有可商之处。

牟世金先生指出："刘勰说的'通儒'指张衡。《后汉书·张衡传》所载张衡之说有二：一为'成、哀之后，乃始闻之'；一为'则知图谶成于哀、平之际也'。一'闻'一'成'，与刘勰之'起'，基本上是一致的。范文澜注引徐养原《纬候不起于哀平辨》谓：'迨《李寻传》始有六经六纬之文。按寻说王根，在成帝

---

① 牟世金：《文心雕龙研究》，人民文学出版社，1995年。

② 牟世金：《文心雕龙研究》，第185页，人民文学出版社，1995年。

之世，是时纬已萌芽，……以为始于哀平之际，王莽之篡，亦未
必然也.'其后，有的研究者也照录此文，并谓徐说'确凿可从'。
查《汉书·李寻传》，原文乃'五经六纬，尊术显士'，而'五经
六纬'之说，又是从颜师古注而误，实与经书谶纬无涉，则'不
起于哀平'之辨，便失其据了。"①"确凿可从"语，原注出于李
曰刚《文心雕龙斠诠》，"与经书谶纬无涉"则系据《汉书补注》
之说。

按《李寻传》载，成帝舅曲阳侯王根为大司马骠骑将军（事在
元延元年，公元前12年），厚遇李寻，"是时多灾异，根辅政，数
虚己问寻。寻见汉家有中衰厄会之象，其意以为且有洪水为灾，乃
说根曰：'《书》云"天聪明"，盖言紫宫极枢，通位帝纪，太微四
门，广开大道，五经六纬，尊术显士。翼张舒布，烛临四海。少微
处士，为比为辅，故次帝廷，女宫在后。圣人承天，贤贤易色，取
法于此。……'"

李寻木治《尚书》之学，为张山拊弟子，夏侯建再传，本传说
他"独好《洪范》灾异，又学天文月令阴阳事"。他说王根的这些
话，正反映出他的学术特点，很是费解，需要仔细分析。旧注不够
准确透彻，也应加纠正。

《书》云"天聪明"，是《尚书·皋陶谟》文。原话是："天聪
明，自我民聪明；天明畏，自我民明威。"主旨在讲天人的一致。
李寻从天象谈起，所以只引述"天聪明"，而后面所说"圣人承
天"，意思也檃栝在内。这是理解李寻这段话的关键。

所谓"紫宫极枢，通位帝纪"，颜师古注引魏孟康云："紫宫，

---

① 车世金：《文心雕龙研究》，第185—186页，人民文学出版社，1995年。

天之北宫也。极，天之北极星也。枢，是其回转者也。《天文志》曰：
'天极，其一明者，太一常居也。'太一，天皇大帝也，与通极为一
体，故曰'通位帝纪'也。"这是说天象的紫微垣。天皇大帝，即
今小熊座 α 星。

"太微四门"，孟康云："太微，天之南宫也。"是天象的太微
垣。王先谦《汉书补注》说："南官为太微垣，孟注作宫，误。"查
《史记·天官书》索隐引宋均云："太微，天帝南宫也。"与孟康之
说相符，不能把"宫"字改作"官"字。

孟康又云："四门，太微之四门也。"古人的天文观念，认为太
微有门。《史记·天官书》称太微为"三光之廷，匡卫十二星，藩
臣。西，将；东，相；南四星，执法；中，端门；门左右，掖门。"
后世还有若干门的名称，其位置详见《正义》，但不能确指出四
门。其实"四门"一词是从《尚书》来的。今《舜典》有"宾于
四门，四门穆穆"，又有"辟四门，明四目，达四聪"，后者尤与
"天聪明"之说呼应。李寻精于《尚书》，因而借用"四门"，我们
没有必要去究实是哪些门。

《舜典》传解释"辟四门"说："开辟四方之门未开者，广致
众贤。"因此李寻由"太微四门"推想到"广开大道"。所云"大
道"，即指求贤之道而言。

下面就是我们要讨论的"五经六纬，尊术显士"两句。孟康
云："六纬，五经与《乐》纬也。"颜师古同意其说。"五经六纬"
系指当时经学，故下接"尊术显士"。这一点，有少数学者表示
异议，《汉书补注》说："刘攽曰：'正言星宿，何故忽说五经？
盖谓二十八舍。'……《考证》云：'刘攽驳颜，其论甚合，但所
云天文六纬名目，刘亦未尝指实。'姚鼐云：'言天文当为人主所

取法。此五经者，五经星也；六纬者，十二次相向为六，故人主当法之，以尊五行之术，显十二州之士耳。与经书谶纬何涉哉？'先谦案：《天文志》太微廷'掖门内六星，诸侯；其内五星，五帝坐'。五帝者，《晋志》'黄帝坐在太微中，四帝星夹黄帝坐'，盖即五经；六纬者，六诸侯，《天官书》同，盖汉世天文家说如此。"[1]

刘攽、姚鼐、王先谦三人都以为"五经六纬"当系星宿。刘只说二十八宿，没有任何切实理由。姚以"五经"为五经星，已嫌缺乏文献依据；以"六纬"为十二次，更是无根之谈。王说"五经"是五帝座，"六纬"是六诸侯，不过在太微中找出"五""六"两个数字，没有什么证明。况且《史》《汉》所记"门内六星，诸侯"，"六"字可能有误。《史记会注考证》引王元启云："按星书，太微垣五诸侯，五黑星；东井北河五诸侯，五红星。二星同名异处，色亦不同。又诸侯星五，《史》《汉》俱云六者，或'六'字误，或古今星数隐见不同。"[2]《汉书补注》也指出晋、隋、宋《志》均作五诸侯[3]。《乙巳占》《开元占经》等书，都是一样。

实际上，"五经六纬"两句，是承上"紫宫极枢"等四句，一气贯通而下。李寻先提北宫紫微，继说南宫太微，由太微四门，讲到"广开大道"，即君主的求贤。这就很自然地引至"五经六纬，尊术显士"。汉人称儒学为术，《说文》训"儒"为"术士之称"。

---

① 王先谦：《汉书补注》七十五，中华书局，1983年。

② 泷川资言考证、水泽利忠校补：《史记会注考证附校补》卷二十七，第743页，上海古籍出版社，1986年。

③ 王先谦：《汉书补注》二十六，中华书局，1983年。

"尊术显士"，便是尊显专治"五经六纬"的儒学之士。刘攽以至王先谦之说，均系误解。

至于士在天文上的象征，李寻下文还有发挥："少微处士，为比为辅。"孟康解释说："少微四星，在太微西，主处士儒学之官，为太微辅佐也。"少微四星，在今狮子、小狮两座之间[①]，《晋志》云第一星为处士，第二星为议士，第三星为博士，第四星为大夫，其星明"则贤士举"[②]。"故次帝廷，女宫在后"，孟康云："言少微四星在太微次，太微为天帝廷。女宫，谓轩辕星也。"《补注》据《天文志》称轩辕前大星为女主象，旁小星御者后宫。轩辕在少微之外，所以说"女宫在后"，又由此推论出"圣人承天，贤贤易色"（《论语·学而》语），与"尊术显士"相呼应。

通过以上讨论，可以看到，"五经六纬"在李寻心目中已经是儒学的基本内容。这也就是说，在成帝时诸纬业已大备，纬书的起源肯定更早。首先发现这点的，大约是清初的阎若璩，他在《尚书古文疏证》书中引《李寻传》，证明"成帝朝已有纬名"，而"图谶成于哀平之际"，将谶、纬区别开来，确是卓见。

纬学的兴起，是学术史上的一大问题。正因为纬书源远流长，影响才十分深刻。魏晋以后屡次查禁，重点在于图谶，纬学仍在流传。隋代萧吉撰著《五行大义》，仍然广引纬书。牟世金先生说"谶纬在宋孝武之后，虽禁未绝，'正纬'的现实意义还是存在的"，并就其文学方面的意义深入探讨，是非常正确的。《文心雕龙·正纬》所述，正说明当时纬学影响的广被。

---

① 伊世同主编：《全天星图》，第7页，地图出版社，1984年。

② 王先谦：《汉书补注》七十五，中华书局，1983年。

第二节 《易纬·乾凿度》的几点研究

湖南长沙马王堆3号汉墓帛书的出土，是学术史上的一件大事。马王堆帛书的整理发表，目前尚未结束，但其对学术研究的影响实甚深入广泛，涉及许多学科。这只要翻看一下湖南省博物馆的《马王堆汉墓研究目录》①，就可以明白。

马王堆帛书内涵十分丰富。回忆我初去马王堆汉墓帛书整理小组工作，得见种种珍秘，顿觉目迷五色，兴奋不已。有几种帛书特别吸引我，其一便是《周易》经传。帛书《周易》是前所未见古本，与传世诸本大有不同，其价值是不难想见的，但该帛书拼复较难，读释尤其不易。为了仔细研究帛书《周易》，需要做一系列的准备工作。前几年，我先后写了若干论文，随后出版一本题为"周易经传溯源"的小书，目的即在于此。

帛书《周易》这种本了，具有时代和地域的特点，大约在西汉中叶之后已归亡佚，刘向、刘歆父子肯定是没有见过的。不过它既然存在于汉初，应视为易学自先秦至汉代演变中的一个链环。要想真正认识帛书《周易》，不可不以当时易学的发展作为背景。我在上面提到的小书中，曾试图从文献学、考古学的角度讨论《周易》经传的产生年代等问题，重点是在先秦，而对汉代易学未遑多加探讨。实际上，帛书《周易》的内容，至少当有一部分因素影响到汉易，不会了无痕迹可寻。

① 李梅丽：《马王堆汉墓研究目录（1972—1992年）》，湖南省博物馆，1992年。

大家知道，汉代易学本甚兴盛。只是在王弼等人崛起之后，学风转移，汉易才渐归衰熄。与帛书年代较近的西汉易学，以《汉书·艺文志》所载而论，已有13家，294篇，后世残亡殆尽。《艺文志》未收而确知西汉已有的书籍，还有几种，有的也未能流传。清代学者崇尚汉学，他们以辑佚为基础，对汉易做了好多整理研究工作，成绩显著，便利后学，以致后来海内外不少学人还在研究汉易。例如沈瓞民、徐昂、徐芹庭①、铃木由次郎等，都分别有所贡献。可是尽管如此，我们关于西汉易学的知识究竟是很有限的。

帛书《周易》发现不久，香港中文大学饶宗颐先生就指出其经文卦序与汉易有关②。这个见解，极富于启发性。后来，中国社会科学院研究生院的邢文撰有《帛书〈周易〉与卦气说》文稿，也是沿着同样思路来的。西汉易学脉络较多，当前有条件系统探讨的却只有孟喜到京房一系，而《易纬·乾凿度》一书和孟京之学密切相关。研究《乾凿度》，对了解帛书《周易》同汉易的关系颇有帮助，这便是我写本节的原因。

一

在讨论《易纬·乾凿度》之前，对于所据版本应当交代。《乾凿度》现存几种版本，其彼此关系及优劣前人已有定论。武英殿聚珍版《乾凿度》两卷，出于《永乐大典》，虽未附载一些佚文，不失为可信之本。下面引述，都是根据这个本子。

---

① 参看林庆彰主编：《经学研究论著目录（1912—1987）》上册，第178—181页，台湾汉学研究中心，1989年。

② 饶宗颐：《略论马王堆〈易经〉写本》，《古文字研究》第7辑，中华书局，1982年。

《乾凿度》一书，自郑樵《通志·艺文略》以下，均云二卷，有郑玄注[1]，可知今本基本完整。此书不仅是汉代流行纬书中得以完整传流的少数几种之一，而且在各种纬书间独自受到多数学者的尊崇。其所以为人重视，主要由于两点：一是书的内容不似一般纬书那样多涉荒怪，如《四库全书总目提要》所说："于易旨有所发明，较他纬独为醇正。"二是书的年代可能较早，甚或以为出自先秦。

这部书受到重视，并不始于晚近，在汉代可能已经如此。《文选》李善注引《乾凿度》佚文：

> 正其本而万物理，失之毫厘，差之千里。

几乎相同的文字也见《易纬·通卦验》与《坤灵图》佚文，但两者均应比《乾凿度》为晚。汉代或更早的人常引用这段话，历见于《礼记·经解》《大戴礼记·礼察》《大戴礼记·保傅》《新书·胎教》《史记·太史公自序》《说苑·建本》《列女传·贞顺》《汉书·东方朔传》《汉书·杜钦传》《风俗通义·正失》等，多数称为"《易》曰"，唯《列女传》云"传曰"。这种体例，和十翼是一样的。《史记集解》云："今《易》无此语，《易纬》有之。"《后汉书·王充传》论注更直引作《易纬》。《礼记·经解》疏云"《易·系辞》文"，实无所据[2]。或以为孔颖达曾见"别本"《系辞》[3]，不知《汉书·司马迁传》颜师古注明言：

---

① 钟肇鹏：《谶纬论略》，第37—38页，辽宁教育出版社，1991年。
② 王利器：《风俗通义校注》上册，第61页，中华书局，1981年。
③ 向宗鲁：《说苑校证》，第56页，中华书局，1987年。

今之《易经》及《彖》《象》《系辞》并无此语，所谓《易纬》者则有之焉，斯盖易家之别说者也。

断无孔见而颜氏不见之理。现在我们看到帛书《易传》内有《系辞》和与《系辞》密切相关的《易之义》，比传世《系辞》增多不少，仍没有上引这段话，足以证明它并非来自《系辞》。

有学者认为这段话系袭用某种久已亡佚的古传。如清人徐养原作《纬候不起哀平辨》，即以为"此乃纬书袭用古语"①，章太炎《菿汉昌言》甚至坐实是商瞿的《易传》。这个看法仅属推测。实际上，田何以下易家从未引用过这样的古传，如果《乾凿度》的作者真能目见古传，他所处的时代也只能是非常早的了。根据现有材料，恐怕还是应该承认当时很多学者一致推崇如经的这段话，来源可能就是《乾凿度》。

《礼记·经解》的写作年代需要研究，《大戴礼记》及《新书》各篇出于贾谊，则是确定的。贾谊曾在长沙，他同马王堆3号墓墓主是并世之人。考虑到这一点，可以进一步理解研究《乾凿度》的必要。

这样说，不是像过去有的著作那样，主张《乾凿度》两卷是先秦古籍。今天我们读到的《乾凿度》，其形成过程无疑是很复杂的。书的好多部分，不可能早至贾谊的时代，更不会被贾谊当作《易》来称引。为了弄清这个问题，必须对这部书进行分析。

值得注意的是，《乾凿度》上下两卷彼此颇多重复。例如卷上有：

---

① 钟肇鹏：《谶纬论略》，第7—8页，辽宁教育出版社，1991年。

孔子曰"自成汤至帝乙"（按系《书·多士》文），帝乙，汤之元（玄）孙之孙也。此帝乙（按指《易·归妹》六五文）即汤也。殷录质，以生日为名，顺天性也。元孙之孙，外绝恩矣。同以乙日生，疏可同名。汤以乙生，嫁妹本天地，正夫妇。夫妇正，王道兴矣。故曰《易》之帝乙为成汤，《书》之帝乙六世王，同名不害以明功。

郑玄于"元孙之孙，外绝恩矣"句下注云：

元孙之孙，五世之末，外绝恩矣。

"同以乙日生，疏可同名"句下注云：

同以乙日生，天锡之命，疏可同名。

卷下又有类似一段文字，只有个别文字出入：

孔子曰"自成汤至帝乙"，帝乙，汤元孙之孙也。帝乙则汤。殷录质，以生日为名，顺天性也。元孙五世之末，外绝恩矣。同日以乙，天之锡命，疏可同名。汤以乙生，嫁妹本天地之义，顺阴阳之道，以正夫妇。夫妇正，则王道兴。《易》之帝乙为汤，《书》之帝乙六世王，名同不害以明功。

郑玄于"殷录质"句下注云：

王者之政，一质一文，以变易从初，殷录相次质也。

"同日以乙，天之锡命，疏可同名"句下注云：

> 仁恩已绝，则不能避，故小。殷以是日同，故曰天之锡命矣。

"夫妇正，则王道兴"句下注云：

> 正夫妇者，乃所以兴王教于天下，非苟也。

"名同不害以明功"句下注云：

> 《易》与《尚书》俱载帝乙，虽同名，不相害，各以明其美功也。

不难看出，《乾凿度》卷上、卷下这两段文字是同出一源的不同传本，而郑注彼此呼应（如卷上引"天之锡命"），互相补充。看来在郑玄之时，这两段文字已经同时存在。

同样的重复情形，还有卷上的"孔子曰：《易》天子、三公、诸侯绂服皆同色"一段，也有类似文字见于卷下。卷下相当的段落，下接"文王因阴阳定消息"一段，又与卷上"昔者圣人因阴阳定消息"一段相重复。郑注仍然是互相呼应补充，如卷上"天子、三公、九卿朱绂，诸侯赤绂"句下云：

> 朱赤虽同，而有深浅之差。

卷下"孔子曰：《易》天子、三公、诸侯绂服皆同色"至"困于赤绂"句下云：

> 谓朱绂为同色者，其染法同，以浅深为之差也。

足以证明不是把同段文字的注分配到两卷之中。

这些现象告诉我们，《乾凿度》上下两卷并非出自一源，而且是在郑玄时业已拼合在一起的。对于两卷的年代和性质，应当分别看待和评估（《宋史》作"三卷"有误，已有学者辨正）。

二

细心考察《易纬·乾凿度》的两卷，便可发现其间有着不少明显的不同。

就体裁而论，两卷各段都冠以"孔子曰"，似乎通为一体，但卷上各段各自论一问题，没有多少内在联系，在形式上很像帛书《易传》的《二三子问》；卷下如除去开头和卷上重复的段落，后面则有清楚的有机结构，不妨说是整篇的象数论文。

以内容而言，卷上的特点是继承十翼，特别是对《系辞》《说卦》引申铺陈。值得举出的例证很多，这里只能开列几条。

《乾凿度》卷上云：

> 孔子曰：方上古之时，人民无别，群物无殊，未有衣食器用之利，于是伏羲乃仰观象于天，俯观法于地，中观万物之

宜，始作八卦，以通神明之德，以类万物之情。故易者所以经
天地、理人伦而明王道，是故八卦以建，五气以立，五常以之
行。象法乾坤，顺阴阳，以正君臣、父子、夫妇之义。度时
制宜，作罔罟，以佃以渔，以赡人用，于是人民乃治，君亲
以尊，臣子以顺，群生和洽，各安其性。八卦之用，伏羲氏
之王天下也，始作八卦，结绳而为网罟，以佃以渔，盖取诸
《离》。……

这段话是因袭《系辞下》：

古者包牺氏之王天下也，仰则观象于天，俯则观法于地，
观鸟兽之文与地之宜，近取诸身，远取诸物，于是始作八卦，
以通神明之德，以类万物之情，作结绳而为网罟，以佃以渔，
盖取诸《离》。

其间斧凿之痕相当清楚。

《乾凿度》卷上云：

孔子曰：易始于太极，太极分而为二，故生天地。天地有
春秋冬夏之节，故生四时。四时各有阴阳、刚柔之分，故生八
卦。八卦成列，天地之道立，雷风水火山泽之象定矣。

这是因袭《系辞上》"是故易有太极，是生两仪，两仪生四象，四
象生八卦"，《系辞下》"八卦成列，象在其中矣"，以及《说卦》
的"天地定位，山泽通气，雷风相薄，水火不相射"（帛书《易传》

此段在《易之义》)。

接着,《乾凿度》卷上说:

> 其布散用事也,震生物于东方,位在二月;巽散之于东南,位在四月;离长之于南方,位在五月;坤养之于西南方,位在六月;兑收之于西方,位在八月;乾制之于西北方,位在十月;坎藏之于北方,位在十一月;艮终始之于东北方,位在十二月。……

这是取自《说卦》"雷以动之"至"故曰成言乎艮"一章。《说卦》云"风以散之","巽东南也",故《乾凿度》称"巽散之于东南",余可类推。

由上引《乾凿度》卷上之文,知道其作者所见《说卦》和今传本一样,在"天地定位"章下接以"雷以动之"章,不像帛书《易传》的《易之义》那样只有"天地定位"章①。《乾凿度》在推衍《说卦》时,加入了以八卦分配十二月的思想,如作者所说:"八卦之气终,则四正四维之分明,生长收藏之道备,阴阳之体定,神明之德通,而万物各以其类成矣,皆易之所包也。至矣哉!易之德也。"《乾凿度》之所以为象数之学,正在于此。

八卦分配十二月,是汉易卦气说的原型。《乾凿度》卷上所讲"岁三百六十日而天气周,八卦用事各四十五日,方备岁焉",也是最简单的。无论如何,这是象数易学对《易传》的一种发挥。卷上对《系辞上》"大衍之数五十"的解释也是象数的:

---

① 参看本书第五章第七节。

> ……阳以七、阴以八为象，易一阴一阳合而为十五之谓
> 道。阳变七之九，阴变八之六，亦合于十五，则象变之数若之
> 一也，五音、六律、七变由此作焉。故大衍之数五十，所以成
> 变化而行鬼神也。日十干者，五音也；辰十二者，六律也；星
> 二十八者，七宿也。凡五十，所以大阂物而出之者也。

其内涵亦不复杂。

《乾凿度》卷上关于"大衍之数"的这种推阐，代表了由义理的易学向象数的易学转变的关捩。筮法的七八、九六之说，起源本早，"一阴一阳之谓道"也见于《系辞上》，但由此而将"大衍之数"同五音、六律、二十八宿结合起来，就跨进了象数的藩篱。无论是今传本十翼，还是帛书《易传》诸篇，都没有这种神秘的味道。然而在《乾凿度》卷上，仍保留了不少段落是专论义理的，例如：

> 孔子曰：易本阴阳，以譬于物也。掇序帝乙、箕子、高宗
> 著德。易者，所以昭天道、定王业也。上术（述）先圣，考诸
> 近世，采美善以见王事。言帝乙、箕子、高宗，明有法也。美
> 帝乙之嫁妹，顺天地之道，以立嫁娶之义。义立则妃匹正，妃
> 匹正则王化全。

口吻类于《系辞》，思想也纯粹是儒学的，无怪乎《四库》馆臣赞此书为醇正了。这样的部分，应该认为实有所本。

在读完《乾凿度》卷上之后，随即去读卷下，很快会发觉气息有所区别。前面已经说过，卷下开端多与卷上重复，其中也有解释

"大衍之数五十"的一段，却比卷上要繁复得多：

> ……阳以七、阴以八为象，易一阴一阳合而为十五之谓道。阳变七之九，阴变八之六，亦合于十五，则象变之数若一。阳动而进，变七之九，象其气之息也；阴动而退，变八之六，象其气之消也。故太一取其数以行九宫，四正四维，皆合于十五，五音、六律、七宿由此作焉。八卦之生物也，画六爻之移，气周而从卦。八卦数二十四，以生阴阳，衍之皆合之于度量。阳析九，阴析六。阴阳之析各百九十二，以四时乘之，八而周，三十二而大周。三百八十四爻，万一千五百二十析也。故卦当岁，爻当月，析当日。大衍之数必五十，以成变化而行鬼神也。故曰：日十者，五音也；辰十二者，六律也；星一（按：为"二"字之误）十八者，七宿也。凡五十，所以大阆物而出之者，故六十四卦，三百八十四爻，戒各有所系焉。故阳唱而阴和，男行而女随，天道左旋，地道右迁，二卦十二爻而期一岁。

我们不惮其烦地抄下这一段，是为了说明《乾凿度》卷下对卷上的大发展。对"大衍之数"的解释，卷上虽已出于象数，仍很朴素，卷下则塞进了太一行九宫及"卦当岁，爻当月，析当日"等说，形成了精致的结构。这显然表明，《乾凿度》两卷的成书年代有相当的距离。

再向下读，我们就遇到一般纬书常见的那种晦涩拗口的文句，例如：

> 孔子曰：《洛书·摘六辟》曰，建纪者岁也。成姬仓，有命在河圣。孔表雄德，庶人受命，握麟征。易历日阳纪天心。

> 别序圣人，题录兴亡，州土名号，姓辅发符。亡殷者纣，黑期
> 火代，仓精受命，女正昌效纪，承余以著当。

这真是太难读了，这样标点也不一定对。在卷上是找不到这类句子
的。这里引的《摘六辟》，《通卦验》作《摘亡辟》，系纬书。下文
还引用《洛书·灵准听》。以纬引纬，卷上也全然不见。

没有必要一一叙述《乾凿度》卷下的种种象数理论。总之，
《乾凿度》上下两卷是象数易学不同发展阶段的产物，在以上讨论
中已经得到证明。

三

《易纬·乾凿度》与汉易孟、京之学有关，前人已有很多论述。
近年朱伯崑先生《易学哲学史》[①]、钟肇鹏先生《谶纬论略》等著
作，也都做了很好的研究。

《易》的传流，文献记载相当明确。商瞿受《易》于孔子，传
六世而至田何。汉兴，田何因系田齐之族，被徙杜陵，成为汉代易
学的宗祖，故《汉书·儒林传》云："要言《易》者，本之田何。"
田何以下的传授，据《儒林传》等是：

```
田 何 ┬ 王 同 —— 杨 何
       ├ 周王孙 —— 蔡 公
       ├ 丁 宽 —— 田王孙 ┬ 施 雠
       └ 服 生              ├ 孟 喜 ┬ 白 光
                           └ 梁丘贺   └ 翟 牧
```

---

① 朱伯崑：《易学哲学史》上册，北京大学出版社，1986年。

武帝时立五经博士，《易》只有杨何。宣帝时，立施、孟、梁丘三家《易》。京房（字君明）受《易》于焦赣（字延寿），焦赣自称问《易》于孟喜。至元帝时，京氏《易》也立于学官。京房的弟子有段（或作"殷"）嘉、姚平、乘弘，皆为郎、博士。《汉书·艺文志》有孟氏《章句》2篇，《隋书·经籍志》仍有《孟氏易》8卷，云已"残阙"，其书至宋而亡。《汉志》又有《孟氏京房》11篇、《灾异孟氏京房》66篇、《京氏段嘉》12篇等。今传本《京氏易传》3卷当即其残①，其外遗文由清人王保训辑为《京氏易》8卷（《木犀轩丛书》本）②。

孟、京一系的学术传承，细推存在不少问题。孟喜本人是田王孙及门弟子，但《儒林传》载："喜好自称誉，得《易》家候阴阳灾变书，诈言师田生且死时，枕喜膝，独传喜，诸儒以此耀之。同门梁丘贺疏通证明之，曰：田生绝于施雠手中，时喜归东海，安得此事？"是孟氏之学别有所得。传文又云："（焦）延寿云尝从孟喜问《易》。会喜死，（京）房以为延寿《易》即孟氏学，翟牧、白生（光）不肯，皆曰非也。至成帝时，刘向校书，考《易》说，以为诸《易》家说皆祖田何、杨叔［元］（何）、丁将军（宽），大谊略同，唯京氏为异。党（倘）焦延寿独得隐士之说，托之孟氏，不相与同。"可知焦赣又有独得之秘，与孟喜有明显差别。所谓"孟氏京房"之名，只是京氏自己的标榜。

孟喜之书，隋唐仍有残本，故其学说要点见于唐代一行所作《卦议》，前人多依以考证。清代吴翊寅作《易汉学考》，其卷一

---

① 顾实：《汉书艺文志讲疏》，二，第16—18页，上海古籍出版社，1987年。

② 黄寿祺：《易学群书平议》，第2—4页，北京师范大学出版社，1988年。

《易纬考》认为"《易纬·乾凿度》为孟喜所述",是有道理的。按孟氏卦气说以坎、震、离、兑"称为四正卦,各主管二十四节气中的六个节气","其它六十卦,则配以七十二候"①。吴翊寅指出:"《乾凿度》以泰为正月,益亦为正月,随为二月,夬为三月,归妹为八月,剥为九月,既济为十月,升为十二月,与孟氏卦气说合;而京房则以辟、公、卿、大夫、侯五卦更直日用事,每卦每爻各主一日,周而复始,较孟氏卦主六日之法加详。"

需要注意的是,上述泰为正月之卦等等,均见于《乾凿度》卷上。同卷有爻位之说,云:

> 六位之设,皆由上下,故《易》始于一,分于二,通于三,□于四,盛于五,终于上。初为元士,二为大夫,三为三公,四为诸侯,五为天子,上为宗庙。凡此六者,阴阳所以进退,君臣所以升降,万人所以为象则也。

《诗·文王》疏引许慎《五经异义》称:"谨案《易》爻位,三为三公,二为卿大夫。"与之相合。许氏《说文·叙》云所学《易》为孟氏,可知孟氏也有同样的学说②。

《京氏易传》有若干文句和《乾凿度》类同,有些著作已经一一指出③,这里仅举其中一例。《乾凿度》卷上开端:

---

① 朱伯崑:《易学哲学史》上册,第111—112页,北京大学出版社,1986年。

② 钟肇鹏:《谶纬论略》,第134页,辽宁教育出版社,1991年。

③ 参看朱伯崑:《易学哲学史》上册,第153—154页,北京大学出版社,1986年。又见钟肇鹏:《谶纬论略》,第134页,辽宁教育出版社,1991年。

孔子曰：易者，易也，变易也，不易也，管三成为道德苞
籥。易者，以言其德也。通情无门，藏神无内也。光明四通，
伨易立节，天地烂明，日月星辰布设，八卦错序，律历调列，
五纬顺轨。四时和，粟孳结。四渎通情，优游信洁，根著浮流，
气更相实。虚无感动，清净炽哲，移物致耀，至诚专密，不烦
不挠，淡泊不失。此其易也。变易也者，其气也。天地不变，
不能通气，五行迭终，四时更废。君臣取象，变节相和，能消
者息，必专者败。君臣不变，不能成朝。纣行酷虐天地反，文
王下吕（指吕尚）九尾见。夫妇不变，不能成家。妲已擅宠，
殷以之破；太任顺季（指王季），享国七百。此其变易也。不
易也者，其位也。天在上，地在下；君南面，臣北面；父坐，
子伏。此其不易也。……

这段话构造严谨，层次分明，先提出易有易、变易、不易三义，然
后逐一加以解说。文中颇有古奥难明之处，如"伨易立节"句，郑
注："伨易者，寂然无为之谓也。"按"伨"字亦见于《春秋纬·元
命苞》，即"傚"字，乃"效"字别体①。"傚易"何以为"寂然无
为"，殊为费解。疑"傚"读为"窔"，意为幽。《京氏易传》有一
段类似文字：

八卦分阴阳，六位五行，光明四通，变易立节。天地若不
变易，不能通气，五行迭终，四时更废，变动不居。

---

① 朱骏声：《说文通训定声》，小部"效"字，第310页，武汉市古籍书店，
1983年。

显系袭用《乾凿度》文，而把不好懂的"㑊易"改作"变易"，接上讲变易的几句，殿以《系辞下》的"变动不居"。不仅丧失了原来易有三义的宗旨，把八卦的阴阳六位五行牵扯到一处，说是"光明四通"云云，也未免含混和浅薄了。

《京氏易传》中已发现袭用《乾凿度》之处，都是用《乾凿度》卷上。这证明卷上确乎较早，为当时《易》家所尊崇。至于卷下，所论世应、消息等说，与《京氏易传》共通处颇多，两者应认为并时之作。前人已指出，其中所谓求卦主岁之术合于三统历，这给其成书年代划定了上限。

上面所谈的，涉及纬书是否起于哀、平的问题。前人多讲谶纬起于哀、平，其说本于《后汉书》桓谭、张衡两传，但两传所论是谶而不是纬。《桓谭传》云："今诸巧慧小才伎数之人，增益图书，矫称谶记。"《张衡传》云："立言于前，有征于后，故智者贵焉，谓之谶书。"并称："图谶成于哀、平之际。"纬书中固然杂有谶的内容，而纬并不就等于谶。清以来有些学者论证纬书不始于哀、平，如阎若璩《尚书古文疏证》说纬书萌于成帝，成于哀、平：

> 案或问：纬起哀、平，子以为始成帝者，何也？余曰：张衡言成、哀之后乃始闻之，初亦不省所谓。读班书《李寻传》，成帝元延中，寻说王根曰："五经六纬，尊术显士。"则知成帝朝已有纬名，衡言不妄。衡又言："王莽篡位，汉世大祸，八十篇何为不戒？则知图谶成于哀、平之际也。"见尤洞然。

他区别谶、纬，认为纬书起源较早，是很有见地的。

不过，阎氏说纬书萌于成帝之世，还不确切。李寻说"五经六纬", 足知当时各种纬书已很齐备, 而且得到士林的重视。元延上距成帝即位不过20年, 纬书的发展不可能如此迅速, 其起源必然在更早的年代。

《隶释》卷十一有东汉灵帝中平四年（187）《小黄门谯敏碑》, 文云:

> 君讳敏, 字汉达, 邺君之中子, 章君之弟, 郎中君之昆也。其先故国师谯（焦）赣, 深明典奥（奥）, 谶录图纬, 能精微天意, 传道与京君明。

这样, 西汉中叶的焦赣、京房都通习纬书, 纬书的起源自然不限于此。

我们研究《乾凿度》, 发现其卷上学说与孟喜有关而更为古朴, 孟氏所得《易》家候阴阳灾变之书很可能即属此类。假如《礼记》、贾谊等所引文句即出于《乾凿度》, 其年代应上推至先秦, 便和帛书《周易》一部分传文差不多了。

四

过去, 人们每每以为阴阳灾异、卜筮象数一类学说, 是汉代特有的风气。刘汝霖先生撰《汉晋学术编年》, 便极言 "中国的学术, 进到战国时代, 大放光明, 辉煌灿烂", 而到秦汉之间, 思想界有两种倾向, "由玄妙的进为实用的", "由理智的变为迷信的" [1]。马王堆帛书和其他佚籍的发现, 使我们看到许多阴阳数术一类学说实

---

[1] 刘汝霖:《汉晋学术编年》卷一, 第89—91页, 中华书局, 1987年。

在先秦已经具备，汉代的学风在一定意义上是先秦的继续。同时，这类学说的性质，也不能以愚昧迷信完全概括。

新发现简帛佚籍里面，阴阳数术之类占了很大比例①。从这些书籍能够看到，汉代流行的这类学说的各种因素，在佚籍的时期常是分别存在的，还不曾彼此吸收结合，形成复杂的体系。年代越迟的作品，内容越呈繁缛，其学说因素多来自不同的起源。

如上节所述，孟喜的《易》学，一部分应来自《乾凿度》卷上或类似著作。因此，《乾凿度》卷上的种种因素体现于孟氏学说，而后者更为丰富一些。京房的《易》学，又在孟喜的基础上有很大发展，这些发展的大部应该出于焦赣，他在孟氏学说之外别有所得。《乾凿度》卷下的时代约当京氏一系之学，保存阐述了卷上的部分内容，后来遂有人把两卷合在一道。

《京氏易传》有一项重要因素，是《乾凿度》卷上和孟氏学说所没有的，就是八宫说。京氏《易》把六十四卦分划成八宫，这是京氏的创造，还是别有来源，很值得做一探讨。

饶宗颐先生率先指出马王堆《周易》经文卦序与京氏《易》八宫之说相似，他说：

> 马王堆三号墓所出帛书《易经》写本在《文物》印出者只一纸，与《周易》旧本卦序不同，以☰为首，而继之以"艮"。考京氏易八宫卦序以乾、坎、艮、震、巽、离、坤、兑为次。分宫之法，此写本已略启其端，惟卦列序次不同。②

① 李学勤：《论新出简帛与学术研究》，《传统文化与现代化》1993年第1期。

② 饶宗颐：《略论马王堆〈易经〉写本》，《古文字研究》第7辑，中华书局，1982年。

我在《马王堆帛书〈周易〉的卦序卦位》文中，根据几位学者的研究，说明帛书经文卦序确与传文《易之义》的一段有关。《易之义》该段见今传本《说卦》，唯文句略有不同，作：

天地定位，[山泽通气]，火水相射，雷风相薄。

"帛书的'火水'大约是误倒，把它纠正过来，再改用卦名写出，便成为：

乾　　　艮　　　坎　　　震
|　　　|　　　|　　　|
坤　　　兑　　　离　　　巽

帛书六十四卦实分八组，每组以上卦相同为准。上卦的次第是乾、艮、坎、震、坤、兑、离、巽，即横读上图，先读上行，再读下行。下卦的次第是先取与上卦同者，然后以乾、坤、艮、兑、坎、离、震、巽为序，这也是横读上图，不过是合读两行。"[1]这样做的结果，便得出始乾终益的帛书经文卦序。

《京房易传》的八宫说，朱伯崑先生《易学哲学史》曾加概述："他将八经卦的重卦称为'八宫'，又称为'八纯'，其排列的顺序是：乾、震、坎、艮、坤、巽、离、兑。此种顺序出于《说卦》，以乾坤为父母卦，各统率三男三女。前四卦为阳卦，后四卦为阴卦。……每一宫卦又统率七个卦，如乾宫所属之卦，其顺序为姤、遁、否、观、剥、晋、大有。坤宫所属之卦，其顺序为复、临、泰、大壮、夬、需、比。这样，便构成六十四卦排列顺序，始于乾

---

① 参看本书第五章第一节。

卦，终于归妹。"①

京房所见《说卦》即今传本，所以他的八宫说是以《说卦》"乾，天也，故称乎父"章为依据的。他的八宫，于父、母卦之后，合于长、中、少的次序。帛书则未见此章，仅以"天地定位"章为本，以致父、母卦之后，长、中、少的次序是颠倒的。

帛书《易之义》见于今传本《说卦》的"天地定位"云云，下面说"八卦相错"。帛书经文卦序所体现的八宫说，正是由这种阴阳对立交错的观点推衍来的。其目的，是把六十四卦作为阴阳交错的构架，将宇宙万物的一切变化纳入其中。《易传》本即主张"一阴一阳之谓道"，"《易》之义谁（惟）阴与阳"，阐发阴阳学说的八宫说，是把易学导向象数的初步尝试。象数易学应即导源于此。

我们说这是初步尝试，是因为帛书经文的八宫说只考虑到卦的对立交错，没有深入到以爻为单位来分析。这和《乾凿度》卷上的十二月卦，结构的形式固然不同，以卦为单位却如出一辙。京氏的八宫说却要精致得多，在其系统中表现了以爻为单位的推移变化。这样的差别，正是象数易学的发展所在。

马王堆3号汉墓下葬于汉文帝前元十二年（前168）。帛书《周易》的抄成，估计在文帝初年。这上距汉惠帝四年（前191）除《挟书律》，仅有十几年的光景。从各个方面考察，帛书《周易》经传应当是战国晚期以来形成于楚地的一种本子。在帛书中看到象数易学的兴起，有助于我们认识《乾凿度》卷上也可能有相当早的来源。这样，我们对后者的形式颇似帛书《易传》，便不必惊诧了。

---

① 朱伯崑：《易学哲学史》上册，第120页，北京大学出版社，1986年。

第三节　论《易纬·乾元序制记》

《易纬》是各种纬书中最富于哲学思想意味的部分，也是讫今保存最多的一种纬书。源于《永乐大典》的武英殿聚珍版《易纬八种》，包括《乾坤凿度》《乾凿度》《稽览图》《辨终备》《通卦验》《乾元序制记》《是类谋》《坤灵图》，虽有若干佚文，仍不失首尾完具，与其他纬书仅存残文零句不同。

《易纬八种》里面，《乾坤凿度》和《乾元序制记》两种长期为学者所怀疑。例如清代郑珍所撰《郑学书目》，便认为两书都是宋代依托的"伪书"①。按《乾坤凿度》托称"庖牺氏先文，公孙轩辕氏演古籀文，苍颉修为上下二篇"，荒诞谬妄，内涵和风格都有别于汉世纬书，无疑是后人伪造。至于《乾元序制记》，思想文句与诸种《易纬》符合无间，指为"伪书"，未免过当。

过去学者怀疑《乾元序制记》的重要理由是《后汉书·樊英传》李贤注所述"七纬"，《易纬》只有《稽览图》《乾凿度》《坤灵图》《通卦验》《是类谋》《辨终备》六种，并无《乾元序制记》之名，从而以为唐代尚无此书。《四库全书总目提要》云："案《乾元序制记》，《后汉书》注'七纬'名并无其目。马氏《经籍考》始见一卷，陈振孙疑为后世术士附益之书。今考此篇首简'文王比隆兴始霸'云云，孔颖达《诗》疏引之，作《是类谋》。疏又引《坤灵图》'法地之瑞'云云，今《坤灵图》亦无其文，而与此篇文

---

① 陈槃：《古谶纬研讨及其书录解题》，第530页，《中华丛书》，国立编译馆，1991年。

义相合。又《隋书·王劭传》引《坤灵图》'泰姓商，名宫'之文，亦在此篇。至其所言风雨、寒温、消息之术，乃与《稽览图》相近。疑本古纬所无，而后人于各纬中分析以成此书者。"这样说来，《乾元序制记》本无其书，乃后人掇拾拼凑而成，可称为半伪之书。

《四库提要》的论点，得到后来学者的宗奉。如清末孙诒让《札迻》说："此纬晚出，唐以前未有著录者。以古书援引之文推校之，前半当为《是类谋》，后半当为《坤灵图》。盖宋人得两纬残本合编之，妄题《乾元序制记》之名也。"①看法和《提要》基本一致。由于《乾元序制记》被认为半伪，研究纬书的各家大都不予详究。

仔细推求，以《四库提要》为代表的上述见解，实际上是很值得考虑的。

关于《易纬》的传说，侯康《补后汉书艺文志》记述最详②。据云郑玄《易纬注》，《七录》9卷，《隋书·经籍志》仅存8卷，但没有记出各纬的名称。《玉海》引李淑《书目》，《易纬》9卷，计有《乾凿度》《稽览图》《通卦验》各2卷，《辨终备》《是类谋》《坤灵图》各1卷，纬目同于侯康前引《樊英传》注。卷数合于《七录》《隋志》，其中确没有《乾元序制记》。但《玉海》又说："今三馆所藏，《乾凿度》《通卦验》皆别出为一书，而《易纬》止有郑氏注七卷：《稽览图》第一，《辨终备》第四，《是类谋》第五，《乾元序制记》第六，《坤灵图》第七，二卷、三卷无标目。"如以《乾凿度》

---

① 参看安居香山、中村璋八：《纬书集成》（上），解说第21页，河北人民出版社，1994年。

② 陈槃：《古谶纬研讨及其书录解题》，第529—530页，《中华丛书》，国立编译馆，1991年。

《通卦验》各为1卷，合计也是9卷，与《七录》等相合。如以《乾凿度》《通卦验》各为2卷，则共11卷，《直斋书录解题》便是这样计算的。

由此可见，《玉海》所记《易纬》郑玄注有不同传本，一种有《乾元序制记》，一种没有。《郡斋读书志》所载《易纬》郑注，也有《乾元序制记》在内。《乾元序制记》既有郑注，应与其他《易纬》平等待遇。至于《易纬》卷数彼此差异，当如侯康所说，"盖皆后人所分，非康成原本"。

唐孔颖达所撰《诗·文王》正义载："《尚书·运期授》引《河图》曰：'仓帝之治八百二十岁，立戊午蔀。'注云：'周文王以戊午蔀二十九年受命。'《易·是类谋》[①]云：'文王比隆兴，始霸，伐崇，作灵台，受赤雀丹书，称王制命，示王意。'注云：'入戊午蔀二十九年，时赤雀衔丹书而命之。'是郑意以入戊午蔀二十九年季秋之月甲子，赤雀衔丹书而命之也。"所引《是类谋》文及注，今见《乾元序制记》，只有一二字区别，足证今《乾元序制记》的文字曾为唐人所见，且认为其注是郑玄所作。

《乾元序制记》及注为什么被引作《是类谋》呢？这里不妨提出一个猜想。《玉海》所记《易纬》郑注七卷本，《乾元序制记》适在《是类谋》之后。孔颖达《正义》或许正是因为这样，把在后一卷的《乾元序制记》文字误作《是类谋》了。

《四库提要》说这段文字是《是类谋》佚文，是不足信的。《是类谋》另有讲文王受命一段，文云："有文之王，四乳是舒，出岐

---

① 据阮元《毛诗注疏校勘记》改。见阮元校刻：《十三经注疏附校勘记》，第505页，中华书局，1979年。

鄗，东抚州也。子乙世配丑子，予姬昌赤丹雀书也。演恢命，著纪元苞。”郑注：“有文之王，周文王。文王之表，四乳是舒也。岐鄗，邑名。子乙，乙阳，阳世为无道，故天以其王命予文王也。文王受丹赤雀书而演谓作《易》。以大夫命，著纪其元苞。苞，本也。”纬文及注略有脱误，但容易看出都不可能与上引《乾元序制记》调合。这说明《乾元序制记》和《是类谋》不能混为一谈。

至于《乾元序制记》与《坤灵图》的关系，学者指出的有以下两点[①]。《隋书·王劭传》引《坤灵图》：“泰姓商名宫，黄色，长八尺，六十世。”《乾元序制记》云：“泰姓商名宫，黄白色，长七尺六寸，三十六世。”《绎史》引《坤灵图》：“君子得众人之助，瑞应先见于陆。瑞应之至，君子法地，蛇不如龙，陆不如河。”《乾元序制记》云：“古君子得众人所助，圣人兴起必乾土，故大人动得中。君子受命法地，蛇。”

第一点，两书文例相似，但内容不同，绝非一事。第二点，两书内容接近，从《坤灵图》可以推知《乾元序制记》语句残缺，但仍有明显差别。纬书彼此相类，实例很多，不能据此认为《乾元序制记》的文字就是《坤灵图》。

细读《乾元序制记》，首尾具备，前后通贯，并不是拼凑的书。书一开始说：“乾元亨利贞，道之用也；微明所接，德由备也。”由之叙述文王、武王、周公三圣俱首乾德，“各就乾元亨利贞，毋遗，夕惕若厉，俱后戒”[②]，证明“天子必思《易》，先知万世，为国著柄”。《易》的六十四卦，“各括精受节，以历纪道”，

① 参看安居香山、中村璋八：《纬书集成》（上），第272—273页，河北人民出版社，1994年。

② 据孙诒让《札迻》改。见孙诒让：《札迻》，第29页，中华书局，1989年。

如郑注所说，各卦循次用事，其寒温之节即纪明天道，天子当"因象著命取佐"，依据卦候而知天命，定辅佐。下文便详论有关的占验方法，直至终篇。全书有谨严的组织结构，怎能说是分析各纬或以残本合编呢？

这里还应提到，怀疑《乾元序制记》的另一理由，是纬书大多以三字为题，此书题有五字。按纬书固然多取三字题，两字、四字以至六字的也不乏其例。五字的可举出《春秋·河图揆命篇》及《论语·素王受命谶》[1]。《乾元序制记》取五字题，不足为异。

《乾元序制记》的主体，如上所述，是六十四卦循次用事，寒温之节的卦气说，以及由此"著命取佐"的占验方术。卦气说以阴阳消息解说《周易》，倡导者为《易》学孟喜、京房（字君明）一派，近来学者有不少阐述其说在汉代十分流行[2]。《论衡·寒温篇》云："夫天道自然，自然无为，二偶参合[3]，遭适逢会，人事始作，天气已有，故曰道也。……《易》京氏布六十四卦于一岁之中，六日七分，一卦用事。卦有阴阳，气有升降，阳升则温，阴升则寒。"所论卦气与寒温的关系，正可参看。

查《汉书·儒林传》："京房受《易》梁人焦延寿（赣），延寿云尝从孟喜问《易》。会喜死，房以为延寿《易》即孟氏学，翟牧、白生不肯，皆曰非也。至成帝时，刘向校书，考《易》说，以为

---

① 安居香山、中村璋八：《纬书集成》（上），目录第7、9页，河北人民出版社，1994年。

② 朱伯崑：《易学哲学史》第一卷，第113—159页，华夏出版社，1995年。廖名春、康学伟、梁韦弦：《周易研究史》，第82—95页，湖南出版社，1991年。

③ 据黄晖《论衡校释》改。参看黄晖：《论衡校释》卷第十四，第630—631页，中华书局，1990年。

诸《易》家皆祖田何、杨叔、丁将军，大谊略同，唯京氏为异，党（傥）焦延寿独得隐士之说，托之孟氏，不相与同。"可知京房乃孟喜再传弟子，其学又有特异之处。《汉书·艺文志》所载这一派作品，有《易》孟氏《章句》2篇。《隋志》有《孟氏易》8卷，残阙，《旧唐志》尚有，《宋志》已无，当亡于宋代①。《汉志》又有《孟氏京房》11篇、《灾异孟氏京房》66篇、五鹿充宗《略说》3篇和《京氏段（殷）嘉》12篇，都是这一派著作，俱已散佚，传世仅有《京氏易传》3卷②。

京房的卦气说异常繁复，当系自孟喜、焦赣之说发展而来。孟喜的卦气说还较原始，应该是简明的。好在《新唐书·历志》所收一行《卦议》叙述《孟氏章句》及京房之说，指明其间差别，使人们对卦气说的演变有了一些认识。学者据之探讨孟喜的卦气说，概括为以下几点③：一、以六十四卦分配于一年十二月；二、以《坎》《震》《离》《兑》为四正卦；三、其余六十卦分为辟、公、侯、卿、大夫五等，十二辟卦又称为消息卦；四、以《中孚》卦为一年节气开端。

看《乾元序制记》，以上各点都有体现。例如论六十四卦与历法的结合，提出了六日七分，即蕴含了上述一、二两点。论"五德"辟、公、卿、大夫、诸侯，并称辟卦为消息，合于上述第三点。讲"复姓角名宫"一段，卦名是十二辟卦（有脱漏），也暗示

① 顾实：《汉书艺文志讲疏》，二，第18页，上海古籍出版社，1987年。

② 顾实：《汉书艺文志讲疏》，二，第17页引严可均说，上海古籍出版社，1987年。

③ 廖名春、康学伟、梁韦弦：《周易研究史》，第83—85页，湖南出版社，1991年。

着上述第四点。而可能是京房所发展的学说，如一行所说"以卦爻配期之日"等，《乾元序制记》都是没有的。因此，《乾元序制记》只体现了孟喜的学说，并未加进京房新增的内容。

按孟喜是西汉昭帝时人，京房是元帝、成帝时人①。东汉献帝中平四年（187）《小黄门谯敏碑》云："其先故国师谯（焦）赣，深明典隩（奥），谶录图纬，能精微天意，传道与京君明。"②是焦、京之时已经有纬，故《汉书·李寻传》云成帝朝有"五经六纬"。《乾元序制记》未受京房学说影响，成书应该较早。

孟喜得《易》家候阴阳灾变书，诈言其师田王孙且死时独传，事见《汉书·儒林传》。孟氏《易》学本有阴阳灾变的内容。至于孟氏怎样论阴阳消息、灾变占验，因其著作亡佚，大家并不清楚。现在推定《乾元序制记》合于孟氏之说，就为进一步研究准备了条件。《乾元序制记》的理论相当朴素，试与《通卦验》对比，便很明显，这对纬书发展过程的研究也有所裨益。

---

① 刘汝霖：《汉晋学术编年》，卷二第88—90页，卷三第16—17、36—40页，中华书局，1987年。

② 洪适：《隶释》卷十一。参看《隶释·隶续》，第126页，中华书局，1985年。

附录　本书收辑论文出处

第一章　第五节　《中国文化与中国哲学1988》，生活·读
　　　　　　　　书·新知三联书店，1990年。

　　　　　第六节　《朱子学刊》1990年第1辑，福建人民出
　　　　　　　　版社，1990年。

第二章　第一节　《中国文化》创刊号，1989年。

　　　　　第三节　《齐鲁学刊》1990年第4期。

　　　　　第四节　《中国文化》创刊号，1989年。

　　　　　第七节　《清华汉学研究》第2辑，清华大学出版
　　　　　　　　社，1997年。

第三章　第一节　《文物》1981年第9期。

　　　　　第二节　《中国语文研究》第7期，1985年。

　　　　　第四节　《文物研究》第6辑，黄山书社，1990年。

　　　　　第七节　《周易研究》2003年第5期。

第四章　第二节　《郑州大学学报》（哲学社会科学版）1989
　　　　　　　　年第2期。

　　　　　第三节　《新古典新义》，台湾学生书局，2001年。